LATIN AMERICA AND THE CARIBBEAN
DEMOGRAPHIC
OBSERVATORY

AMÉRICA LATINA Y EL CARIBE
OBSERVATORIO
DEMOGRÁFICO

ⅭⅮ

2 0 1 5

I0129489

Proyecciones de población

Population projections

NACIONES UNIDAS
UNITED NATIONS

CEPAL
ECLAC

Alicia Bárcena
Secretaria Ejecutiva / *Executive Secretary*

Antonio Prado
Secretario Ejecutivo Adjunto / *Deputy Executive Secretary*

Paulo Saad
Oficial a Cargo del Centro Latinoamericano y Caribeño de Demografía (CELADE)-División de Población de la CEPAL
Officer-in-Charge, Latin American and Caribbean Demographic Centre (CELADE)-Population Division of ECLAC

Ricardo Pérez
Director de la División de Publicaciones y Servicios Web
Chief, Publications and Web Services Division

La presente publicación fue preparada por Guiomar Bay y Mario Acuña, bajo la coordinación de Paulo Saad, Oficial a Cargo del Centro Latinoamericano y Caribeño de Demografía (CELADE)-División de Población de la CEPAL. La elaboración de esta publicación contó con el valioso apoyo proporcionado por el Programa Regional sobre Población y Desarrollo CEPAL/UNFPA 2015.

This publication was prepared by Guiomar Bay and Mario Acuña, under the supervision of Paulo Saad, Officer-in-Charge of the Latin American and Caribbean Demographic Centre (CELADE)-Population Division of ECLAC. In its preparation valuable support was received from the 2015 ECLAC/United Nations Population Fund (UNFPA) Regional Programme on Population and Development.

NOTA: Las denominaciones utilizadas en esta publicación y la forma en que se han presentado los datos que contiene no implican, de parte del CELADE-División de Población de la CEPAL, juicio alguno respecto de la condición jurídica de ninguno de los países y territorios citados, de sus autoridades ni de la delimitación de sus fronteras.

NOTE: The designations used and the presentation of the data in this publication do not imply any opinion whatsoever on the part of CELADE-Population Division of ECLAC, concerning the legal status of any country or territory, its authorities or the delimitation of its borders.

Para cualquier consulta sobre el contenido de este Observatorio dirigirse a:
For additional information on the contents of this Observatory, please contact:

Centro Latinoamericano y Caribeño de Demografía (CELADE)-División de Población de la CEPAL,
Casilla 179-D, Santiago de Chile
Fax (+56) 2 2208 0196 - E-mail: celade@eclac.cl

Para solicitudes de suscripción o compra de ejemplares: publications@eclac.cl
For subscription or single issues: publications@eclac.cl

Publicación de las Naciones Unidas / *United Nations publication*
ISBN: 978-92-1-329024-8 (versión impresa) / *(print)*
ISBN: 978-92-1-057527-0 (versión pdf) / *(pdf)*
ISBN: 978-92-1-358025-7 (versión ePub) / *(ePub)*
N° de venta / *Sales No.:* E/S.16.II.G.9
LC/G.2675-P
Copyright © United Nations, 2016 / *Copyright © United Nations, 2016*
Todos los derechos reservados / *All rights reserved*
Impreso en Naciones Unidas, Santiago / *Printed at United Nations, Santiago*
S.15-01373

Esta publicación debe citarse como: Comisión Económica para América Latina y el Caribe (CEPAL), *Observatorio Demográfico, 2015* (LC/G.2675-P), Santiago, 2015.

This publication should be cited as: Economic Commission for Latin America and the Caribbean (ECLAC), Demographic Observatory, 2015 (LC/G.2675-P), Santiago, 2015.

Índice / *Contents*

Gráficos / *Figures*

Presentación

El CELADE-División de Población de la CEPAL pone a disposición de sus usuarios esta edición del Observatorio Demográfico que recoge indicadores seleccionados de las estimaciones y proyecciones nacionales de la población total, urbana, rural y económicamente activa, de cada uno de los 20 países de América Latina.

El *Observatorio Demográfico* es el sucesor del *Boletín Demográfico*, cuyo primer número se publicó en enero de 1968 con el objetivo de divulgar periódicamente información demográfica elaborada por el CELADE-División de Población de la CEPAL, conjuntamente o en consulta con los institutos nacionales de estadística.

El *Observatorio Demográfico 2015* reúne indicadores seleccionados de la revisión de 2015 de las estimaciones y proyecciones de la población nacional, urbana, rural y económicamente activa.

Las cifras contenidas en esta publicación constituyen una revisión de las presentadas en el *Observatorio 2014*. En esta oportunidad, se actualizaron las estimaciones y proyecciones de la población a nivel nacional desde 1950 hasta 2100, considerando las nuevas fuentes de información disponibles para Chile y Guatemala. En las próximas ediciones se irán incorporando las nuevas estimaciones y proyecciones de población, elaboradas con el método de los componentes, pero por edades simples y años calendario.

Como es habitual, se incluye un capítulo en el que se analizan las tendencias demográficas. En esta oportunidad, se examinan los avances en el descenso de la fecundidad más allá de lo proyectado a fines de la década de 1980 y su impacto en el crecimiento de la población. En las notas técnicas de este *Observatorio* se enumeran las fuentes de datos consideradas para cada país.

Cabe señalar que la información correspondiente a las estimaciones y proyecciones de la población nacional, urbana, rural y económicamente activa está disponible en formato de hojas de cálculo en el sitio web del CELADE-División de Población de la CEPAL (http://www.eclac.org/celade/).

Paulo Saad
Oficial a Cargo del Centro Latinoamericano y Caribeño de Demografía (CELADE)-
División de Población de la CEPAL

Foreword

CELADE-Population Division of ECLAC is pleased to present its readers with this edition of the *Demographic Observatory*, which compiles selected indicators on national estimates and projections of the total, urban, rural and economically active populations for each of the 20 Latin American countries.

The *Demographic Observatory* succeeded the *Demographic Bulletin*. First published in 1968, the *Bulletin* regularly circulated demographic information prepared by CELADE-Population Division of ECLAC, together or in consultation with national statistical institutes.

The *Demographic Observatory 2015* contains selected indicators from the 2015 revision of estimates and projections for the national, urban, rural and economically active populations.

The figures contained in this publication are a revision of those presented in *Observatory 2014* and includes updates of the estimations and projections of national populations from 1950 to 2100, taking into account new information sources available for Chile and Guatemala. Future issues will incorporate new estimates and projections, also prepared using the component method, but by simple ages and calendar years.

As usual, a chapter analysing demographic trends is included. This issue examines the steady decline in fertility, beyond that projected at the end of the 1980s, and its impact on population growth. The technical notes for this issue of the *Observatory* list the data sources used for each country.

The estimates and projections for the national, urban, rural and economically active populations are available in spreadsheet format on the website of CELADE-Population Division of ECLAC (http://www.eclac.org/celade/).

Paulo Saad
Officer-in-Charge, Latin American and Caribbean Demographic Centre (CELADE)-
Population Division of ECLAC

La fecundidad en América Latina: descenso mayor que el esperado y fuerte efecto reductor del crecimiento poblacional

Introducción

Como parte del proceso de cambio social, económico y cultural que ha experimentado la región a lo largo de las últimas décadas, se han producido importantes modificaciones en la fecundidad y la mortalidad, que han dado lugar a cambios igualmente significativos no solo en el crecimiento de la población, sino también en su estructura por edades.

Las modificaciones de la fecundidad y de la mortalidad se han ajustado, en términos generales, al modelo de transición demográfica, ya que primero se produjo el descenso de la mortalidad y luego el de la fecundidad. Una distinción importante de la transición demográfica de la región respecto de la observada en los países desarrollados es que sus niveles iniciales, sobre todo de fecundidad, fueron más elevados, su comienzo fue más tardío y su velocidad mayor. Además, los niveles de desigualdad social de la mortalidad y de la fecundidad han sido y siguen siendo mayores que los de los países desarrollados.

En el *Observatorio Demográfico 2014* (CELADE, 2015), se efectuó un análisis del descenso de la mortalidad infantil en la región, tomando como eje la comparación de las estimaciones y proyecciones institucionales al respecto. La principal conclusión de ese ejercicio fue que en las estimaciones y proyecciones elaboradas con información anterior a 1990 (denominadas revisión de 1990) se subestimó la reducción de la mortalidad. El descenso mayor que el previsto observado en la mortalidad infantil también se produjo en la mortalidad general (esperanza de vida al nacer), aunque en el caso de los hombres de entre 15 y 29 años la disminución ha sido inferior a la prevista en las estimaciones y proyecciones de 1990 o incluso se observa un aumento de la mortalidad (CELADE, 2013).

El descenso de la fecundidad, por su parte, también fue mayor que el previsto en la revisión de 1990, cuando se percibía como un horizonte lejano la fecundidad a nivel de reemplazo[1] tanto a escala regional como de la mayoría de los países.

Las estimaciones y proyecciones de población de la revisión de 1990 arrojaban una tasa de crecimiento poblacional, media anual, del 1,9% para el período 1990-1995 y permitían proyectar una tasa de crecimiento media anual del 1,2% para el período 2015-2020 (CELADE, 1990).

En la presente revisión de las estimaciones y proyecciones de población (revisión de 2015), se proyecta una tasa de crecimiento media anual de la población del 1,0% para el período 2015-2020. Esta tasa de crecimiento es un 17% menor que la prevista en la revisión de 1990. El hecho de que el crecimiento poblacional sea menor en la revisión más reciente se atribuye en gran medida a que —siendo mayores que lo previsto tanto la reducción de la fecundidad como la disminución de la mortalidad— el efecto reductor de la primera sobrepasa el efecto de incremento de la segunda; en menor medida, el resultado se debe también al saldo migratorio negativo.

En este análisis se pretende ilustrar el impacto del descenso de la fecundidad en el crecimiento de la población y su composición por edades, comparando las estimaciones y proyecciones actualizadas (revisión de 2015) con las realizadas sobre la base de información anterior a 1990 (revisión de 1990).

---

[1] Por nivel de reemplazo se entiende una tasa global de fecundidad de 2,1 hijos por mujer.

ECLAC • Latin America and the Caribbean. Demographic Observatory 2015

Population projections

1. Estimaciones y proyecciones de la fecundidad elaboradas sobre la base de las fuentes de datos disponibles antes de 1990 (revisión de 1990)

Según las estimaciones y proyecciones presentadas en el *Boletín Demográfico* N° 45 (CELADE, 1990), elaboradas con información anterior a 1990 (revisión de 1990), en América Latina la tasa global de fecundidad (TGF) estimada pasaría de 5,1 hijos por mujer en 1950 a 3,4 hijos por mujer en 1990, y se proyectaba que llegaría a 2,5 hijos por mujer en 2015. De acuerdo con estas cifras, solamente Cuba alcanzaría el nivel de reemplazo (a fines de la década de 1970). Además, se suponía que la fecundidad de Cuba, después de mantenerse por debajo del nivel de reemplazo entre 1980 y 2010, se recuperaría y volvería a alcanzar ese nivel con posterioridad a 2010.

En ese momento, el nivel de reemplazo era un hito que se suponía que alcanzarían los países de la región y se consideraba como un límite. Se pensaba que, una vez alcanzado este valor, no habría nuevas reducciones de los niveles de fecundidad y que más bien los cambios que ocurrirían tendrían lugar en la estructura o el calendario de la fecundidad.

En el gráfico 1 se ilustra el descenso de la tasa global de fecundidad previsto en la revisión de 1990 para los países de la región. Como se puede observar, se preveía una reducción de la TGF en todos los países, pero con ritmos distintos, proyectándose que para 2015 solo Cuba y el Uruguay alcanzarían el nivel de reemplazo. En promedio, la TGF de la región disminuiría un 27% entre 1990 y 2015.

Gráfico 1
América Latina: tasa global de fecundidad estimada y proyectada, revisión de 1990, años seleccionados
(En número de hijos por mujer)

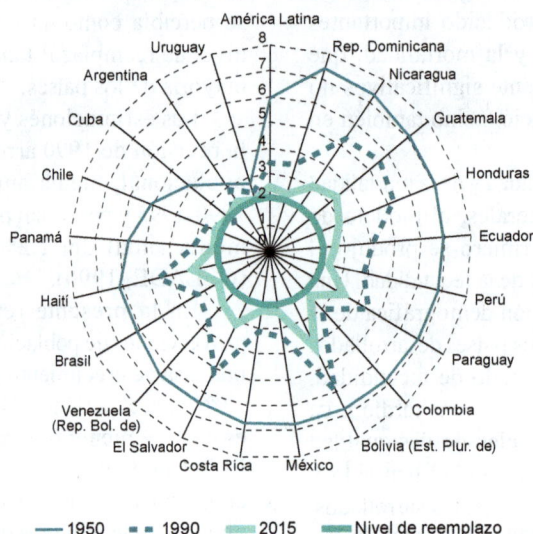

Fuente: Centro Latinoamericano de Demografía (CELADE), "Estimaciones y proyecciones de población", *Boletín Demográfico*, N° 45 (LC/DEM/G.82), Santiago, enero de 1990.

En el gráfico 2 se ilustra la estructura de la fecundidad por edades. En 1950, la región presentaba en promedio una estructura de fecundidad dilatada[2], con una edad media de la fecundidad de 29,3 años, acorde con los altos niveles de fecundidad. La experiencia histórica de la primera transición de la fecundidad sugiere que el proceso de reducción de la fecundidad se basa principalmente en la limitación del número de nacimientos y mucho menos en la masificación de la nuliparidad. Por ello, en la revisión de 1990 se estima para ese año una edad media de la fecundidad de 27,9 años.

---

[2]   La estructura de la fecundidad puede ser clasificada como temprana, cuando existen altos valores de fecundidad entre las mujeres menores de 25 años, o tardía, cuando se produce una mayor concentración de la fecundidad entre las mujeres de 25 a 29 años. Una fecundidad dilatada corresponde a una estructura con altos valores de fecundidad entre las mujeres de 20 a 34 años, sin que existan grandes diferencias en la fecundidad en los grupos quinquenales de 20 a 24 años, de 25 a 29 años y de 30 a 34 años.

En la revisión de 1990 se proyectaba para 2015 una estructura aún temprana de la fecundidad (véase el gráfico 2), con una edad media de la fecundidad de 27,2 años. Además, se proyectaba una reducción de la tasa de fecundidad de las mujeres de entre 15 y 19 años, aunque moderada en comparación con la de otros grupos de edad, por lo que se preveía que su peso relativo sería creciente.

Lo anterior situaba a la región en un proceso de disminución del número de hijos más que de cambio en el calendario de la fecundidad; de todas formas, quedaba la incertidumbre de si en algún momento la región pasaría a una estructura más tardía, como resultado de la reducción de la fecundidad, la mayor permanencia de las mujeres en el sistema educativo y/o su mayor participación en la actividad económica.

Gráfico 2
América Latina: distribución relativa de las tasas específicas de fecundidad estimadas y proyectadas, por grupos quinquenales de edad, entre 15 y 49 años, revisión de 1990, años seleccionados
(En porcentajes)

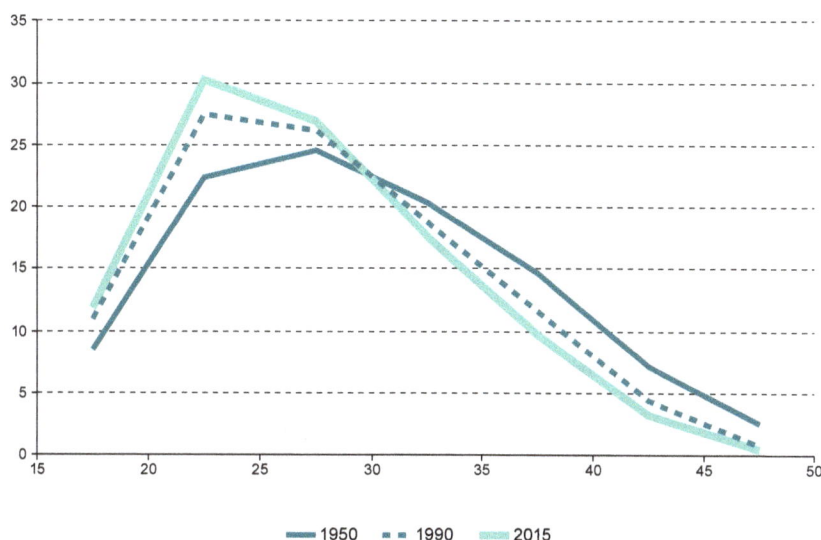

Fuente: Centro Latinoamericano de Demografía (CELADE), *Boletín Demográfico*, N° 52 (LC/DEM/G.135), Santiago, julio de 1993.

2. Estimaciones y proyecciones de la fecundidad elaboradas en la revisión de 2015

El aumento del acervo de fuentes de información ha puesto en evidencia que la fecundidad en la región ha descendido más allá de lo esperado. El valor de reemplazo, que se veía como un horizonte lejano, se ha alcanzado más temprano de lo que se imaginaba (véase el gráfico 3).

Según la revisión de 2015 de las estimaciones y proyecciones de población, América Latina alcanzó el nivel de reemplazo en 2015, registrando una reducción de su tasa global de fecundidad de poco más del 35% entre 1990 y ese año, 8 puntos porcentuales más de lo que se proyectó en la revisión de 1990.

En la actualidad, se estima que en siete países de la región (Brasil, Chile, Colombia, Costa Rica, Cuba, El Salvador y Uruguay) la tasa global de fecundidad es

inferior al nivel de reemplazo y que ningún país presenta una TGF igual o superior a 3 hijos por mujer.

Aunque la reducción del nivel de fecundidad fue muy superior a la prevista en la revisión de 1990, la estructura de la fecundidad no se hizo más tardía; de hecho, se volvió más temprana, ya que para 2015 la edad media de la fecundidad se estima en 26,8 años.

En el gráfico 4 se presentan las actuales estimaciones de la estructura de la fecundidad para los años 1950, 1990 y 2015. Destaca en este gráfico el aumento de la importancia relativa de la fecundidad de las mujeres de entre 15 y 19 años, que equivale a un 15% de la fecundidad total, existiendo países donde la fecundidad en la adolescencia representa el 20% de la fecundidad total.

Gráfico 3
América Latina: tasa global de fecundidad estimada y proyectada, revisión de 2015, años seleccionados
(En número de hijos por mujer)

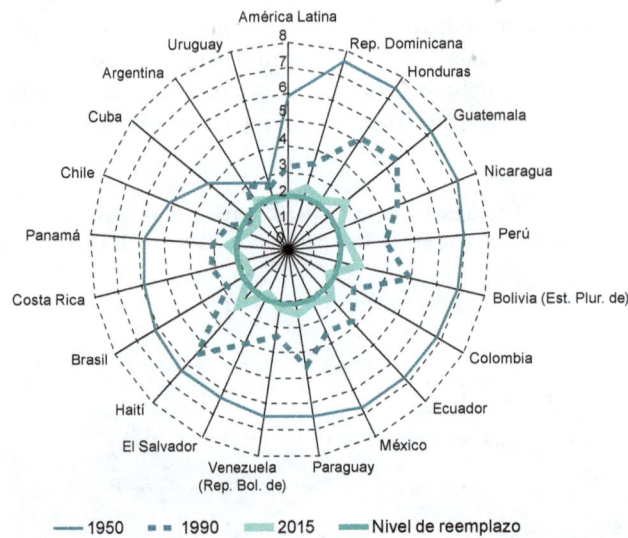

Fuente: Centro Latinoamericano y Caribeño de Demografía (CELADE)-División de Población de la CEPAL, estimaciones y proyecciones de población, revisión de 2015.

Gráfico 4
América Latina: distribución relativa de las tasas específicas de fecundidad estimadas, por grupos quinquenales de edad, entre 15 y 49 años, revisión de 2015, años seleccionados
(En porcentajes)

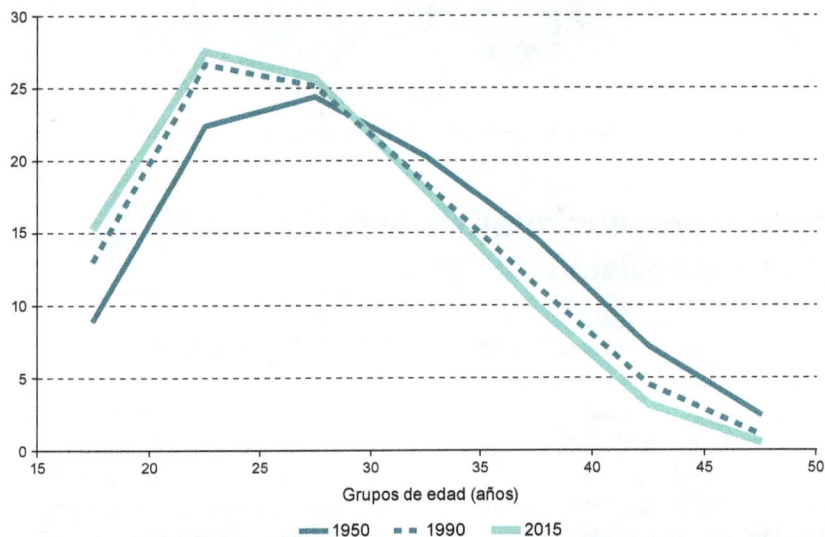

Fuente: Centro Latinoamericano y Caribeño de Demografía (CELADE)-División de Población de la CEPAL, estimaciones y proyecciones de población, revisión de 2015.

Sin duda, el tema de la fecundidad en la adolescencia en la región requiere una mirada en profundidad. A modo de ejemplo, puede mencionarse que en países como el Brasil, Costa Rica y El Salvador (con fecundidades bajo el nivel de reemplazo) y Nicaragua, la República Dominicana y Venezuela (República Bolivariana de) (con fecundidades sobre el nivel de reemplazo) la fecundidad en las mujeres menores de 20 años representa más de un 15% de la fecundidad total.

Con las actuales estimaciones, se mantiene la interrogante acerca de si los países de la región llegarán a estructuras de fecundidad tardía con niveles más bajos de fecundidad.

En este contexto, cabe mencionar que en la región no hay una correlación fuerte entre el nivel de la fecundidad y su estructura. Para 2015, se estima una correlación de 0,58 entre la edad media de la fecundidad y la tasa global de fecundidad (véanse el gráfico 5 y el cuadro 1). Esta correlación positiva indica que cuanto mayor es la TGF, mayor es la edad media de la fecundidad. Sin embargo, hay situaciones que se destacan: por un lado, la República Dominicana, que presenta la menor edad media de la

fecundidad (25,8 años) y una TGF de casi 2,46 hijos por mujer; por otro lado, Haití, que tiene la mayor edad media de la fecundidad de la región (30,1 años) y una TGF de 2,95 hijos por mujer.

Gráfico 5
América Latina: edad media de la fecundidad según tasa global de fecundidad estimada por países, 2015
(En años y número de hijos por mujer)

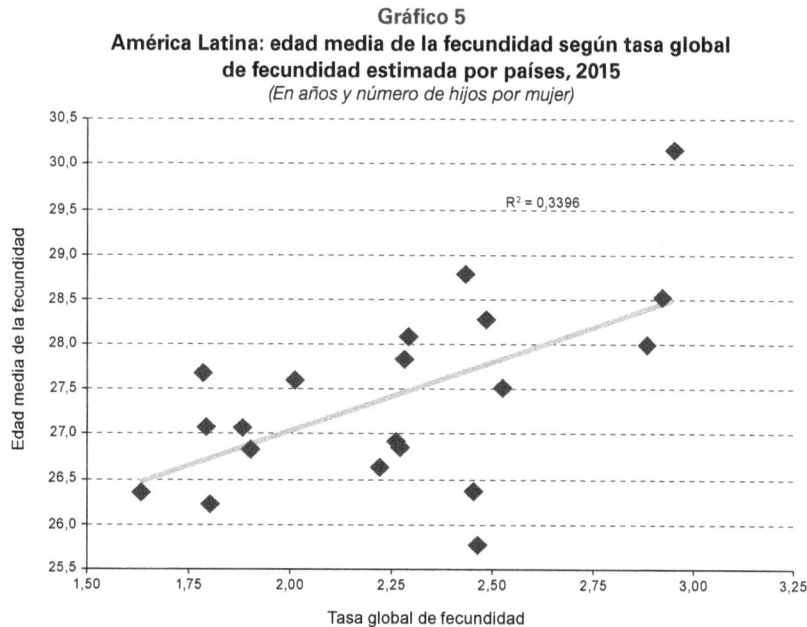

$R^2 = 0,3396$

Fuente: Centro Latinoamericano y Caribeño de Demografía (CELADE)-División de Población de la CEPAL, estimaciones y proyecciones de población, revisión de 2015.

Cuadro 1
América Latina: indicadores del nivel y la estructura de la fecundidad promedio de los países agrupados según nivel de fecundidad, 2015 [a]

Indicador		Grupos de países según nivel de fecundidad		
		Países con tasa global de fecundidad inferior a 2,1 hijos por mujer (7 países [b])	Promedio de América Latina (20 países)	Países con tasa global de fecundidad superior a 2,1 hijos por mujer (13 países [c])
Tasa global de fecundidad (TGF)	Promedio (hijos por mujer)	1,83	2,26	2,49
	Desviación estándar	0,11	0,38	0,25
	Coeficiente de variación (porcentaje)	6,0	16,9	10,0
Edad media de la fecundidad	Promedio (años)	27,0	27,4	27,7
	Desviación estándar	0,52	1,02	1,13
	Coeficiente de variación (porcentaje)	1,9	3,7	4,1
	Correlación con la TGF	0,54	0,58	0,60
Porcentaje de la fecundidad concentrada en las mujeres de 15 a 19 años	Promedio (porcentaje de la fecundidad total)	15,6	14,6	14,0
	Desviación estándar	1,6	3,1	3,54
	Coeficiente de variación (porcentaje)	10,37	21,3	25,2
	Correlación con la TGF	-0,05	-0,50	-0,61

Fuente: Centro Latinoamericano y Caribeño de Demografía (CELADE)-División de Población de la CEPAL, estimaciones y proyecciones de población, revisión de 2015.
[a] Promedios simples de la tasa global de fecundidad, la edad media de la fecundidad y el porcentaje de la fecundidad concentrada en las mujeres de 15 a 19 años de los países de la región.
[b] Brasil, Chile, Colombia, Costa Rica, Cuba, El Salvador y Uruguay.
[c] Argentina, Bolivia (Estado Plurinacional de), Ecuador, Guatemala, Haití, Honduras, México, Nicaragua, Panamá, Paraguay, Perú, República Dominicana y Venezuela (República Bolivariana de).

Los casos extremos de menor y mayor edad media de la fecundidad (República Dominicana y Haití, respectivamente) ponen en evidencia que los niveles de fecundidad son importantes, pero no determinantes de la estructura de la fecundidad. Existen otras variables, como edad a la primera relación sexual, edad de inicio del uso de anticonceptivos y patrones culturales, entre otras, que estarían incidiendo en mayor medida en la estructura de la fecundidad de los países de la región.

Llama la atención la correlación entre el porcentaje de fecundidad de las mujeres menores de 20 años y la tasa global de fecundidad en 2015, que es más bien inversa (-0,50) (véanse el gráfico 6 y el cuadro 1), lo que indica que cuanto mayor es la TGF en los países de la región, menor es el peso de la fecundidad en edades tempranas. Esto pone en evidencia que la disminución de la fecundidad en su conjunto se ha producido sin un descenso similar de la fecundidad en la adolescencia.

El grupo de los siete países que tienen una tasa global de fecundidad inferior al promedio regional y por debajo del nivel de reemplazo presenta una TGF promedio de 1,83 hijos por mujer, una edad media de la fecundidad de 27 años y un 15,6% de la fecundidad concentrada en las mujeres menores de 20 años. En este grupo hay una correlación de 0,54 entre la TGF y la edad media de la fecundidad, pero una correlación casi nula entre el nivel de fecundidad y el porcentaje de la fecundidad concentrada en edades tempranas (véase el cuadro 1).

Los 13 países restantes, con tasas globales de fecundidad superiores al valor de reemplazo, presentan una TGF promedio de 2,49 hijos por mujer, una edad media de la fecundidad de 27,7 años y un 14,0% de la fecundidad concentrada en las mujeres menores de 20 años. En este grupo hay una mayor correlación (0,60) entre la TGF y la edad media de la fecundidad, pero destaca la correlación negativa (-0,61) entre el nivel de fecundidad y el porcentaje de fecundidad en edades tempranas. Este grupo es el que presenta mayores variaciones en la estructura de la fecundidad. Por un lado se encuentra Haití, que presenta menos del 7% de la fecundidad en edades tempranas, y en el otro extremo Nicaragua y la República Dominicana, países donde alrededor del 20% de la fecundidad se concentra en las mujeres menores de 20 años.

Las actuales estimaciones y proyecciones ponen de manifiesto que la maternidad en edades tempranas sigue siendo un tema que requiere ser estudiado en mayor profundidad (Rodríguez, 2014a y 2014b), especialmente en el sentido de identificar la influencia sobre la fecundidad en la adolescencia de factores institucionales, como los relativos al acceso o falta de acceso a servicios oportunos y adecuados de salud sexual y salud reproductiva y a educación integral para la sexualidad, como se define en el Consenso de Montevideo sobre Población y Desarrollo; factores culturales, como la desigualdad de género, los tabúes religiosos, la valoración de la maternidad y la invisibilización de la sexualidad adolescente, y factores sociales, como las desigualdades y la falta de oportunidades, los mensajes mediáticos y de redes sociales sobre sexualidad y control anticonceptivo entre los adolescentes y las relaciones y comunicaciones intrafamiliares sobre estas materias, así como la evolución probable de estos factores a través del tiempo.

Gráfico 6
América Latina: porcentaje de fecundidad en las mujeres de 15 a 19 años según tasa global de fecundidad estimada por países, 2015
(En porcentajes y número de hijos por mujer)

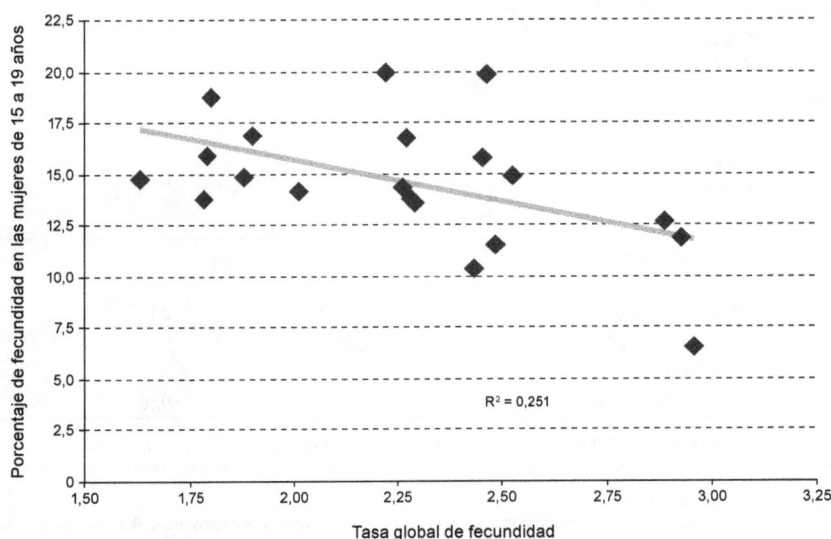

Fuente: Centro Latinoamericano y Caribeño de Demografía (CELADE)-División de Población de la CEPAL, estimaciones y proyecciones de población, revisión de 2015.

3. Impacto de los cambios demográficos, en especial de la fecundidad, en el crecimiento y estructura de la población

Al comparar las tasas brutas de natalidad y de mortalidad y la tasa de crecimiento natural de la población de las revisiones de 1990 y de 2015 (véase el gráfico 7), se observa una mayor diferencia entre las tasas de natalidad.

A simple vista, en la revisión de 2015 la reducción de la tasa bruta de natalidad se adelanta más o menos diez años y la de la tasa de crecimiento alrededor de siete años respecto de lo que se había previsto en la revisión de 1990.

Gráfico 7
América Latina: tasa bruta de natalidad (b), tasa bruta de mortalidad (d) y tasa de crecimiento natural de la población (b-d), revisiones de 1990 y de 2015, período 1950-2100
(En números por cada mil personas)

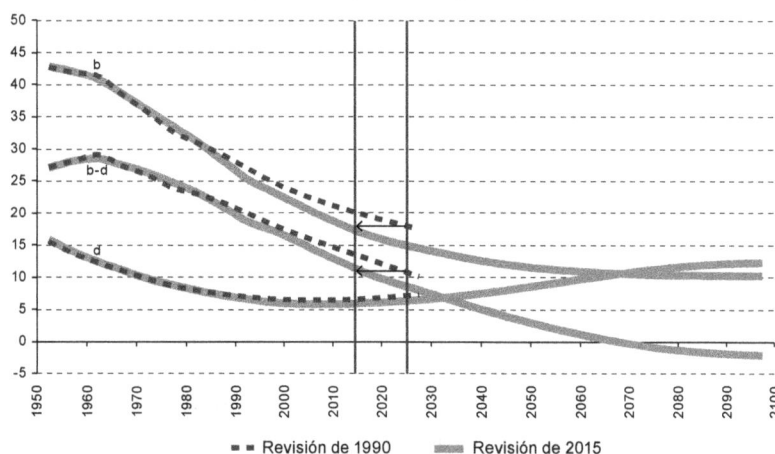

Fuente: Centro Latinoamericano de Demografía (CELADE), *Boletín Demográfico*, N° 52 (LC/DEM/G.135), Santiago, julio de 1993 y Centro Latinoamericano y Caribeño de Demografía (CELADE)-División de Población de la CEPAL, estimaciones y proyecciones de población, revisión de 2015.

En 1990, se proyectaba que la población de América Latina crecería a un promedio de 8.700.000 personas al año en el período 2010-2015. De acuerdo con las nuevas cifras, la región habría crecido poco más de 6.800.000 personas al año en ese período, es decir, 1.850.000 personas al año menos de lo proyectado. Como resultado de este menor crecimiento y en caso de mantenerse las tendencias proyectadas, se espera que en 2025 América Latina tenga una población de casi 679 millones de personas, es decir, casi 62 millones de personas menos que los 750 millones proyectados en 1990, un resultado impactante en lo que se refiere a la población total y que también se expresa en la estructura por edad de la población.

En efecto, la menor fecundidad tendrá un impacto en la reducción de los nacimientos, aunque no inmediato, pues depende de las cohortes de mujeres que entran en edad reproductiva, pero sin duda antes de lo esperado. En el gráfico 8 se presentan las cifras estimadas y proyectadas en la revisión de 1990 en contraste con las cifras de la revisión de 2015. Mientras que según la revisión de 1990 no se preveía una reducción del número de nacimientos en la región, en la revisión de 2015 se estima que esta disminución empezó a fines de la década de 1980. Actualmente se estima que en el período 2010-2015 nacieron 2.300.000 niños menos cada año de lo que se proyectó en 1990. Esta menor cantidad

de nacimientos sin duda contribuyó a reducir las tasas de mortalidad en la niñez, pues, de haberse dado las cifras proyectadas en la revisión de 1990, se habrían necesitado mayores esfuerzos para obtener los logros en la reducción de la mortalidad infantil que se han observado en la región.

La reducción de la fecundidad más allá de lo esperado tiene un impacto directo en los primeros grupos de edad de la estructura de la población. Mientras que en 1990 se proyectaba que el 28% de la población de la región correspondería a menores de 15 años en 2015, actualmente se estima que este grupo representa casi el 26% de la población. En valores absolutos, en 1990 se proyectaba que la región tendría 184,4 millones de personas menores de 15 años en 2015, frente a los 160,4 millones de la actual estimación, que arroja 24 millones de personas menos que la proyección anterior.

El menor crecimiento de la población menor de 15 años combinado con una menor mortalidad aceleró el proceso de envejecimiento de la población. En la revisión de 1990 se proyectaba un índice de envejecimiento[3] de 36 para 2015 y de 50 para 2025. Según las actuales estimaciones y proyecciones, estos índices serían de 43 para 2015 y de 65 para 2025, proyectándose que la población de 60 y más años superará a la población de menores de 15 años en 2038.

---

[3] Número de personas de 60 años y más por cada 100 personas menores de 15 años.

Gráfico 8
América Latina: promedio anual de nacimientos, revisiones de 1990 y de 2015, por quinquenios, 1950-2025
(En miles de personas)

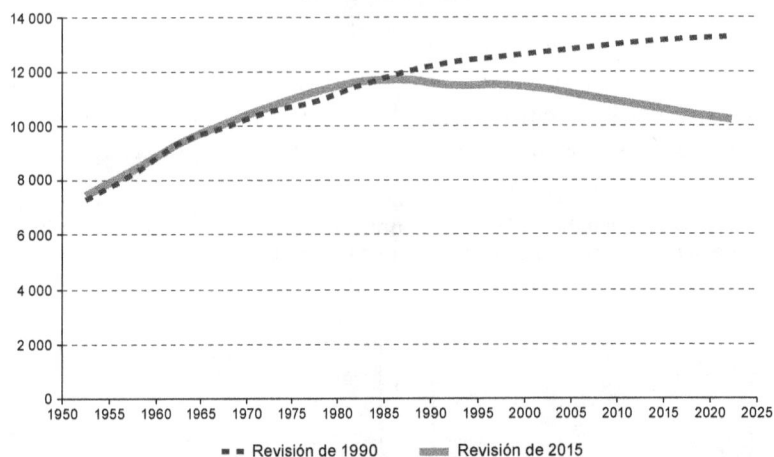

Fuente: Centro Latinoamericano de Demografía (CELADE), *Boletín Demográfico*, N° 52 (LC/DEM/G.135), Santiago, julio de 1993 y Centro Latinoamericano y Caribeño de Demografía (CELADE)-División de Población de la CEPAL, estimaciones y proyecciones de población, revisión de 2015.

Como consecuencia de lo anterior, el bono demográfico tendría una duración menor que la prevista (véase el gráfico 9). Si se considera como bono demográfico el período desde que la relación de dependencia total[4] inicia su disminución hasta que vuelve a aumentar, las proyecciones elaboradas en 1990, con un horizonte solamente hasta 2025, no evidenciaban el fin del bono demográfico. De acuerdo con las estimaciones y proyecciones actuales, la relación de dependencia es menor que la estimada y

proyectada en 1990, debido a la menor dependencia de los menores de 15 años. Se proyecta que el bono acabe alrededor de 2027, después de 61 años de reducción constante de la relación de dependencia total. El año 2027 marca el punto de inflexión y el fin del bono demográfico, momento en que empezará un fuerte crecimiento de la dependencia de las personas de edad, que llegará a superar la dependencia de los jóvenes en 2047, es decir, 20 años después de terminado el bono.

Gráfico 9
América Latina: relación de dependencia total[a], de los menores de 15 años[b] y de las personas de 65 años y más[c], revisiones de 1990 y de 2015, período 1950-2100

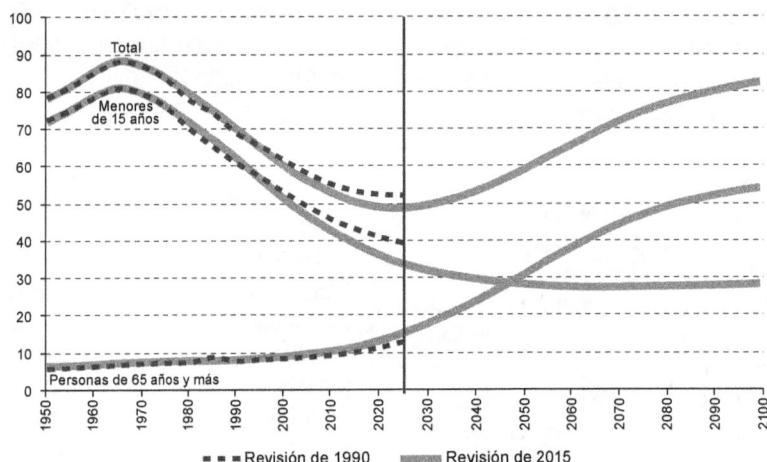

Fuente: Centro Latinoamericano de Demografía (CELADE), *Boletín Demográfico*, N° 52 (LC/DEM/G.135), Santiago, julio de 1993 y Centro Latinoamericano y Caribeño de Demografía (CELADE)-División de Población de la CEPAL, estimaciones y proyecciones de población, revisión de 2015.
[a] Relación de dependencia total: ((población de 0 a 14 años + población de 65 años y más)/población de 15 a 64 años)*100.
[b] Relación de dependencia de los menores de 15 años: (población de 0 a 14 años/población de 15 a 64 años)*100.
[c] Relación de dependencia de las personas de 65 años y más: (población de 65 años y más/población de 15 a 64 años)*100.

---

[4]   Cociente entre la suma de la población menor de 15 años y la población de 65 años y más, y la población de 15 a 64 años, multiplicado por 100; es decir: ((población de 0 a 14 años + población de 65 años y más)/población de 15 a 64 años) *100.

4. Reflexiones finales

Las proyecciones de población, realizadas por el método de los componentes, son una extrapolación de las tendencias observadas en los cambios de los niveles y estructuras de la fecundidad, la mortalidad y la migración. Las proyecciones de población a largo plazo son de enorme utilidad para comprender mejor los efectos de los cambios de los componentes demográficos, especialmente en lo que respecta al envejecimiento de la población y la duración del bono demográfico.

En este análisis se evidencia, mediante la comparación de las revisiones de las estimaciones y proyecciones de población realizadas en 1990 y en 2015, lo dinámicos que resultan ser los cambios de estos componentes en la región. En efecto, en América Latina el descenso de la fecundidad a niveles inesperados produjo un impacto en el crecimiento y el envejecimiento de la población mayor que el impacto de la disminución de la mortalidad, a pesar de que esta ha descendido también más allá de lo esperado, sobre todo en edades tempranas (CELADE, 2015).

Las estimaciones actuales de los niveles de fecundidad muestran que las hipótesis de evolución futura consideradas en la revisión de 1990 no alcanzaron a dimensionar el dinamismo de la fecundidad de la región, donde siete países han alcanzado una tasa global de fecundidad por debajo del nivel de reemplazo y ningún país presenta una tasa superior a 3 hijos por mujer.

Este descenso de la tasa global de fecundidad superior al proyectado está acompañado por otras características importantes, la disminución de la edad media de la fecundidad y el aumento del peso relativo de la fecundidad en la adolescencia. Mientras que en 1990 se proyectaba para 2015 una edad media de la fecundidad de 27,2 años, actualmente la edad media estimada para este año es de 26,8 años.

Aunque se observa una fuerte reducción de la tasa global de fecundidad en todos los países de la región, los cambios en la estructura de la fecundidad por edades no son tan evidentes. Los países con una TGF por debajo del nivel de reemplazo tienen una edad media de la fecundidad menor que los demás países (véase el cuadro 1). Los países con una TGF por encima del valor de reemplazo presentan estructuras más variadas: Haití, por ejemplo, tiene la mayor edad media de la fecundidad de la región en 2015 (30,1 años) y la República Dominicana registra la menor (25,8 años), lo que representa una diferencia en la edad media de la fecundidad de 4,3 años, con apenas 0,5 hijos por mujer de diferencia en sus tasas globales de fecundidad.

Destaca el impacto de los cambios demográficos estimados en la actualidad, en comparación con las proyecciones realizadas en 1990. Se estima que en 2015 viven en la región 40 millones de personas menos de lo que se proyectó en 1990 y más del 60% de esta diferencia (24 millones de personas) se concentra en los menores de 15 años.

Actualmente, se observa que hay una reducción del número de nacimientos en la región que no se visualizaba en las proyecciones de 1990, correspondiente en el período 2010-2015 a 11,5 millones de nacimientos menos de lo que se había proyectado.

Esta reducción del número de nacimientos ha acelerado el proceso de envejecimiento de la población. Se estima que en 2015 hay 42,9 personas de 60 años y más por cada 100 menores de 15 años, 7 personas más de lo proyectado en 1990 (36,0 personas de 60 años y más por cada 100 menores de 15 años).

Lo anterior ha repercutido en la evolución del bono demográfico. La dependencia demográfica es menor en términos relativos, pero se proyecta que el bono termine en 2027, lo que representa una disminución de su duración proyectada. Coincidentemente con el final del bono demográfico, se proyecta un fuerte aumento de la dependencia de las personas de 65 años y más.

Bibliografía

CELADE (Centro Latinoamericano y Caribeño de Demografía-División de Población de la CEPAL) (2015), *Observatorio Demográfico 2014. Proyecciones de población* (LC/G.2649-P), Santiago, Comisión Económica para América Latina y el Caribe (CEPAL).

___(2013), *Observatorio Demográfico 2012. Proyecciones de población* (LC/G.2569-P), Santiago, Comisión Económica para América Latina y el Caribe (CEPAL).

___(1993), "América Latina: tasas de fecundidad por edades 1950-2025", *Boletín Demográfico*, N° 52 (LC/DEM/G.135), Santiago, julio.

___(1990), "Estimaciones y proyecciones de población", *Boletín Demográfico*, N° 45 (LC/DEM/G.82), Santiago, enero.

CEPAL (Comisión Económica para América Latina y el Caribe) (2010), *Población y salud en América Latina y el Caribe: retos pendientes y nuevos desafíos* (LC/L.3216(CEP.2010/3)), Santiago, mayo.

___(1978), "Factores determinantes y consecuencias de las tendencias demográficas", *Estudios sobre población*, N° 50, vol. I (ST/SOA/SER.A/50), Nueva York.

Rodríguez Vignoli, Jorge (2014a), "Fecundidad adolescente en América Latina: una actualización", *Comportamiento reproductivo y fecundidad en América Latina: una agenda inconclusa*, Suzana Cavenaghi y Wanda Cabella (orgs.), Serie E, Investigaciones, Nº 3, Río de Janeiro, Asociación Latinoamericana de Población (ALAP).

___(2014b), "La reproducción en la adolescencia y sus desigualdades en América Latina. Introducción al análisis demográfico, con énfasis en el uso de microdatos censales de la ronda de 2010", *Documentos de Proyecto* (LC/W.605), Santiago, Comisión Económica para América Latina y el Caribe (CEPAL).

Fertility in Latin America is declining faster than expected and driving population growth down sharply

Introduction

As part of the process of social, economic and cultural change that the region has undergone in recent decades, there have been important shifts in fertility and mortality rates that have produced equally significant changes not only in population growth but also in the age structure of the population.

Generally speaking, the changes in fertility and mortality have followed the demographic transition model, which produced a drop first in mortality and then in fertility. An important distinction with respect to the region's demographic transition, in comparison with that observed in developed countries, is that its initial levels, particularly of fertility, were higher, the transition began later, and it happened more quickly. Moreover, inequalities in death rates and birth rates across social segments have been and remain more pronounced than in developed countries.

The *Demographic Observatory 2014* (CELADE, 2015) analysed the decline in infant mortality in the region, based on a comparison of institutional estimates and projections. The main conclusion from that exercise was that the estimates and projections prepared on the basis of information prior to 1990 (the 1990 revision) underestimated the decline in mortality. The steeper-than-expected decline in the infant mortality rate was also reflected in the general mortality rate (life expectancy at birth), although for men between the ages of 15 and 29 years the decline in the death rate was less than predicted in the 1990 estimates and projections, and in some cases it even increased (CELADE, 2013).

The decline in the fertility rate was also greater than predicted in the 1990 revision, when reaching replacement-level fertility,[1] both regionally and in the majority of countries, seemed a distant prospect.

The population estimates and projections from the 1990 revision forecast an annual average population growth rate of 1.9% for the period 1990-1995, and 1.2% for the period 2015-2020 (CELADE, 1990).

According to the present revision of population estimates and projections (the 2015 revision), the population will grow by an annual average of 1.0% for the period 2015-2020. That rate is 17% lower than the prediction in the 1990 revision. The fact that population growth is lower in the most recent revision is due primarily to the fact that —with both fertility and mortality rates having declined further than expected— the downward impact of the first outweighs the upward impact of the second. To a lesser extent, the outcome can also be attributed to the negative balance of migration.

This analysis seeks to illustrate the impact of falling fertility on growth of the population and its age distribution, by comparing the updated estimates and projections (2015 revision) with those based on information prior to 1990 (1990 revision).

---

[1] Replacement level is a total fertility rate of 2.1 children per woman.

1. Fertility estimates and projections based on data available prior to 1990 (1990 revision)

According to the estimates and projections presented in *Boletín Demográfico* No. 45 (CELADE, 1990), based on data preceding 1990 (1990 revision), the total fertility rate (TFR) in Latin America was estimated to have fallen from 5.1 children per woman in 1950 to 3.4 children per woman in 1990, and was projected to reach 2.5 children per woman in 2015. According to those figures, only Cuba would reach replacement level (at the end of the 1970s). It was assumed, furthermore, that Cuba's fertility, after remaining below the replacement level between 1980 and 2010, would recover and would return to that level after 2010.

At that time, the replacement level was a milestone which it was assumed countries of the region would eventually achieve, and it was considered a limit. It was thought that, once this value was reached, there would be no further declines in fertility levels and that any subsequent changes would affect the structure or the schedule of fertility.

Figure 1 illustrates the decline in the total fertility rate predicted for countries of the region in the 1990 revision. As shown, the TFR was projected to drop in all countries, but at varying speeds, with only Cuba and Uruguay reaching replacement level by 2050. On average, the TFR for the region was expected to decline by 27% between 1990 and 2015.

Figure 1
Latin America: total fertility rate, estimated and projected, 1990 review, selected years
(Number of children per woman)

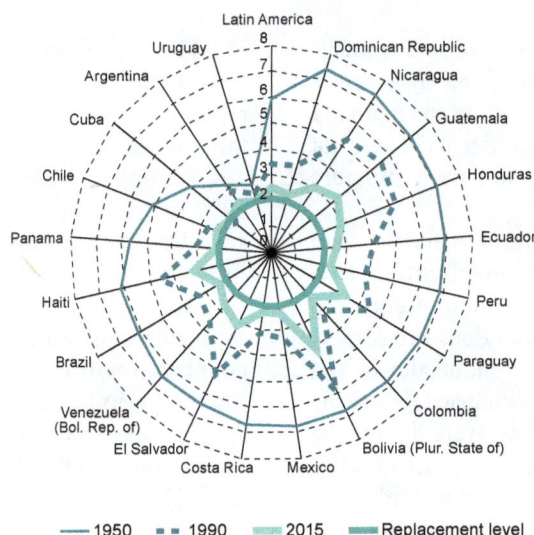

Source: Latin American Demographic Centre (CELADE), "Estimaciones y proyecciones de población", *Boletín Demográfico*, No. 45 (LC/DEM/G.82), Santiago, January 1990.

Figure 2 illustrates the age structure of fertility. In 1950, the region presented a relatively extended fertility age curve,[2] with a mean fertility age of 29.3 years, consistent with high levels of fertility. Historical experience from the first fertility transition suggests that the decline in fertility can be attributed primarily to limitations on the number of births, rather than to any widespread tendency to forego

having children. Consequently, in the 1990 revision the mean age of fertility was estimated at 27.9 years for that year.

The 1990 revision projected a still-early fertility structure for 2015 (see figure 2), with a mean fertility age of 27.2 years. It projected that the fertility rate among women aged between 15 and 19 years would decline, but to a lesser extent than that among other age groups, thus increasing their relative share in total fertility. This suggested for the region a declining number of children, rather than any change in the fertility schedule. In any case, there remained some uncertainty as to whether the region might at some point shift to a later fertility structure, as fertility continued to decline and as women remained longer in the education system or boosted their participation in economic activity.

---

[2]   The fertility structure may be classified as "early" when there are high fertility rates among women aged under 25 years, or as "late" when there is a greater concentration of fertility among women aged 25 to 29 years. An "extended" fertility curve corresponds to a structure with high fertility values among women aged 20 to 34 years, without any great differences between the five-year groups 20 to 24 years, 25 to 29 years, and 30 to 34 years.

Figure 2
Latin America: estimated and projected fertility structure by age group for women
aged 15-49 years, 1990 revision, selected years
(Percentages)

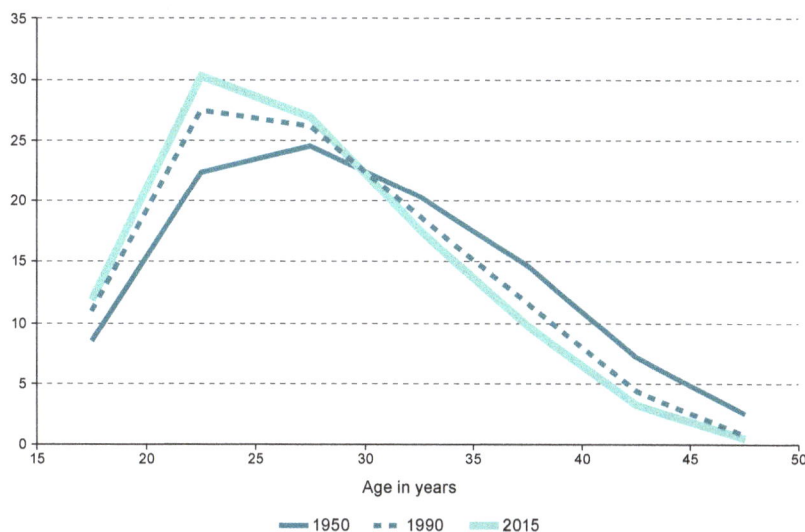

Age in years

1950   1990   2015

Source: Latin American Demographic Centre (CELADE), "Latin America: fertility rates by age, 1950-2025", *Demographic Bulletin*, No. 52 (LC/DEM/G.135), Santiago, July 1993.

2. Estimates and projections of fertility prepared during the 2015 revision

Expanding information sources have revealed a greater decline in fertility in Latin America than expected. Replacement-level fertility, which was seen as a distant prospect, has been achieved earlier than was imagined (see figure 3).

According to the 2015 revision of population estimates and projections, Latin America reached the replacement level in 2015, reflecting a decline in its total fertility rate of slightly over 35% between 1990 and 2015, which was 8 percentage points more than had been projected in the 1990 revision.

Figure 3
Latin America: estimated and projected total fertility rates, 2015 revision, selected years
(Number of children per woman)

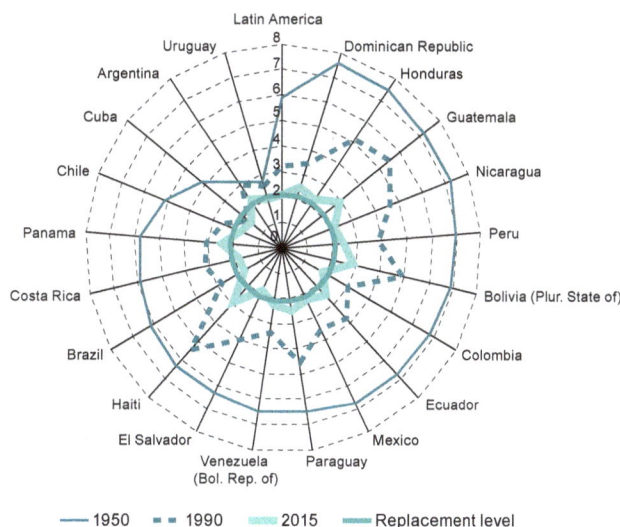

1950   1990   2015   Replacement level

Source: Latin American and Caribbean Demographic Centre (CELADE) - Population Division of ECLAC, population estimates and projections, 2015 revision.

At the present time, it is estimated that the total fertility rate in seven countries of the region (Brazil, Chile, Colombia, Costa Rica, Cuba, El Salvador and Uruguay) is below the replacement level, and that no country has a TFR of 3 or more children per woman.

Although the decline in fertility levels far exceeded that predicted in the 1990 revision, there was no shift to a later fertility structure: in fact, it moved forward, to an estimated mean fertility age of 26.8 years in 2015.

Figure 4 presents current estimates of the fertility structure for the years 1950, 1990 and 2015. It highlights the rise in the proportion of total births to women between the ages of 15 and 19, who account for 15% of total fertility. In some countries, adolescent fertility represents as much as 20% of the TFR.

Figure 4

Latin America: estimated fertility structure by age group for women aged 15-49 years, 2015 revision, selected years

(Percentages)

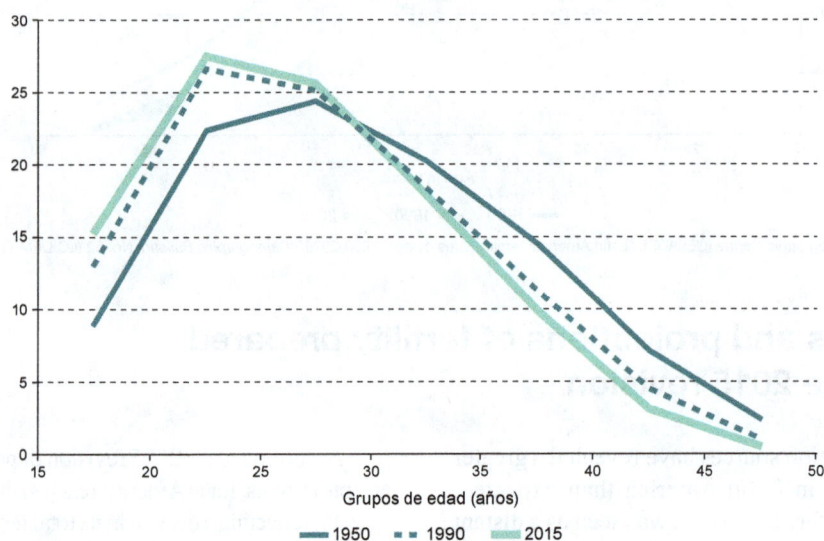

Source: Latin American and Caribbean Demographic Centre (CELADE)-Population Division of ECLAC, population estimates and projections, 2015 revision.

The issue of adolescent fertility in the region surely needs to be looked at closely. By way of example, in countries such as Brazil, Costa Rica and El Salvador (with fertility rates below replacement level) and Nicaragua, the Dominican Republic and the Bolivarian Republic of Venezuela (with fertility rates above replacement level), women under 20 years account for more than 15% of total fertility. With current estimates, the question remains as to whether countries of the region will arrive at late fertility structures with lower fertility levels.

In this context, it should be noted that the region shows no strong correlation between the level of fertility and its age structure. For 2015, there is an estimated correlation of 0.58 between the mean fertility age and the total fertility rate (see figure 5 and table 1). This positive correlation indicates that the higher the TFR, the older the mean fertility age. However, some situations stand out: at one extreme, the Dominican Republic has the lowest mean fertility age (25.8 years) and a TFR of

nearly 2.46 children per woman; at the other end of the scale is Haiti, which has the highest mean fertility age in the region (30.1 years) and a TFR of 2.95 children per woman.

The extreme cases (youngest and oldest mean fertility age, that is, the Dominican Republic and Haiti, respectively) show that fertility levels are important but not determining factors of the fertility structure. There are other variables, such as the age at first sexual encounter or at first use of a contraceptive, and cultural patterns, that may have a greater impact on fertility structures in countries of the region.

There is a striking inverse correlation (-0.50) between the proportion of births to women under 20 years old and the total fertility rate in 2015 (see figure 6 and table 1), indicating that adolescent fertility accounts for a smaller proportion of total fertility in countries of the region with a higher TFR. This shows that the decline in overall fertility has occurred without any similar decline in adolescent fertility.

Figure 5
Latin America: mean age of fertility according to estimated total fertility rate, by country, 2015

(Years and number of children per woman)

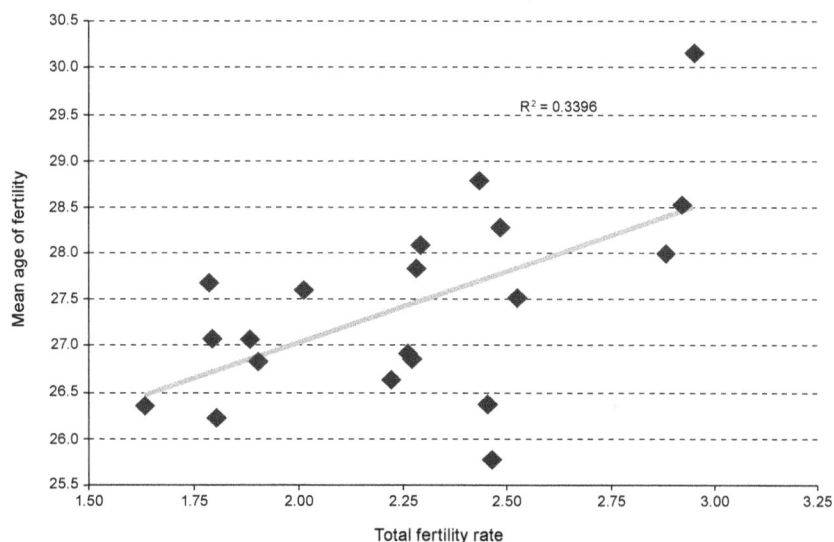

R² = 0.3396

Source: Latin American and Caribbean Demographic Centre (CELADE)-Population Division of ECLAC, population estimates and projections, 2015 revision.

Table 1
Latin America: indicators of the level and structure of average fertility
in countries grouped by fertility level, 2015 [a]

Indicator		Country groups by fertility level		
		Countries with TFR below 2.1 (7 countries) [b]	Average for Latin America (20 countries)	Countries with TFR above 2.1 (13 countries) [c]
Total fertility rate (TFR)	Average (children per woman)	1.83	2.26	2.49
	Standard deviation	0.11	0.38	0.25
	Coefficient of variation (percentage)	6.0	16.9	10.0
Mean fertility age	Average (years)	27.0	27.4	27.7
	Standard deviation	0.52	1.02	1.13
	Coefficient of variation (percentage)	1.9	3.7	4.1
	Correlation with TFR	0.54	0.58	0.60
Adolescent (15-19 years) share of TFR	Average (percentage of TFR)	15.6	14.6	14.0
	Standard deviation	1.6	3.1	3.54
	Coefficient of variation (percentage)	10.37	21.3	25.2
	Correlation with TFR	-0.05	-0.50	-0.61

Source: Latin American and Caribbean Demographic Centre (CELADE)-Population Division of ECLAC, population estimates and projections, 2015 revision.
[a] Simple averages of the total fertility rate, the mean fertility age, and the adolescent (women aged 15-19 years) share of total fertility in countries of the region.
[b] Brazil, Chile, Colombia, Costa Rica, Cuba, El Salvador and Uruguay.
[c] Argentina, Bolivia (Plurinational State of), Dominican Republic, Ecuador, Guatemala, Haiti, Honduras, Mexico, Nicaragua, Panama, Paraguay, Peru, and Venezuela (Bolivarian Republic of).

Figure 6
Latin America: fertility among women aged 15-19 years as a percentage of estimated total fertility, by country 2015
(Percentages and number of children per woman)

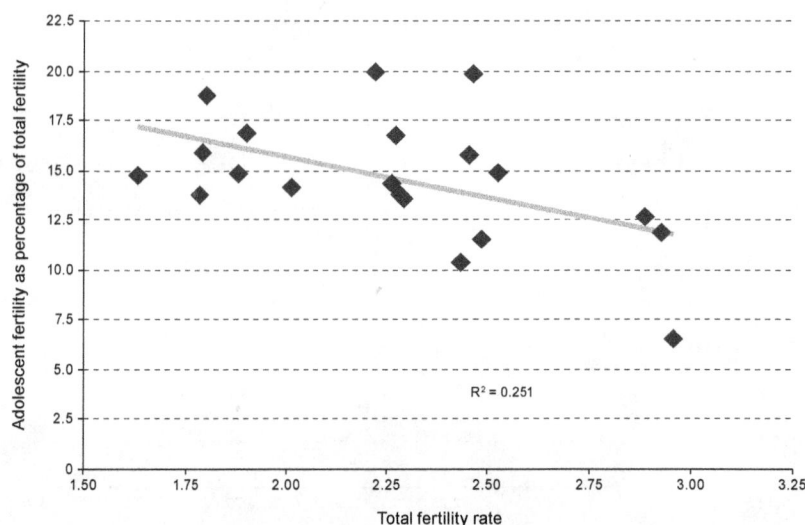

Source: Latin American and Caribbean Demographic Centre (CELADE)-Population Division of ECLAC, population estimates and projections, 2015 revision.

For the seven countries that have a total fertility rate lower than the regional average and below replacement level, the average TFR is 1.83 children per woman, the mean age of fertility is 27 years, and 15.6% of births are to women under 20 years. In this group there is a correlation of 0.54 between the TFR and mean fertility age, but a nearly nil correlation between the adolescent fertility level and the percentage of total fertility attributable to women aged 15-19 years (see table 1).

In the remaining 13 countries, with total fertility rates above replacement level, the average TFR is 2.49 children per woman, the mean fertility age is 27.7 years, and 14.0% of all births are to women aged under 20 years. In this group there is a greater correlation (0.60) between the TFR and the mean fertility age, but there is a negative correlation (-0.61) between the fertility level and the adolescent share of total fertility. It is this group of countries that presents the greatest variations in fertility structure. At one extreme is Haiti, where adolescent fertility accounts for less than 7% of total fertility, and at the other extreme are Nicaragua and the Dominican Republic, where women under 20 years account for around 20% of births.

Current estimates and projections show that adolescent maternity is still a topic that deserves more in-depth study (Rodríguez, 2014a and 2014b), especially with a view to identifying how adolescent fertility is influenced by (a) institutional factors, such as access to timely and adequate sexual and reproductive health services and to comprehensive sexuality education, as defined in the Montevideo Consensus on Population and Development; (b) cultural factors, such as gender inequality, religious taboos, the value placed on maternity, and the disregard for adolescent sexuality; and (c) social factors, such as inequalities and lack of opportunities, media messages, and social networking among adolescents on matters of sexuality and contraceptive control, and intrafamily relations and communication on these matters, as well as the probable evolution of these factors over time.

3. Impact of demographic changes, particularly in fertility, on population growth and structure

A comparison of crude birth and death rates and of the natural population growth rates from the 1990 and 2015 revisions (see figure 7) reveals a greater difference between the birth rates. In the 2015 revision, the crude birth rate and the population growth rate declined about 10 years and around seven years earlier, respectively, than predicted in the 1990 revision.

In 1990 the Latin American population was projected to grow by an average of 8.7 million persons a year during the period 2010-2015. According to the new figures, the region grew by slightly more than 6.8 million persons a year over that same period, that is, 1.85 million less than projected. On the basis of this slower growth, and assuming that the projected trends persist, it is expected that by 2025 Latin America will have a population of nearly 679 million, which is nearly 62 million persons fewer than the 750 million projected in 1990. This

significant difference in terms of total population is also reflected in the age structure of the population.

Figure 7
Latin America: crude birth rate (b), crude death rate (d), and natural population growth rate (b-d), 1990 and 2015 revisions, for the period 1950-2100
(Per thousand persons)

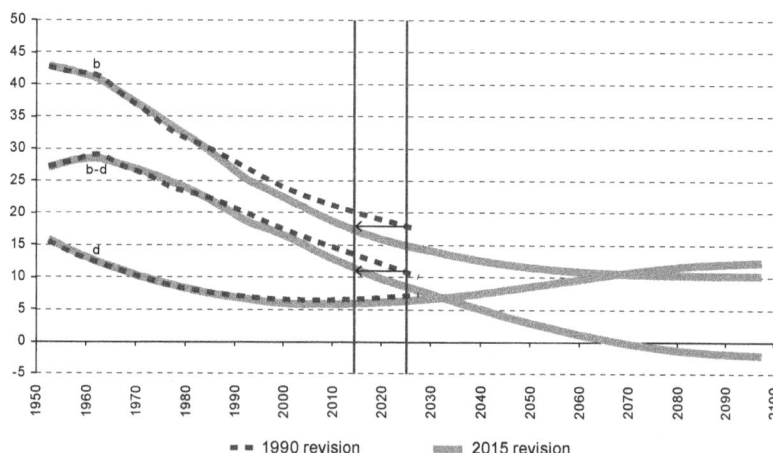

Source: Latin American Demographic Centre (CELADE), "Latin America: fertility rates by age, 1950-2025", *Demographic Bulletin*, No. 52 (LC/DEM/G.135), Santiago, July 1993; and Latin American and Caribbean Demographic Centre (CELADE)-Population Division of ECLAC, population estimates and projections, 2015 revision.

As fertility rates fall, so will birth rates, and while this will not come about immediately, as it depends on the cohorts of women who are entering reproductive age, it will surely happen sooner than was anticipated. Figure 8 presents the estimates and projections from the 1990 revision in comparison with those from the 2015 revision. While the 1990 revision did not foresee any reduction in the number of births in the region, the 2015 revision estimates that such

a decline began at the end of the 1980s. It is now estimated that, during the years 2010-2015, 2.3 million fewer children were born each year than was projected in 1990. This lower number of births undoubtedly helped to reduce the child mortality rate, since, had the figures projected in the 1990 revision held true, greater efforts would have been needed to achieve the reduction in child mortality that has been observed in the region.

Figure 8
Latin America: average annual births by five-year age group, 1990 and 2015 revisions, 1950-2025
(Thousands of persons)

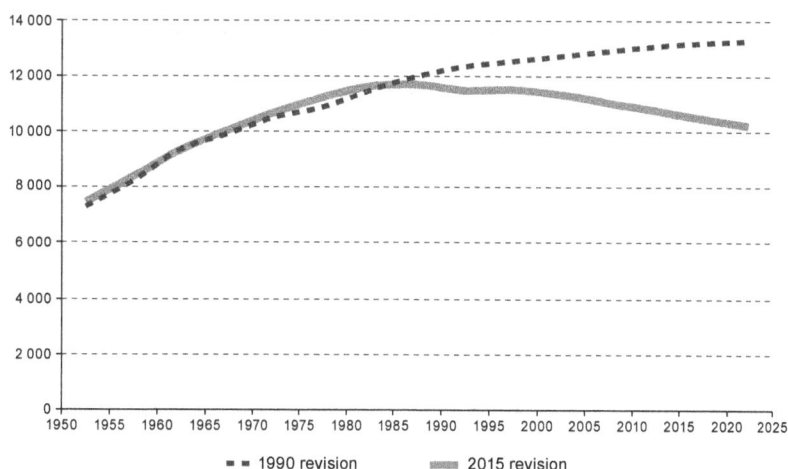

Source: Latin American Demographic Centre (CELADE), "Latin America: fertility rates by age, 1950-2025", *Bulletin Demographic*, No. 52 (LC/DEM/G.135), Santiago, July 1993; and Latin American and Caribbean Demographic Centre (CELADE)-Population Division of ECLAC, population estimates and projections, 2015 revision.

The greater-than-expected decline in fertility has a direct impact on the younger age groups in the population structure. While in 1990 it was projected that 28% of the region's population would be under 15 years of age in 2015, this age group is now estimated to represent about 26% of the population. In absolute terms, in 1990 the region was projected to have 184.4 million persons aged under 15 years in 2015, versus the 160.4 million in the current estimate, which is down by 24 million persons from the previous projection.

The slower growth of the under-15 population, combined with a lower mortality rate, has accelerated the process of population ageing. The 1990 revision projected an ageing index[3] of 36 for 2015, and of 50 for 2025. According to current estimates and projections, these indices would be 43 for 2015 and 65 for 2025, with the prospect that the number of persons aged over 60 years will exceed those under 15 years in 2038.

As a result of the foregoing, the demographic dividend will be of shorter duration than expected (see figure 9). Taking the demographic dividend as the period during which the total dependency ratio[4] begins to decline until it starts to rise again, the projections prepared in 1990, with a horizon only to 2025, gave no evidence of an end to the demographic dividend. According to current estimates and projections, the dependency ratio is lower than that estimated and projected in 1990, because the dependent under-15 portion of the population is smaller. The dividend is projected to end around 2027, after 61 years of steady decline in the total dependency ratio. The year 2027 will mark a turning point: as the demographic dividend comes to an end, the number of older persons will begin to rise sharply, and will come to exceed the number of under-15s in 2047, that is, 20 years after the dividend expires.

Figure 9

Latin America: dependency ratios, total,[a] for persons under 15 years,[b] and for persons aged 65 years and older,[c] 1990 and 2015 revisions, 1950-2100

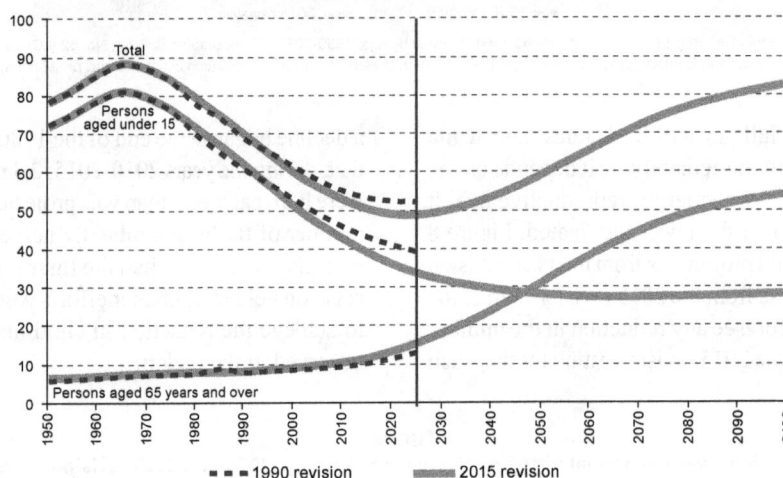

Source: Latin American Demographic Centre (CELADE), "Latin America: fertility rates by age, 1950-2025", *Bulletin Demographic*, No. 52 (LC/DEM/G.135), Santiago, July 1993; and Latin American and Caribbean Demographic Centre (CELADE)-Population Division of ECLAC, population estimates and projections, 2015 revision.
[a] Total dependency ratio: (population 0 to 14 years + population 65 years and over)/(population 15 to 64 years) *100.
[b] Under-15 dependency ratio: (population 0 to 14 years)/(population 15 to 64 years) *100.
[c] 65-and-over dependency ratio: (population 65 years and over)/(population 15 to 64 years) *100.

4. Final considerations

Population projections prepared using the components method are an extrapolation of observed trends in the levels and structures of fertility, mortality and migration. Long-term population projections are enormously useful for understanding the effects of changes in the demographic components, especially with respect to population ageing and the duration of the demographic dividend.

This analysis compares the revisions to the population estimates and projections carried out in 1990 and in 2015 in order to highlight the dynamic changes in these components in the region. In effect, Latin America has seen its fertility rate decline to unanticipated levels, and the impact this has had on population growth and ageing

---

[3]   Number of persons 60 years and older for every 100 persons under 15 years.

[4]   Quotient of the sum of the under-15 population plus the 65-and-over population divided by the population aged 15 to 64 years, multiplied by 100.

has outweighed the impact of the drop in the mortality rate, although this too has fallen further than expected, especially among the younger age groups (CELADE, 2015).

Current estimates show that the 1990 revision fell short in its predictions of the full extent of the changes in fertility in the region, where seven countries have reached a total fertility rate below the replacement level and no country has a TFR in excess of three children per woman.

The greater-than-projected decline in the total fertility rate has gone hand in hand with changes to other significant aspects of fertility: the decline in the mean fertility age and the increase in the relative share of adolescent fertility. While in 1990 the mean fertility age projected for 2015 was 27.2 years, the mean age currently estimated for this year is 26.8 years.

Although there has been a clear and sharp decline in the total fertility rate in all countries of the region, changes in the age structure of fertility are not so obvious. Countries with a TFR below replacement level have a lower mean fertility age than other countries (see table 1). Countries with a TFR above replacement level have more varied structures: Haiti, for example, has the highest mean fertility age in the region in 2015 (30.1 years), and the Dominican Republic has the lowest (25.8 years), representing a difference in the mean fertility age of 4.4 years, yet with a difference of only 0.5 children per woman in their total fertility rates.

There is a significant impact associated with the currently estimated demographic changes, compared with the projections made in 1990. In 2015 there are estimated to be 40 million fewer people living in the region than was projected in 1990, with more than 60% of this difference (24 million persons) concentrated in the under-15 age group.

At the present time it is clear that there has been a decline in the number of births in the region, which was not foreseen in the 1990 projections, amounting to 11.5 million fewer births than had been projected for the period 2010-2015.

This decline in the number of births has accelerated the process of population ageing. In 2015 there are estimated to be 42.9 persons aged 60 years and over for every 100 persons aged under 15 years, seven persons more than projected in 1990 (36.0 persons 60 years and over for every 100 persons under 15 years).

These developments have had an impact on the demographic dividend. The demographic dependency ratio has fallen in relative terms, but the demographic dividend is projected to expire in 2027, representing a reduction in its projected duration. The end of the demographic dividend is projected to coincide with a sharp increase in the dependent population aged 65 years and over.

Bibliography

CELADE (Latin American and Caribbean Demographic Centre-Population Division of ECLAC) (2015), *Demographic Observatory 2014. Population projections* (LC/G.2649-P), Santiago, Economic Commission for Latin America and the Caribbean (ECLAC).

___(2013), *Demographic Observatory 2012. Population projections* (LC/G.2569-P), Santiago, Economic Commission for Latin America and the Caribbean (ECLAC).

___(1993), "Latin America: fertility rates by age, 1950-2025", *Demographic Bulletin*, No. 52 (LC/DEM/G.135), Santiago, July.

___(1990), "Estimaciones y proyecciones de población", *Boletín Demográfico*, No. 45 (LC/DEM/G.82), Santiago, January.

ECLAC (Economic Commission for Latin America and the Caribbean) (2010), *Population and health in Latin America and the Caribbean: outstanding matters, new challenges* (LC/L.3216(CEP.2010/3)), Santiago, May.

___(1978), "The determinants and consequences of population trends", *Population Studies*, No. 50, vol. I (ST/SOA/SER.A/50), New York.

Rodríguez Vignoli, Jorge (2014a), "Fecundidad adolescente en América Latina: una actualización", *Comportamiento reproductivo y fecundidad en América Latina: una agenda inconclusa*, Suzana Cavenaghi and Wanda Cabella (orgs.), Serie E, Investigaciones, No. 3, Rio de Janeiro, Latin American Population Association (ALAP).

___(2014b), "La reproducción en la adolescencia y sus desigualdades en América Latina. Introducción al análisis demográfico, con énfasis en el uso de microdatos censales de la ronda de 2010", *Project Document* (LC/W.605), Santiago, Economic Commission for Latin America and the Caribbean (ECLAC).

Cuadros / *Tables*

Cuadro 1 / *Table 1*
América Latina: indicadores seleccionados por país, 2015
Latin America: selected indicators by country, 2015

País / *Country*	Población / *Population* (en miles a mitad del año *thousands at mid-year*)			Índice de envejecimiento[a] *Ageing index*[a] (por 100 *per 100*)	Tasa global de fecundidad *Total fertility rate*	Tasa de mortalidad infantil *Infant mortality rate* (por 1.000 nacidos vivos *per 1,000 live births*)	Esperanza de vida al nacer *Life expectancy at birth*	Tasa de crecimiento total *Total growth rate* (por 1.000 *per 1,000*)
	Ambos sexos *Both sexes*	Hombres *Males*	Mujeres *Females*					
América Latina / *Latin America*	618 551	305 399	313 153	42.7	2.1	18.9	75.3	10.7
Argentina	43 298	21 276	22 022	60.4	2.3	13.3	76.4	9.7
Bolivia (Estado Plurinacional de) *Bolivia (Plurinational State of)*	10 737	5 379	5 358	26.6	2.9	40.5	69.1	15.5
Brasil / *Brazil*	207 750	101 700	106 050	50.5	1.8	18.8	74.9	8.6
Chile	17 943	8 902	9 041	70.9	1.8	7.1	79.2	8.6
Colombia	48 229	23 743	24 485	44.6	1.9	17.4	74.2	8.9
Costa Rica	4 821	2 412	2 409	57.5	1.8	9.1	79.6	10.4
Cuba	11 422	5 720	5 702	118.4	1.6	5.4	79.4	0.6
Ecuador	16 144	8 071	8 073	34.2	2.5	20.3	76.1	14.9
El Salvador	6 298	2 966	3 332	38.4	1.9	15.5	73.4	4.0
Guatemala	15 920	7 836	8 084	16.7	2.9	23.8	73.3	19.6
Haití / *Haiti*	10 750	5 323	5 426	20.7	2.9	41.3	63.4	13.1
Honduras	8 075	4 036	4 039	22.7	2.3	26.9	73.4	13.5
México / *Mexico*	124 612	61 909	62 703	34.6	2.3	18.2	76.9	13.2
Nicaragua	6 086	3 000	3 086	25.8	2.2	17.0	75.2	11.1
Panamá / *Panama*	3 929	1 970	1 959	40.3	2.4	14.7	77.8	15.8
Paraguay	6 639	3 369	3 270	29.9	2.5	27.3	73.2	12.6
Perú / *Peru*	31 383	15 677	15 707	35.7	2.4	17.6	74.7	12.6
República Dominicana *Dominican Republic*	10 531	5 247	5 284	32.5	2.5	23.2	73.8	11.6
Uruguay	3 430	1 656	1 775	89.5	2.0	11.2	77.4	3.5
Venezuela (República Bolivariana de) *Venezuela (Bolivarian Republic of)*	30 554	15 206	15 347	34.4	2.3	12.9	74.5	12.6

Fuente: Centro Latinoamericano y Caribeño de Demografía (CELADE)-División de Población de la CEPAL, revisión de 2015.
Source: Latin American and Caribbean Demographic Centre (CELADE)-Population Division of ECLAC, 2015 revision.
[a] Índice de envejecimiento, personas de 60 años y más por cada 100 menores de 15 años.
[a] *Ageing index, population aged 60 and over for every 100 persons under 15 years of age.*

ECLAC • Latin America and the Caribbean. Demographic Observatory 2015

Population projections

Cuadro 2 / Table 2
América Latina: población total por país, 1975-2050
Latin America: total population, by country, 1975-2050
(En miles de personas a mitad de año / *Thousands of persons, at mid-year*)

País / Country	1975	1980	1985	1990	1991	1992	1993	1994
América Latina / Latin America	316 616	355 175	395 379	435 576	443 261	450 995	458 755	466 504
Argentina	26 062	28 092	30 363	32 689	33 147	33 603	34 056	34 501
Bolivia (Estado Plurinacional de) *Bolivia (Plurinational State of)*	4 963	5 533	6 150	6 795	6 928	7 069	7 212	7 359
Brasil / Brazil	108 431	122 188	136 760	150 310	152 659	155 036	157 450	159 899
Chile	10 441	11 281	12 196	13 272	13 496	13 718	13 935	14149
Colombia	24 757	27 738	31 012	34 272	34 915	35 556	36 193	36 823
Costa Rica	2 097	2 386	2 728	3 099	3 175	3 255	3 339	3 426
Cuba	9 441	9 840	10 090	10 593	10 672	10 742	10 806	10 865
Ecuador	6 987	7 976	9 046	10 218	10 460	10 705	10 952	11 197
El Salvador	4 157	4 596	4 946	5 287	5 359	5 432	5 504	5 574
Guatemala	6 285	7 077	7 961	8 936	9 148	9 368	9 592	9 820
Haití / Haiti	5 144	5 694	6 391	7 109	7 252	7 396	7 541	7 685
Honduras	3 108	3 636	4 237	4 903	5 040	5 179	5 318	5 456
México / Mexico	60 873	69 347	77 367	85 381	86 984	88 592	90 196	91 786
Nicaragua	2 797	3 250	3 709	4 145	4 237	4 332	4 428	4 522
Panamá / Panama	1 745	1 979	2 219	2 471	2 523	2 576	2 629	2 683
Paraguay	2 791	3 181	3 672	4 214	4 323	4 432	4 542	4 652
Perú / Peru	15 230	17 359	19 545	21 831	22 283	22 737	23 186	23 623
República Dominicana *Dominican Republic*	5 150	5 809	6 489	7 184	7 325	7 468	7 611	7 753
Uruguay	2 830	2 916	3 012	3 110	3 132	3 155	3 179	3 202
Venezuela (República Bolivariana de) *Venezuela (Bolivarian Republic of)*	13 325	15 298	17 485	19 760	20 202	20 644	21 087	21 529
País / Country	1995	1996	1997	1998	1999	2000	2001	2002
América Latina / Latin America	474 208	481 868	489 486	497 048	504 545	511 968	519 251	526 370
Argentina	34 936	35 357	35 766	36 169	36 571	36 978	37 389	37 801
Bolivia (Estado Plurinacional de) *Bolivia (Plurinational State of)*	7 508	7 660	7 817	7 975	8 133	8 293	8 453	8 614
Brasil / Brazil	162 379	164 890	167 409	169 934	172 462	174 989	177 512	180 001
Chile	14358	14564	14766	14963	15158	15348	15536	15 720
Colombia	37 442	38 049	38 646	39 235	39 820	40 404	40 990	41 575
Costa Rica	3 515	3 603	3 691	3 775	3 856	3 933	4 004	4 071
Cuba	10 921	10 972	11 018	11 060	11 099	11 136	11 171	11 205
Ecuador	11 441	11 682	11 922	12 161	12 397	12 629	12 854	13 073
El Salvador	5 638	5 698	5 753	5 801	5 846	5 886	5 922	5 955
Guatemala	10 050	10 283	10 521	10 764	11 018	11 284	11 564	11 858
Haití / Haiti	7 830	7 976	8 122	8 269	8 415	8 560	8 703	8 845
Honduras	5 591	5 724	5 855	5 985	6 114	6 243	6 372	6 500
México / Mexico	93 356	94 916	96 472	98 007	99 502	100 941	102 266	103 489
Nicaragua	4 612	4 700	4 785	4 868	4 949	5 027	5 101	5 172
Panamá / Panama	2 738	2 795	2 853	2 911	2 970	3 029	3 087	3 144
Paraguay	4 761	4 870	4 980	5 090	5 198	5 303	5 406	5 507
Perú / Peru	24 043	24 442	24 826	25 198	25 561	25 919	26 269	26 607
República Dominicana *Dominican Republic*	7 893	8 029	8 163	8 296	8 429	8 563	8 698	8 834
Uruguay	3 224	3 246	3 269	3 290	3 308	3 321	3 327	3 327
Venezuela (República Bolivariana de) *Venezuela (Bolivarian Republic of)*	21 971	22 411	22 853	23 296	23 739	24 183	24 627	25 073

Cuadro 2 (continuación) / *Table 2 (continued)*

País / Country	2003	2004	2005	2006	2007	2008	2009	2010
América Latina / Latin America	533 413	540 473	547 640	554 948	562 351	569 759	577 094	584 283
Argentina	38 213	38 627	39 042	39 457	39 872	40 289	40 709	41 132
Bolivia (Estado Plurinacional de) Bolivia (Plurinational State of)	8 776	8 936	9 096	9 258	9 419	9 582	9 745	9 909
Brasil / Brazil	182 454	184 867	187 235	189 553	191 814	194 016	196 156	198 235
Chile	15 896	16 073	16 249	16 425	16 599	16 773	16 945	17116
Colombia	42 155	42 727	43 286	43 834	44 372	44 900	45 416	45 918
Costa Rica	4 135	4 197	4 258	4 318	4 378	4 438	4 497	4 555
Cuba	11 235	11 262	11 284	11 300	11 310	11 317	11 325	11 336
Ecuador	13 290	13 509	13 735	13 969	14 208	14 450	14 693	14 935
El Salvador	5 987	6 019	6 050	6 075	6 100	6 124	6 148	6 172
Guatemala	12 160	12 464	12 766	13 066	13 382	13 698	14 016	14 333
Haití / Haiti	8 987	9 130	9 275	9 424	9 575	9 727	9 879	10 028
Honduras	6 627	6 754	6 880	7 007	7 133	7 259	7 383	7 504
México / Mexico	104 695	105 972	107 404	109 041	110 827	112 687	114 546	116 329
Nicaragua	5 241	5 310	5 380	5 451	5 524	5 596	5 668	5 739
Panamá / Panama	3 202	3 260	3 319	3 379	3 439	3 499	3 560	3 620
Paraguay	5 606	5 703	5 795	5 883	5 966	6 047	6 127	6 210
Perú / Peru	26 940	27 274	27 615	27 960	28 304	28 653	29 010	29 379
República Dominicana Dominican Republic	8 969	9 104	9 239	9 372	9 506	9 638	9 770	9 900
Uruguay	3 325	3 323	3 325	3 332	3 341	3 351	3 362	3 373
Venezuela (República Bolivariana de Venezuela (Bolivarian Republic of)	25 518	25 963	26 406	26 846	27 282	27 715	28 141	28 560
País / Country	2011	2012	2013	2014	2015	2016	2017	2018
América Latina / Latin America	591 334	598 291	605 175	611 921	618 551	625 070	631 489	637 797
Argentina	41 563	42 001	42 440	42 874	43 298	43 712	44 121	44 522
Bolivia (Estado Plurinacional de) Bolivia (Plurinational State of)	10 073	10 239	10 405	10 571	10 737	10 904	11 071	11 235
Brasil / Brazil	200 252	202 213	204 115	205 960	207 750	209 486	211 175	212 814
Chile	17 284	17 449	17 635	17 792	17 943	18 091	18 235	18 376
Colombia	46 406	46 882	47 344	47 793	48 229	48 650	49 059	49 454
Costa Rica	4 612	4 666	4 719	4 770	4 821	4 870	4 918	4 964
Cuba	11 352	11 372	11 393	11 411	11 422	11 425	11 423	11 417
Ecuador	15 176	15 419	15 661	15 903	16 144	16 385	16 624	16 863
El Salvador	6 197	6 221	6 247	6 273	6 298	6 324	6 350	6 375
Guatemala	14 655	14 974	15 293	15 608	15 920	16 230	16 536	16 838
Haití / Haiti	10 175	10 321	10 465	10 608	10 750	10 890	11 029	11 167
Honduras	7 622	7 739	7 853	7 965	8 075	8 183	8 288	8 391
México / Mexico	118 030	119 698	121 343	122 978	124 612	126 248	127 878	129 499
Nicaragua	5 810	5 880	5 949	6 018	6 086	6 152	6 218	6 283
Panamá / Panama	3 682	3 743	3 805	3 867	3 929	3 991	4 054	4 116
Paraguay	6 295	6 382	6 468	6 554	6 639	6 723	6 805	6 887
Perú / Peru	29 766	30 167	30 575	30 983	31 383	31 776	32 167	32 554
República Dominicana Dominican Republic	10 029	10 156	10 283	10 408	10 531	10 652	10 772	10 890
Uruguay	3 384	3 395	3 407	3 418	3 430	3 443	3 456	3 469
Venezuela (República Bolivariana de Venezuela (Bolivarian Republic of)	28 971	29 374	29 773	30 166	30 554	30 936	31 311	31 681

Cuadro 2 (conclusión) / *Table 2 (concluded)*

País / Country	2019	2020	2025	2030	2035	2040	2045	2050
América Latina / Latin America	643 992	650 068	678 922	705 165	728 342	747 995	763 989	776 417
Argentina	44 916	45 302	47 121	48 766	50 215	51 449	52 456	53 197
Bolivia (Estado Plurinacional de) Bolivia (Plurinational State of)	11 400	11 564	12 368	13 139	13 866	14 542	15 157	15 704
Brasil / Brazil	214 403	215 945	223 153	229 704	235 330	239 829	243 168	245 461
Chile	18 514	18 649	19 278	19 813	20 238	20 551	20 754	20 858
Colombia	49 835	50 201	51 813	53 127	54 161	54 873	55 267	55 378
Costa Rica	5 009	5 052	5 244	5 397	5 519	5 610	5 669	5 694
Cuba	11 410	11 403	11 358	11 260	11 097	10 873	10 599	10 277
Ecuador	17 101	17 335	18 478	19 552	20 544	21 437	22 223	22 883
El Salvador	6 401	6 426	6 545	6 668	6 784	6 889	6 983	7 066
Guatemala	17 137	17 432	18 846	20 153	21 347	22 422	23 378	24 254
Haití / Haiti	11 302	11 434	12 058	12 620	13 124	13 562	13 923	14 241
Honduras	8 492	8 591	9 049	9 462	9 865	10 236	10 557	10 820
México / Mexico	131 110	132 708	140 521	147 844	154 564	160 595	165 928	170 546
Nicaragua	6 347	6 410	6 707	6 969	7 193	7 386	7 548	7 667
Panamá / Panama	4 178	4 240	4 545	4 834	5 104	5 354	5 581	5 784
Paraguay	6 967	7 046	7 416	7 741	8 017	8 245	8 429	8 567
Perú / Peru	32 937	33 315	35 130	36 794	38 286	39 583	40 657	41 477
República Dominicana Dominican Republic	11 005	11 119	11 659	12 148	12 583	12 959	13 271	13 516
Uruguay	3 482	3 494	3 548	3 590	3 619	3 633	3 633	3 617
Venezuela (República Bolivariana de) Venezuela (Bolivarian Republic of)	32 044	32 401	34 083	35 585	36 887	37 967	38 810	39 409

Fuente: Centro Latinoamericano y Caribeño de Demografía (CELADE)-División de Población de la CEPAL, revisión de 2015.
Source: Latin American and Caribbean Demographic Centre (CELADE)-Population Division of ECLAC, 2015 revision.

Cuadro 3 / *Table 3*
América Latina: tasas de crecimiento total estimadas, según quinquenios, por país, 1970-2050
Latin America: estimated total growth rates, by five-year periods and country, 1970-2050
(Por 1.000 / *Per 1,000*)

País / *Country*	1970-1975	1975-1980	1980-1985	1985-1990	1990-1995	1995-2000	2000-2005	2005-2010
América Latina / *Latin America*	24.9	23.0	21.4	19.4	17.0	15.3	13.5	13.0
Argentina	16.7	15.0	15.5	14.8	13.3	11.4	10.9	10.4
Bolivia (Estado Plurinacional de *Bolivia (Plurinational State of)*	21.0	21.7	21.1	20.0	20.0	19.9	18.5	17.1
Brasil / *Brazil*	25.0	23.9	22.5	18.9	15.4	15.0	13.5	11.4
Chile	17.7	15.5	15.6	16.9	15.7	13.3	11.4	10.4
Colombia	23.1	22.7	22.3	20.0	17.7	15.2	13.8	11.8
Costa Rica	25.2	25.8	26.8	25.5	25.2	22.5	15.9	13.5
Cuba	16.0	8.3	5.0	9.7	6.1	3.9	2.7	0.9
Ecuador	28.1	26.5	25.2	24.4	22.6	19.8	16.8	16.7
El Salvador	24.8	20.0	14.7	13.3	12.9	8.6	5.5	4.0
Guatemala	27.1	23.7	23.6	23.1	23.5	23.2	24.7	23.2
Haití / *Haiti*	17.5	20.3	23.1	21.3	19.3	17.8	16.1	15.6
Honduras	28.8	31.4	30.6	29.2	26.3	22.1	19.4	17.4
México / *Mexico*	31.4	26.1	21.9	19.7	17.9	15.6	12.4	16.0
Nicaragua	30.8	30.0	26.4	22.2	21.4	17.2	13.6	13.0
Panamá / *Panama*	27.7	25.1	23.0	21.5	20.5	20.2	18.3	17.4
Paraguay	24.1	26.1	28.7	27.5	24.4	21.6	17.8	13.8
Perú / *Peru*	26.5	26.2	23.7	22.1	19.3	15.0	12.7	12.4
República Dominicana *Dominican Republic*	26.8	24.1	22.1	20.3	18.8	16.3	15.2	13.8
Uruguay	1.4	5.9	6.5	6.4	7.2	5.9	0.3	2.9
Venezuela (República Bolivariana de) *Venezuela (Bolivarian Republic of)*	29.5	27.6	26.7	24.5	21.2	19.2	17.6	15.7
País / *Country*	2010-2015	2015-2020	2020-2025	2025-2030	2030-2035	2035-2040	2040-2045	2045-2050
América Latina / *Latin America*	11.4	9.9	8.7	7.6	6.5	5.3	4.2	3.2
Argentina	10.3	9.0	7.9	6.9	5.9	4.9	3.9	2.8
Bolivia (Estado Plurinacional de) *Bolivia (Plurinational State of)*	16.1	14.8	13.4	12.1	10.8	9.5	8.3	7.1
Brasil / *Brazil*	9.4	7.7	6.6	5.8	4.8	3.8	2.8	1.9
Chile	9.4	7.7	6.6	5.5	4.2	3.1	2.0	1.0
Colombia	9.8	8.0	6.3	5.0	3.9	2.6	1.4	0.4
Costa Rica	11.3	9.4	7.5	5.7	4.5	3.3	2.1	0.9
Cuba	1.5	-0.3	-0.8	-1.7	-2.9	-4.1	-5.1	-6.2
Ecuador	15.6	14.2	12.8	11.3	9.9	8.5	7.2	5.9
El Salvador	4.0	4.0	3.7	3.7	3.5	3.1	2.7	2.4
Guatemala	21.0	18.1	15.6	13.4	11.5	9.8	8.4	7.4
Haití / *Haiti*	13.9	12.3	10.6	9.1	7.8	6.6	5.2	4.5
Honduras	14.7	12.4	10.4	8.9	8.4	7.4	6.2	4.9
México / *Mexico*	13.8	12.6	11.4	10.2	8.9	7.7	6.5	5.5
Nicaragua	11.7	10.4	9.0	7.7	6.3	5.3	4.3	3.1
Panamá / *Panama*	16.4	15.2	13.9	12.3	10.9	9.6	8.3	7.1
Paraguay	13.4	11.9	10.2	8.6	7.0	5.6	4.4	3.3
Perú / *Peru*	13.2	11.9	10.6	9.3	7.9	6.7	5.4	4.0
República Dominicana *Dominican Republic*	12.4	10.9	9.5	8.2	7.0	5.9	4.8	3.7
Uruguay	3.4	3.7	3.1	2.4	1.6	0.8	-0.0	-0.9
Venezuela (República Bolivariana de) *Venezuela (Bolivarian Republic of)*	13.5	11.7	10.1	8.6	7.2	5.8	4.4	3.1

Fuente: Centro Latinoamericano y Caribeño de Demografía (CELADE)-División de Población de la CEPAL, revisión de 2015.
Source: Latin American and Caribbean Demographic Centre (CELADE)-Population Division of ECLAC, 2015 revision.

Cuadro 4 / Table 4
América Latina: tasas globales de fecundidad estimadas, según quinquenios, por país, 1970-2050
Latin America: estimated total fertility rates, by five-year periods and country, 1970-2050
(Hijos por mujer / Chidren per woman)

País / Country	1970-1975	1975-1980	1980-1985	1985-1990	1990-1995	1995-2000	2000-2005	2005-2010
América Latina / Latin America[a]	5.1	4.5	3.9	3.4	3.0	2.7	2.5	2.3
Argentina	3.1	3.4	3.2	3.1	2.9	2.6	2.5	2.4
Bolivia (Estado Plurinacional de) Bolivia (Plurinational State of)	6.2	5.9	5.6	5.1	4.8	4.3	3.9	3.4
Brasil / Brazil	4.8	4.3	3.8	3.1	2.5	2.4	2.2	2.0
Chile	3.6	3.0	2.7	2.7	2.5	2.2	2.0	2.0
Colombia	4.9	4.3	3.7	3.2	2.8	2.5	2.3	2.1
Costa Rica	4.1	3.7	3.5	3.3	3.0	2.7	2.2	2.0
Cuba	3.6	2.2	1.8	1.8	1.7	1.6	1.6	1.6
Ecuador	5.8	5.1	4.5	4.0	3.6	3.2	2.9	2.7
El Salvador	6.0	5.5	4.8	4.2	3.7	3.3	2.7	2.3
Guatemala	6.8	6.6	6.3	5.6	5.4	4.9	4.4	3.7
Haití / Haiti	5.6	5.8	6.2	5.7	5.1	4.6	4.0	3.5
Honduras	7.1	6.6	6.0	5.4	4.9	4.3	3.6	3.0
México / Mexico	6.7	5.4	4.4	3.8	3.3	2.9	2.6	2.4
Nicaragua	6.8	6.4	5.9	5.0	4.2	3.4	2.8	2.6
Panamá / Panama	4.9	4.2	3.6	3.2	2.9	2.8	2.6	2.5
Paraguay	5.4	5.2	5.1	4.8	4.3	3.9	3.2	2.9
Perú / Peru	6.0	5.4	4.7	4.1	3.6	3.1	2.8	2.6
República Dominicana Dominican Republic	5.7	4.8	4.2	3.6	3.3	3.0	2.8	2.7
Uruguay	3.0	2.9	2.6	2.5	2.5	2.3	2.2	2.1
Venezuela (República Bolivariana de) Venezuela (Bolivarian Republic of)	5.1	4.5	4.1	3.6	3.1	2.9	2.7	2.5
País / Country	2010-2015	2015-2020	2020-2025	2025-2030	2030-2035	2035-2040	2040-2045	2045-2050
América Latina / Latin America[a]	2.1	2.0	1.9	1.9	1.9	1.9	1.9	1.9
Argentina	2.3	2.2	2.1	2.0	2.0	1.9	1.8	1.8
Bolivia (Estado Plurinacional de) Bolivia (Plurinational State of)	3.1	2.8	2.5	2.3	2.1	2.0	1.9	1.8
Brasil / Brazil	1.9	1.8	1.7	1.7	1.8	1.8	1.8	1.8
Chile	1.8	1.7	1.7	1.7	1.8	1.8	1.8	1.8
Colombia	1.9	1.8	1.7	1.7	1.7	1.8	1.8	1.8
Costa Rica	1.9	1.7	1.7	1.6	1.6	1.6	1.7	1.7
Cuba	1.6	1.6	1.6	1.7	1.7	1.7	1.7	1.8
Ecuador	2.6	2.5	2.3	2.2	2.1	2.0	2.0	1.9
El Salvador	2.0	1.8	1.7	1.7	1.7	1.8	1.8	1.8
Guatemala	3.1	2.6	2.3	2.0	1.9	1.8	1.7	1.7
Haití / Haiti	3.1	2.8	2.5	2.2	2.0	1.8	1.7	1.7
Honduras	2.5	2.1	1.8	1.7	1.7	1.8	1.8	1.8
México / Mexico	2.3	2.2	2.2	2.2	2.1	2.1	2.1	2.1
Nicaragua	2.3	2.1	2.0	1.8	1.7	1.7	1.8	1.8
Panamá / Panama	2.5	2.4	2.4	2.3	2.3	2.2	2.2	2.1
Paraguay	2.6	2.4	2.2	2.0	1.9	1.8	1.8	1.7
Perú / Peru	2.5	2.4	2.2	2.1	2.0	2.0	1.9	1.8
República Dominicana Dominican Republic	2.5	2.4	2.3	2.2	2.1	2.0	2.0	1.9
Uruguay	2.0	2.0	1.9	1.9	1.8	1.8	1.8	1.7
Venezuela (República Bolivariana de) Venezuela (Bolivarian Republic of)	2.3	2.2	2.1	2.0	1.9	1.8	1.8	1.7

Fuente: Centro Latinoamericano y Caribeño de Demografía (CELADE)-División de Población de la CEPAL, revisión de 2015.
Source: Latin American and Caribbean Demographic Centre (CELADE)-Population Division of ECLAC, 2015 revision.
[a] Promedio ponderado según el número de mujeres en edad fértil.
[a] *Weighted average based on the number of women of childbearing age.*

Cuadro 5 / *Table 5*
América Latina: esperanza de vida al nacer estimada, según quinquenios, por país, 1970-2050
Latin America: estimated life expectancy at birth, by five-year periods and country, 1970-2050
(Ambos sexos / *Both sexes*)

País / Country	1970-1975	1975-1980	1980-1985	1985-1990	1990-1995	1995-2000	2000-2005	2005-2010
América Latina / Latin America[a]	61.5	63.4	65.4	67.1	68.8	70.8	72.5	73.7
Argentina	67.4	68.8	70.3	71.1	72.3	73.4	74.4	75.2
Bolivia (Estado Plurinacional de) Bolivia (Plurinational State of)	46.7	48.9	51.3	53.8	56.5	59.3	62.2	65.0
Brasil / Brazil	60.2	61.5	62.9	64.6	66.5	69.0	71.2	72.7
Chile	63.7	67.1	70.5	72.5	74.4	75.9	77.3	78.0
Colombia	61.8	64.0	66.9	68.1	68.8	70.4	71.8	73.0
Costa Rica	67.7	70.6	73.6	75.2	76.1	77.1	77.8	78.4
Cuba	71.1	73.2	74.3	74.7	74.8	76.2	77.2	78.7
Ecuador	58.9	61.7	64.6	67.7	70.2	72.2	73.7	74.6
El Salvador	56.0	56.5	57.0	61.8	66.6	68.2	69.7	71.2
Guatemala	53.8	56.0	58.2	60.8	63.4	66.4	69.0	70.3
Haití / Haiti	48.1	50.0	51.6	53.6	55.3	57.0	58.2	60.7
Honduras	54.1	57.7	61.6	65.5	67.7	69.9	71.0	72.0
México / Mexico	62.6	65.4	67.8	69.9	71.8	73.7	74.9	75.7
Nicaragua	55.3	57.6	59.5	62.3	66.1	68.5	70.9	73.0
Panamá / Panama	66.8	69.3	71.1	72.5	73.6	74.7	75.6	76.4
Paraguay	65.9	66.5	67.1	67.6	68.5	69.4	70.8	71.8
Perú / Peru	55.5	58.6	61.6	64.4	66.8	69.3	71.7	73.2
República Dominicana Dominican Republic	59.9	62.1	64.1	66.6	69.1	70.2	71.2	72.3
Uruguay	68.8	69.6	71.0	72.1	73.0	74.2	75.3	76.2
Venezuela (República Bolivariana de) Venezuela (Bolivarian Republic of)	65.8	67.5	68.8	69.5	70.3	71.7	73.0	73.5
País / Country	**2010-2015**	**2015-2020**	**2020-2025**	**2025-2030**	**2030-2035**	**2035-2040**	**2040-2045**	**2045-2050**
América Latina / Latin America[a]	74.8	75.9	76.9	77.9	78.9	79.8	80.7	81.5
Argentina	76.1	76.8	77.5	78.3	78.9	79.6	80.2	80.8
Bolivia (Estado Plurinacional de) Bolivia(Plurinational State of)	67.8	70.4	73.0	75.3	77.4	79.3	81.0	82.5
Brasil / Brazil	74.2	75.6	77.0	78.4	79.7	81.0	82.2	83.3
Chile	78.7	79.7	80.6	81.5	82.4	83.1	83.9	84.6
Colombia	73.8	74.6	75.5	76.2	77.0	77.7	78.4	79.1
Costa Rica	79.2	80.1	80.9	81.7	82.5	83.3	84.1	84.8
Cuba	79.2	79.6	80.1	80.5	80.9	81.3	81.7	82.1
Ecuador	75.6	76.5	77.4	78.3	79.2	79.9	80.8	81.5
El Salvador	72.7	74.2	75.5	76.9	78.1	79.3	80.5	81.6
Guatemala	72.6	73.9	75.4	76.8	78.1	79.4	80.5	81.5
Haití / Haiti	62.6	64.3	65.9	67.8	69.8	71.5	73.0	74.2
Honduras	72.9	73.8	74.7	75.5	76.4	77.2	78.0	78.7
México / Mexico	76.5	77.3	78.0	78.7	79.3	80.0	80.6	81.2
Nicaragua	74.6	75.8	76.8	77.3	77.8	78.1	78.3	78.5
Panamá / Panama	77.4	78.2	79.1	79.9	80.6	81.4	82.0	82.7
Paraguay	72.8	73.7	74.5	75.3	75.8	76.3	76.8	77.3
Perú / Peru	74.2	75.1	76.0	76.7	77.4	78.0	78.6	79.2
República Dominicana Dominican Republic	73.3	74.2	75.0	75.7	76.4	77.0	77.5	77.9
Uruguay	77.0	77.8	78.5	79.2	79.8	80.5	81.1	81.6
Venezuela (República Bolivariana de) Venezuela (Bolivarian Republic of)	74.1	75.0	75.8	76.7	77.5	78.2	79.0	79.7

Fuente: Centro Latinoamericano y Caribeño de Demografía (CELADE)-División de Población de la CEPAL, revisión de 2015.
Source: Latin American and Caribbean Demographic Centre (CELADE)-Population Division of ECLAC, 2015 revision.
[a] Promedio ponderado según la población total.
[a] *Weighted average based on total population.*

Cuadro 6 / Table 6
América Latina: tasas de mortalidad infantil de ambos sexos, estimadas según quinquenios, por país, 1970-2050
Latin America: estimated infant mortality rates (both sexes), by five-year periods and country, 1970-2050
(Defunciones de menores de 1 año por 1.000 nacidos vivos / *Deaths of children under 1 year old per 1,000 live births*)

País / Country	1970-1975	1975-1980	1980-1985	1985-1990	1990-1995	1995-2000	2000-2005	2005-2010
América Latina / Latin America[a]	81.7	71.4	60.3	48.5	39.0	32.0	25.6	22.5
Argentina	48.1	39.1	32.2	27.1	24.4	21.9	15.0	14.6
Bolivia (Estado Plurinacional de) Bolivia (Plurinational State of)	135.2	123.0	110.2	97.3	84.5	72.3	61.0	50.9
Brasil / Brazil	91.6	83.5	71.6	55.4	42.6	34.3	28.1	23.9
Chile	68.9	46.3	23.7	18.5	13.7	10.8	8.4	7.9
Colombia	73.0	56.7	43.0	35.3	27.6	24.0	20.5	19.0
Costa Rica	58.0	34.9	22.5	17.4	14.6	12.4	10.9	10.0
Cuba	38.4	22.3	17.6	13.0	9.9	8.0	6.1	5.7
Ecuador	94.9	81.5	68.3	55.0	43.1	33.8	27.1	23.4
El Salvador	101.5	92.8	80.2	60.7	40.9	28.9	23.5	21.1
Guatemala	113.4	98.0	83.0	69.4	56.4	45.7	37.8	31.7
Haití / Haiti	134.9	130.9	122.1	100.1	85.3	70.1	56.1	48.6
Honduras	103.7	81.0	65.0	53.0	43.0	35.0	31.2	29.4
México / Mexico	69.0	56.8	47.0	39.5	33.1	27.7	20.5	19.9
Nicaragua	97.9	90.1	79.8	65.0	48.0	33.6	26.4	21.5
Panamá / Panama	43.1	36.1	34.1	29.8	26.3	23.3	19.8	16.8
Paraguay	53.1	51.0	48.9	46.7	42.9	39.2	35.5	32.0
Perú / Peru	110.3	99.1	81.6	68.0	55.4	40.6	27.4	21.0
República Dominicana Dominican Republic	95.9	86.0	75.2	62.9	47.6	41.3	34.9	29.6
Uruguay	46.3	42.4	33.5	22.6	20.1	15.6	14.4	13.1
Venezuela (República Bolivariana de) Venezuela (Bolivarian Republic of)	49.4	41.0	33.4	27.9	23.3	20.7	18.2	15.9

País / Country	2010-2015	2015-2020	2020-2025	2025-2030	2030-2035	2035-2040	2040-2045	2045-2050
América Latina / Latin America[a]	19.9	17.8	16.0	14.4	13.1	12.0	11.2	10.4
Argentina	13.7	12.9	12.2	11.4	10.8	10.3	9.7	9.2
Bolivia (Estado Plurinacional de) Bolivia (Plurinational State of)	42.8	38.1	33.8	29.7	26.0	22.6	19.7	17.0
Brasil / Brazil	20.3	17.4	15.0	13.0	11.5	10.2	9.2	8.3
Chile	7.4	6.7	6.1	5.6	5.2	4.7	4.4	4.1
Colombia	17.9	16.9	15.9	15.1	14.2	13.5	12.8	12.1
Costa Rica	9.4	8.8	8.3	7.9	7.6	7.4	7.1	7.0
Cuba	5.5	5.3	5.2	5.0	4.9	4.8	4.6	4.5
Ecuador	21.1	19.6	18.2	17.0	15.8	14.8	13.7	12.8
El Salvador	17.0	14.0	11.7	10.0	8.8	7.8	7.1	6.5
Guatemala	26.9	20.7	15.5	12.2	10.5	9.7	9.3	9.1
Haití / Haiti	43.5	39.0	35.0	30.7	26.2	22.7	19.8	17.4
Honduras	27.8	26.1	24.5	23.1	21.7	20.4	19.3	18.2
México / Mexico	18.8	17.7	16.7	15.8	14.9	14.0	13.3	12.6
Nicaragua	18.1	15.9	13.9	12.9	12.0	11.5	11.1	10.8
Panamá / Panama	15.2	14.2	13.3	12.5	11.8	11.0	10.4	9.8
Paraguay	28.8	25.8	23.2	20.9	18.9	17.2	15.6	14.6
Perú / Peru	18.6	16.6	14.9	13.5	12.4	11.4	10.7	10.0
República Dominicana Dominican Republic	25.1	21.4	18.3	15.9	13.9	12.3	11.0	10.0
Uruguay	11.8	10.5	9.4	8.5	7.6	7.0	6.4	5.9
Venezuela (República Bolivariana de) Venezuela (Bolivarian Republic of)	13.8	12.1	10.8	9.7	8.8	8.1	7.5	7.0

Fuente: Centro Latinoamericano y Caribeño de Demografía (CELADE)-División de Población de la CEPAL, revisión de 2015.
Source: Latin American and Caribbean Demographic Centre (CELADE)-Population Division of ECLAC, 2015 revision.
[a] Promedio ponderado según el número de nacimientos.
[a] *Weighted average based on the number of births.*

Cuadro 7 / *Table 7*
América Latina: población menor de 15 años de edad, por país, 1975-2050
Latin America: percentage of population under 15 years of age, by country, 1975-2050
(En porcentajes / *Percentage*)

País / Country	1975	1980	1985	1990	1995	2000	2005	2010
América Latina / Latin America	41.4	40.0	38.4	36.4	34.2	32.0	29.9	27.9
Argentina	29.1	30.3	30.8	30.5	29.1	27.9	26.8	25.8
Bolivia (Estado Plurinacional de) Bolivia (Plurinational State of)	42.6	42.4	42.1	41.5	40.2	38.7	37.0	35.1
Brasil / Brazil	40.5	38.7	37.3	35.3	32.4	29.4	27.0	25.4
Chile	36.7	34.0	31.4	30.1	29.1	27.4	24.8	22.6
Colombia	43.5	40.6	37.9	36.4	34.3	31.5	28.9	26.4
Costa Rica	40.4	37.0	35.2	35.2	33.7	30.9	27.5	24.7
Cuba	37.4	31.7	26.5	23.2	22.6	21.9	19.6	17.7
Ecuador	43.3	41.9	40.0	38.2	36.5	34.7	32.7	30.7
El Salvador	45.1	44.3	42.9	40.5	38.4	37.0	34.8	31.3
Guatemala	46.4	46.8	46.4	45.6	45.2	44.4	43.4	40.6
Haití / Haiti	41.3	41.1	42.2	43.2	42.6	40.4	38.0	36.0
Honduras	47.5	47.0	46.2	45.5	44.3	42.5	39.7	35.9
México / Mexico	46.5	45.3	42.8	39.1	36.4	34.5	32.6	30.1
Nicaragua	47.0	46.9	46.9	45.7	43.2	39.6	36.0	32.8
Panamá / Panama	42.9	40.9	38.4	35.9	33.6	31.9	30.2	28.7
Paraguay	44.1	42.5	41.5	41.3	40.2	38.2	35.3	32.7
Perú / Peru	43.5	42.3	40.3	38.5	36.3	34.4	31.7	29.4
República Dominicana Dominican Republic	45.4	42.7	40.6	38.7	37.1	35.0	33.2	31.4
Uruguay	27.7	26.9	26.8	26.0	25.0	24.6	23.8	22.5
Venezuela (República Bolivariana de Venezuela (Bolivarian Republic of)	43.9	41.4	39.3	37.8	35.9	33.4	31.1	29.4
País / Country	**2015**	**2020**	**2025**	**2030**	**2035**	**2040**	**2045**	**2050**
América Latina / Latin America	25.9	24.1	22.5	21.2	20.1	19.2	18.3	17.6
Argentina	25.1	24.1	22.9	21.6	20.5	19.5	18.6	17.8
Bolivia (Estado Plurinacional de) Bolivia (Plurinational State of)	32.9	30.6	28.3	26.2	24.1	22.3	20.6	19.2
Brasil / Brazil	23.3	21.3	19.6	18.4	17.7	17.0	16.4	15.8
Chile	21.1	19.8	18.6	17.5	16.9	16.3	15.8	15.4
Colombia	24.3	22.2	20.5	19.1	18.1	17.4	16.9	16.3
Costa Rica	22.4	20.8	19.2	17.7	16.5	15.6	15.0	14.6
Cuba	16.4	15.3	14.7	14.2	13.8	13.5	13.4	13.4
Ecuador	29.0	27.6	26.1	24.5	23.1	21.7	20.5	19.4
El Salvador	27.8	25.5	23.7	22.1	20.8	19.6	18.4	17.5
Guatemala	37.1	33.2	30.0	27.1	24.5	22.3	20.4	19.0
Haití / Haiti	33.9	31.7	29.2	26.6	24.2	22.2	20.4	19.1
Honduras	31.8	28.1	25.0	22.4	20.7	19.7	18.9	18.0
México / Mexico	27.7	25.9	24.6	23.6	22.5	21.5	20.5	19.8
Nicaragua	30.1	27.6	25.0	22.5	20.5	18.9	18.0	17.4
Panamá / Panama	27.2	26.0	24.9	23.9	23.0	22.0	21.2	20.5
Paraguay	30.1	28.3	26.5	24.6	22.7	21.0	19.7	18.5
Perú / Peru	27.9	26.5	25.1	23.4	22.0	20.7	19.6	18.7
República Dominicana Dominican Republic	30.0	28.3	26.7	25.2	23.8	22.5	21.4	20.3
Uruguay	21.4	20.6	19.8	19.1	18.3	17.5	16.7	16.1
Venezuela (República Bolivariana de Venezuela (Bolivarian Republic of)	27.8	26.1	24.3	22.8	21.4	20.2	19.1	18.1

Fuente: Centro Latinoamericano y Caribeño de Demografía (CELADE)-División de Población de la CEPAL, revisión de 2015.
Source: Latin American and Caribbean Demographic Centre (CELADE)-Population Division of ECLAC, 2015 revision.

ECLAC • Latin America and the Caribbean. Demographic Observatory 2015

Population projections

Cuadro 8 / *Table 8*
América Latina: población de 60 años y más, por país, 1975-2050
Latin America: percentage of population aged 60 years and over, by country, 1975-2050
(En porcentajes / *Percentage*)

País / *Country*	1975	1980	1985	1990	1995	2000	2005	2010
América Latina / *Latin America*	6.3	6.4	6.7	7.1	7.5	8.1	8.8	9.7
Argentina	11.5	12.0	12.6	13.0	13.3	13.6	13.9	14.4
Bolivia (Estado Plurinacional de) *Bolivia (Plurinational State of)*	5.8	5.7	6.0	6.5	6.8	7.0	7.6	8.1
Brasil / *Brazil*	5.7	5.8	6.0	6.4	6.9	7.8	8.7	10.0
Chile	7.9	8.2	8.5	9.0	9.6	10.4	11.6	13.0
Colombia	5.5	5.6	5.9	6.1	6.4	6.9	7.6	9.0
Costa Rica	5.9	6.2	6.6	7.1	7.7	8.4	9.6	11.2
Cuba	9.9	10.8	11.7	12.1	12.7	13.8	15.2	17.0
Ecuador	6.2	6.0	6.1	6.3	6.6	7.2	8.0	8.7
El Salvador	5.1	5.4	5.9	6.4	7.2	8.1	8.9	9.7
Guatemala	4.7	4.8	5.1	5.5	5.8	5.9	5.9	5.9
Haití / *Haiti*	6.2	6.3	6.1	6.0	6.0	6.2	6.3	6.5
Honduras	4.9	4.8	5.0	5.1	5.4	5.6	5.9	6.3
México / *Mexico*	5.6	5.5	5.9	6.3	6.8	7.2	7.8	8.4
Nicaragua	4.2	4.4	4.7	5.0	5.2	5.6	6.1	6.5
Panamá / *Panama*	5.9	6.2	6.5	6.9	7.4	8.0	8.8	9.8
Paraguay	5.6	5.9	6.0	6.2	6.2	6.5	7.1	7.9
Perú / *Peru*	5.6	5.6	5.7	6.1	6.6	7.3	8.1	8.9
República Dominicana *Dominican Republic*	4.5	4.9	5.4	6.1	6.8	7.5	8.0	8.7
Uruguay	14.2	14.7	15.6	16.5	17.1	17.4	17.9	18.5
Venezuela (República Bolivariana de) *Venezuela (Bolivarian Republic of)*	4.8	5.2	5.5	5.8	6.1	6.7	7.4	8.4
País / *Country*	2015	2020	2025	2030	2035	2040	2045	2050
América Latina / *Latin America*	11.1	12.7	14.6	16.6	18.7	20.9	23.2	25.4
Argentina	15.2	16.0	16.8	17.7	18.9	20.9	22.5	24.1
Bolivia (Estado Plurinacional de) *Bolivia (Plurinational State of)*	8.7	9.6	10.7	11.9	13.5	15.4	17.7	20.1
Brasil / *Brazil*	11.8	13.9	16.4	18.9	21.4	24.2	27.2	29.7
Chile	14.9	17.2	19.7	22.4	24.6	26.4	28.4	30.6
Colombia	10.8	13.0	15.6	18.3	20.4	22.7	25.1	27.4
Costa Rica	12.9	15.3	18.1	20.8	22.9	25.2	27.9	30.8
Cuba	19.4	21.7	26.5	31.0	34.7	35.4	35.9	37.2
Ecuador	9.9	11.3	12.8	14.5	16.3	18.0	19.8	21.8
El Salvador	10.7	11.7	13.1	14.7	16.5	18.5	20.7	23.4
Guatemala	6.2	6.6	7.4	8.6	10.2	12.2	14.6	17.3
Haití / *Haiti*	7.0	7.7	8.6	9.6	10.7	12.4	14.9	17.4
Honduras	7.2	8.3	9.6	11.1	12.8	15.0	17.7	20.7
México / *Mexico*	9.6	10.9	12.3	14.1	16.7	18.9	20.8	22.8
Nicaragua	7.8	9.3	10.8	12.4	14.5	16.9	19.8	22.6
Panamá / *Panama*	10.9	12.4	14.2	16.1	18.0	19.9	21.5	23.0
Paraguay	9.0	10.1	11.2	12.3	13.3	14.8	17.0	19.5
Perú / *Peru*	10.0	11.2	12.8	14.5	16.2	18.2	20.1	22.1
República Dominicana *Dominican Republic*	9.7	11.1	12.6	14.2	15.7	17.2	18.8	20.3
Uruguay	19.1	20.2	21.3	22.3	23.7	25.3	26.4	27.8
Venezuela (República Bolivariana de) *Venezuela (Bolivarian Republic of)*	9.5	11.2	13.1	15.1	16.9	18.7	20.7	22.8

Fuente: Centro Latinoamericano y Caribeño de Demografía (CELADE)-División de Población de la CEPAL, revisión de 2015.
Source: Latin American and Caribbean Demographic Centre (CELADE)-Population Division of ECLAC, 2015 revision.

Cuadro 9 / Table 9
América Latina: relación de dependencia[a], por país, 1975-2050
Latin America: dependency ratio,[a] by country, 1975-2050
(Por 100 / Per 100)

País / Country	1975	1980	1985	1990	1995	2000	2005	2010
América Latina / Latin America	83.6	79.4	74.8	69.8	64.7	60.0	56.1	52.9
Argentina	58.2	62.6	65.1	65.6	62.9	60.9	58.6	56.8
Bolivia (Estado Plurinacional de) Bolivia (Plurinational State of)	86.0	85.8	85.4	84.4	81.4	77.3	73.2	69.3
Brasil / Brazil	78.9	73.7	69.7	65.0	58.5	52.6	49.2	47.3
Chile	72.4	65.5	59.5	57.0	55.8	53.3	49.1	46.5
Colombia	88.8	79.7	71.9	68.1	63.2	56.9	51.8	47.6
Costa Rica	79.1	69.7	65.6	66.5	63.7	57.8	51.6	47.5
Cuba	79.1	65.2	54.0	47.2	46.7	46.4	43.9	43.2
Ecuador	90.2	85.1	79.0	73.8	69.6	65.9	61.9	58.3
El Salvador	93.6	91.3	87.7	81.3	75.9	73.8	69.5	62.2
Guatemala	97.3	99.2	98.5	96.4	95.8	94.1	90.6	81.1
Haití / Haiti	82.4	82.3	86.1	89.1	87.1	79.8	73.0	67.7
Honduras	102.7	100.7	97.6	95.5	91.9	86.5	78.0	67.4
México / Mexico	100.8	96.5	87.8	76.6	69.6	65.4	61.2	56.2
Nicaragua	98.4	98.7	99.5	95.9	87.5	76.9	67.3	60.1
Panamá / Panama	88.1	82.0	75.0	68.4	63.2	59.9	57.0	55.1
Paraguay	91.4	86.3	83.3	83.0	80.4	74.4	67.0	61.4
Perú / Peru	89.0	85.0	78.9	73.9	68.6	64.6	59.6	55.2
República Dominicana Dominican Republic	93.1	84.4	78.5	74.3	71.2	67.2	63.7	60.0
Uruguay	59.6	59.9	60.7	60.4	59.9	60.4	59.5	57.3
Venezuela (República Bolivariana de) Venezuela (Bolivarian Republic of)	88.2	80.6	75.1	71.2	66.4	60.9	56.4	53.7
País / Country	2015	2020	2025	2030	2035	2040	2045	2050
América Latina / Latin America	50.3	48.9	48.6	49.4	51.0	53.2	55.9	59.0
Argentina	56.4	55.7	54.8	53.6	52.9	53.3	55.4	56.9
Bolivia (Estado Plurinacional de) Bolivia (Plurinational State of)	64.4	59.8	56.2	53.4	51.4	50.5	50.7	52.0
Brasil / Brazil	45.4	44.4	44.9	47.2	50.4	54.3	58.8	64.4
Chile	45.7	46.7	48.7	51.4	55.5	58.8	61.6	65.1
Colombia	45.6	44.7	45.1	46.9	49.9	52.3	55.6	59.5
Costa Rica	45.8	45.7	46.9	49.2	51.8	54.0	57.6	62.7
Cuba	43.5	45.8	48.8	57.7	67.5	76.2	76.8	77.1
Ecuador	55.6	54.9	54.2	53.7	53.6	54.1	54.8	56.0
El Salvador	55.1	51.5	49.6	49.0	49.1	50.1	51.7	54.1
Guatemala	70.8	60.9	54.2	49.3	46.2	44.5	44.4	46.0
Haití / Haiti	62.4	58.2	53.6	49.7	46.5	44.2	43.5	45.4
Honduras	57.8	50.9	46.1	43.2	42.5	43.3	45.7	48.8
México / Mexico	51.9	50.2	49.9	50.4	51.6	54.4	56.8	59.1
Nicaragua	54.2	50.9	48.1	45.6	44.2	44.6	47.0	51.1
Panamá / Panama	53.4	53.1	53.6	54.8	56.5	58.6	60.5	62.3
Paraguay	56.6	54.6	52.5	50.3	48.2	46.3	46.1	47.8
Perú / Peru	53.2	52.1	51.2	50.6	50.6	51.2	52.6	54.1
República Dominicana Dominican Republic	57.8	56.0	54.9	54.4	54.2	54.3	54.4	55.1
Uruguay	55.9	55.3	56.0	56.8	57.1	58.4	60.3	61.3
Venezuela (República Bolivariana de) Venezuela (Bolivarian Republic of)	51.8	50.3	49.6	49.8	50.6	51.3	52.4	54.2

Fuente: Centro Latinoamericano y Caribeño de Demografía (CELADE)-División de Población de la CEPAL, revisión de 2015.
Source: Latin American and Caribbean Demographic Centre (CELADE)-Population Division of ECLAC, 2015 revision.
[a] Relación de dependencia = ((población de 0 a 14 años + población de 65 y más) / población de 15 a 64 años) * 100.
[a] *Dependency ratio = ((population aged 0-14 + population aged 65 and over) / population aged 15-64) * 100.*

Gráfico 1 / *Figure 1*
América Latina: distribución relativa de la población por sexo y grupos quinquenales de edad, 1980 y 2015
Latin America: population distribution, by sex and five-year age groups, 1980 and 2015

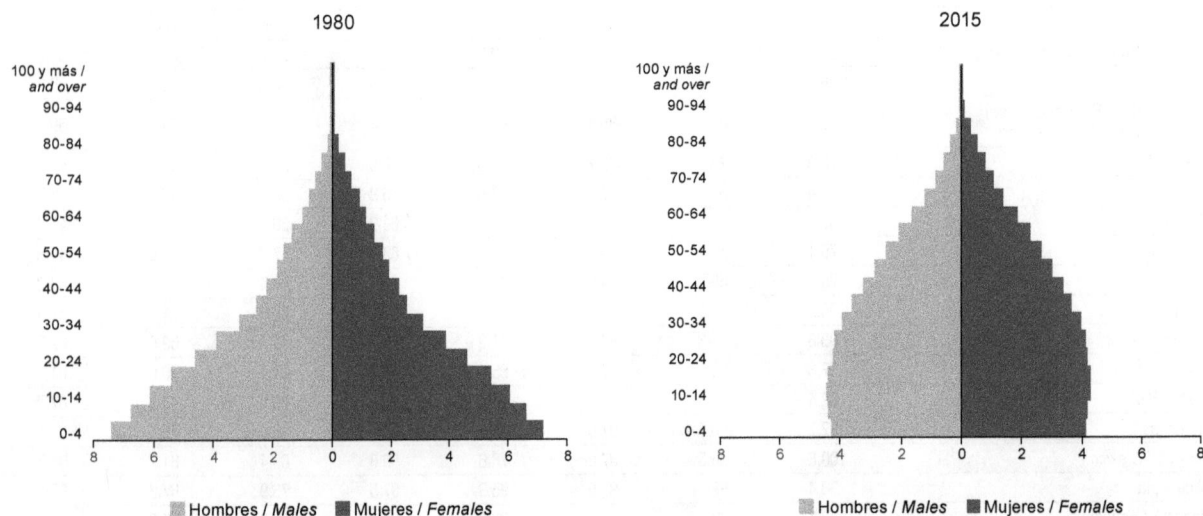

1980

2015

Cuadro 10a / *Table 10a*
América Latina: estimaciones y proyecciones de la población total, según sexo y grupos quinquenales de edad, 1980-2030
Latin America: population estimates and projections, by sex and five-year age groups, 1980-2030
(En miles de personas a mitad de año / *Thousands of persons, at mid-year*)

Sexo y grupos de edad / *Sex and age groups*	1980	1990	2000	2005	2010	2015	2020	2025	2030
Ambos sexos / *Both sexes*	355 175	435 576	511 968	547 640	584 283	618 551	650 068	678 922	705 165
0 - 4	51 617	55 251	55 520	55 063	53 817	52 554	51 138	49 998	49 145
5 - 9	47 350	53 387	54 270	54 875	54 626	53 490	52 276	50 895	49 785
10 - 14	43 014	50 094	53 986	53 626	54 532	54 368	53 260	52 071	50 711
15 - 19	38 441	46 009	52 018	53 091	53 186	54 133	53 995	52 921	51 761
20 - 24	32 847	41 220	48 118	50 728	52 408	52 562	53 552	53 460	52 429
25 - 29	27 731	36 431	43 630	46 723	49 937	51 683	51 897	52 933	52 885
30 - 34	22 032	31 075	38 954	42 436	45 988	49 239	51 028	51 291	52 365
35 - 39	18 229	26 327	34 567	37 981	41 766	45 336	48 605	50 430	50 735
40 - 44	15 788	20 914	29 537	33 709	37 321	41 114	44 691	47 971	49 826
45 - 49	13 593	17 181	24 914	28 701	32 985	36 596	40 388	43 963	47 249
50 - 54	11 962	14 649	19 542	24 054	27 884	32 130	35 729	39 509	43 076
55 - 59	9 745	12 288	15 699	18 639	23 108	26 866	31 052	34 623	38 379
60 - 64	7 577	10 360	12 908	14 693	17 578	21 883	25 548	29 643	33 167
65 - 69	6 087	7 896	10 245	11 735	13 477	16 209	20 308	23 840	27 802
70 - 74	4 337	5 520	7 910	8 905	10 296	11 923	14 469	18 283	21 627
75 - 79	2 729	3 769	5 272	6 439	7 293	8 535	10 018	12 309	15 736
80 - 84	1 409	2 057	2 932	3 762	4 719	5 451	6 505	7 779	9 727
85 - 89	517	847	1 376	1 696	2 313	2 987	3 554	4 356	5 351
90 - 94	139	246	450	610	810	1 152	1 549	1 918	2 438
95 - 99	25	48	103	145	208	290	437	618	805
100 y más / *and over*	4	8	18	28	33	48	71	111	168

Cuadro 10a (conclusión) / *Table 10a (concluded)*

Sexo y grupos de edad / *Sex and age groups*	1980	1990	2000	2005	2010	2015	2020	2025	2030
Hombres / *Males*	176 777	216 163	253 403	270 749	288 676	305 399	320 708	334 648	347 272
0 - 4	26 170	28 105	28 228	28 040	27 439	26 814	26 086	25 510	25 080
5 - 9	23 917	27 081	27 581	27 903	27 811	27 261	26 660	25 951	25 392
10 - 14	21 640	25 309	27 425	27 258	27 726	27 672	27 136	26 548	25 849
15 - 19	19 272	23 106	26 305	26 907	26 995	27 485	27 447	26 930	26 360
20 - 24	16 396	20 545	24 129	25 522	26 457	26 585	27 104	27 095	26 607
25 - 29	13 801	18 062	21 666	23 291	25 001	25 974	26 141	26 689	26 710
30 - 34	10 998	15 353	19 166	20 947	22 812	24 539	25 538	25 736	26 309
35 - 39	9 082	12 982	16 921	18 564	20 511	22 387	24 122	25 142	25 368
40 - 44	7 845	10 339	14 407	16 396	18 148	20 098	21 973	23 712	24 749
45 - 49	6 681	8 456	12 121	13 900	15 947	17 697	19 641	21 510	23 249
50 - 54	5 836	7 156	9 509	11 604	13 399	15 423	17 162	19 093	20 952
55 - 59	4 712	5 893	7 562	8 971	11 030	12 782	14 767	16 486	18 397
60 - 64	3 603	4 875	6 118	6 976	8 339	10 302	11 997	13 923	15 611
65 - 69	2 825	3 626	4 705	5 446	6 270	7 542	9 386	11 000	12 845
70 - 74	1 956	2 441	3 496	3 962	4 641	5 396	6 556	8 240	9 743
75 - 79	1 193	1 586	2 221	2 709	3 113	3 698	4 366	5 379	6 854
80 - 84	584	819	1 155	1 493	1 872	2 197	2 670	3 220	4 047
85 - 89	204	322	498	612	841	1 086	1 319	1 652	2 055
90 - 94	52	88	150	198	259	370	499	633	827
95 - 99	9	16	33	43	58	79	120	170	228
100 y más / *and over*	2	3	6	8	9	13	18	27	40
Mujeres / *Females*	178 399	219 413	258 565	276 890	295 607	313 153	329 360	344 274	357 892
0 - 4	25 448	27 145	27 293	27 023	26 378	25 740	25 052	24 488	24 065
5 - 9	23 434	26 306	26 689	26 972	26 815	26 229	25 615	24 944	24 393
10 - 14	21 374	24 785	26 561	26 368	26 807	26 696	26 124	25 523	24 862
15 - 19	19 170	22 903	25 713	26 184	26 191	26 648	26 548	25 990	25 401
20 - 24	16 451	20 675	23 988	25 206	25 951	25 978	26 449	26 366	25 822
25 - 29	13 931	18 369	21 964	23 432	24 936	25 710	25 756	26 244	26 175
30 - 34	11 035	15 722	19 788	21 489	23 176	24 700	25 490	25 555	26 056
35 - 39	9 147	13 345	17 646	19 417	21 255	22 949	24 482	25 287	25 367
40 - 44	7 943	10 575	15 130	17 313	19 173	21 017	22 718	24 259	25 077
45 - 49	6 912	8 725	12 793	14 802	17 038	18 899	20 747	22 453	24 000
50 - 54	6 126	7 493	10 033	12 450	14 485	16 707	18 567	20 416	22 124
55 - 59	5 033	6 395	8 136	9 668	12 078	14 084	16 285	18 137	19 982
60 - 64	3 974	5 486	6 791	7 717	9 239	11 581	13 552	15 720	17 556
65 - 69	3 263	4 270	5 540	6 289	7 207	8 667	10 921	12 840	14 957
70 - 74	2 381	3 079	4 413	4 943	5 655	6 527	7 912	10 043	11 883
75 - 79	1 536	2 183	3 051	3 730	4 181	4 838	5 652	6 930	8 883
80 - 84	824	1 238	1 777	2 269	2 848	3 254	3 835	4 559	5 680
85 - 89	313	525	878	1 084	1 472	1 901	2 235	2 704	3 295
90 - 94	87	158	300	412	551	782	1 050	1 285	1 611
95 - 99	16	31	70	102	150	211	317	448	577
100 y más / *and over*	2	5	13	20	24	35	53	84	127

Fuente: Centro Latinoamericano y Caribeño de Demografía (CELADE)-División de Población de la CEPAL, revisión de 2015.
Source: Latin American and Caribbean Demographic Centre (CELADE)-Population Division of ECLAC, 2015 revision.

ECLAC • Latin America and the Caribbean. Demographic Observatory 2015

Population projections

Cuadro 10b / *Table 10b*
América Latina: indicadores seleccionados derivados de estimaciones y proyecciones de población, 1980-2030
Latin America: selected indicators from population estimates and projections, 1980-2030

Estructura de la población / *Population structure*	1980	1990	2000	2005	2010	2015	2020	2025	2030
Población (en miles) / *Population (thousands)*									
Ambos sexos / *Both sexes*	355 175	435 576	511 968	547 640	584 283	618 551	650 068	678 922	705 165
Hombres / *Males*	176 777	216 163	253 403	270 749	288 676	305 399	320 708	334 648	347 272
Mujeres / *Females*	178 399	219 413	258 565	276 890	295 607	313 153	329 360	344 274	357 892
Índice de masculinidad (por 100) *Sex ratio (per 100)*	99.1	98.5	98.0	97.8	97.7	97.5	97.4	97.2	97.0
Porcentaje de población / *Percentage of population*									
0-14 años / *years old*	40.0	36.4	32.0	29.9	27.9	25.9	24.1	22.5	21.2
15-59 años / *years old*	53.6	56.5	60.0	61.4	62.4	63.0	63.2	62.9	62.2
15-64 años / *years old*	55.7	58.9	62.5	64.0	65.4	66.5	67.1	67.3	66.9
60-74 años / *years old*	5.1	5.5	6.1	6.5	7.1	8.1	9.3	10.6	11.7
60 años y más / *and over*	6.4	7.1	8.1	8.8	9.7	11.1	12.7	14.6	16.6
65 años y más / *and over*	4.3	4.7	5.5	6.1	6.7	7.5	8.8	10.2	11.9
75 años y más / *and over*	1.4	1.6	2.0	2.3	2.6	3.0	3.4	4.0	4.9
80 años y más / *and over*	0.6	0.7	1.0	1.1	1.4	1.6	1.9	2.2	2.6
Relación de dependencia (por 100) *Dependency ratio (per 100)*									
Total (población menor de 15 años y población de 65 años y más) / *Total (under 15 years of age and 65 and over)*	79.4	69.8	60.0	56.1	52.9	50.3	48.9	48.6	49.4
(Menores de 15 años)/(15-64 años) *(Under 15 years of age)/ (15-64 years old)*	71.7	61.9	51.2	46.6	42.6	39.0	35.9	33.5	31.7
(65 años y más)/(15-64 Años) *(65 and over)/(15-64 years old)*	7.7	8.0	8.8	9.5	10.2	11.3	13.0	15.2	17.7
Edad mediana de la población *Median age of population*	19.6	21.6	24.2	25.7	27.4	29.1	30.9	32.6	34.4
Dinámica de la población / *Population dynamics*	1980-1985	1990-1995	2000-2005	2005-2010	2010-2015	2015-2020	2020-2025	2025-2030	
Tasa bruta de natalidad (por 1.000) *Crude birth rate (per 1,000)*	30.9	25.3	21.4	19.5	17.9	16.5	15.3	14.4	
Tasa bruta de mortalidad (por 1.000) *Crude death rate (per 1,000)*	7.9	6.6	5.8	5.8	5.8	6.0	6.2	6.4	
Tasa neta de migración (por 1.000) *Net migration rate (per 1,000)*	-1.7	-1.7	-2.1	-0.8	-0.6	-0.5	-0.5	-0.4	
Tasa de crecimiento total (por 1.000) *Total growth rate (per 1,000)*	21.4	17.0	13.5	13.0	11.4	9.9	8.7	7.6	
Fecundidad / *Fertility*	1980-1985	1990-1995	2000-2005	2005-2010	2010-2015	2015-2020	2020-2025	2025-2030	
Tasa global de fecundidad / *Total fertility rate*	3.94	3.00	2.48	2.29	2.14	2.02	1.94	1.91	
Edad media de la fecundidad / *Mean age of fertility*	28.1	27.3	26.9	26.8	26.8	26.8	26.8	26.9	
Mortalidad / *Mortality*	1980-1985	1990-1995	2000-2005	2005-2010	2010-2015	2015-2020	2020-2025	2025-2030	
Esperanza de vida al nacer / *Life expectancy at birth*									
Ambos sexos / *Both sexes*	65.4	68.8	72.5	73.7	74.8	75.9	76.9	77.9	
Hombres / *Males*	62.3	65.5	69.1	70.3	71.5	72.6	73.6	74.7	
Mujeres / *Females*	68.5	72.1	75.7	76.9	78.0	79.1	80.1	81.1	
Tasa de mortalidad infantil (por 1.000) *Infant mortality rate (per 1,000)*	60.3	39.0	25.6	22.5	19.9	17.8	16.0	14.4	

Cuadro 10b (conclusión) / *Table 10b (concluded)*

Estructura de la población urbana y rural *Population structure (urban and rural population)*	1980	1990	2000	2005	2010	2015	2020	2025	2030
Porcentaje de población urbana *Percentage of urban population*									
Ambos sexos / *Both sexes*	65.3	70.8	75.6	77.3	78.8	80.2	81.5	82.7	83.8
0-14 años / *years old*	61.1	66.3	71.1	72.9	74.7	76.3	77.7	79.1	80.4
15-64 años / *years old*	68.1	73.4	77.9	79.2	80.5	81.7	82.8	83.9	84.9
65 años y más / *and over*	68.4	72.8	76.7	78.0	79.2	80.5	81.7	82.8	83.9
Hombres / *Males*	64.0	69.5	74.5	76.2	77.8	79.2	80.6	81.8	83.0
0-14 años / *years old*	60.6	66.0	70.8	72.6	74.4	76.1	77.6	79.0	80.4
15-64 años / *years old*	66.4	71.9	76.6	78.1	79.4	80.7	81.9	83.0	84.1
65 años y más / *and over*	63.8	68.5	72.8	74.4	75.8	77.4	78.8	80.1	81.3
Mujeres / *Females*	66.7	72.0	76.8	78.3	79.8	81.1	82.4	83.6	84.6
0-14 años / *years old*	61.5	66.7	71.4	73.1	74.9	76.4	77.9	79.2	80.5
15-64 años / *years old*	69.8	74.9	79.1	80.4	81.6	82.7	83.7	84.7	85.6
65 años y más / *and over*	72.0	76.1	79.6	80.7	81.8	83.0	84.0	85.0	85.9
Índice de masculinidad (por 100) / *Sex ratio (per 100)*	99.1	98.5	98.0	97.8	97.7	97.5	97.4	97.2	97.0
Urbana / *Urban*	95.1	95.1	95.1	95.1	95.2	95.2	95.2	95.2	95.2
Rural	107.1	107.4	107.4	107.4	107.5	107.4	107.4	107.3	107.2

Dinámica de la población (urbana y rural) *Population dynamics (urban and rural population)*	1980-1985	1990-1995	2000-2005	2005-2010	2010-2015	2015-2020	2020-2025	2025-2030	
Tasa de crecimiento (por 1.000) / *Growth rate (per 1,000)*	22.1	17.5	14.1	13.3	12.0	10.5	9.1	8.0	
Urbana / *Urban*	31.5	24.8	18.8	17.2	15.7	13.9	12.2	10.8	
Rural	4.1	-0.6	-0.6	-0.3	-1.8	-3.3	-4.4	-5.2	

Envejecimiento poblacional / *Population ageing*	1980	1990	2000	2005	2010	2015	2020	2025	2030
Índice de envejecimiento (por 100) / *Ageing index (per 100)*									
Total	16.1	19.4	25.2	29.4	34.8	42.7	52.6	64.6	78.1
Urbano / *Urban*	18.0	21.2	27.1	31.4	37.0	45.2	55.5	67.8	81.5
Rural	13.1	15.7	20.4	23.8	28.3	34.6	42.7	52.6	63.9
Relación de apoyo potencial / *Potential support ratio*	8.3	8.0	7.4	7.0	6.4	5.7	5.0	4.3	3.8
Relación de apoyo a los padres (por 100) *Parent support ratio (per 100)*	7.2	8.6	10.1	10.9	11.8	12.3	13.1	14.2	16.1

Población económicamente activa *Economically active population*	1980	1990	2000	2005	2010	2015	2020	2025	2030
Tasa de actividad de la población total (por 100) *Labour force participation rate of total population (per 100)*									
Ambos sexos / *Both sexes*	56.7	59.1	63.8	65.0	66.0	66.9	67.6	68.2	68.5
Hombres / *Males*	82.2	80.8	80.2	80.1	80.1	79.8	79.4	78.8	77.9
Mujeres / *Females*	31.9	38.2	48.1	50.5	52.6	54.6	56.4	58.1	59.6
Tasa de actividad de la población urbana (por 100) *Labour force participation rate of urban population (per 100)*									
Ambos sexos / *Both sexes*	56.2	58.5	63.2	64.5	65.7	66.6	67.3	67.8	68.2
Hombres / *Males*	79.5	78.7	78.5	78.6	78.7	78.6	78.2	77.7	76.9
Mujeres / *Females*	34.7	40.0	49.1	51.5	53.6	55.4	57.2	58.7	60.1
Tasa de actividad de la población rural (por 100) *Labour force participation rate of rural population (per 100)*									
Ambos sexos / *Both sexes*	57.8	60.6	65.8	66.7	67.6	68.4	69.2	69.9	70.4
Hombres / *Males*	87.3	86.3	85.5	85.3	85.1	84.9	84.5	84.0	83.3
Mujeres / *Females*	25.5	32.6	44.3	46.5	48.5	50.6	52.6	54.6	56.4

Fuente: Centro Latinoamericano y Caribeño de Demografía (CELADE)-División de Población de la CEPAL, revisión de 2015.
Source:Latin American and Caribbean Demographic Centre (CELADE)-Population Division of ECLAC, 2015 revision.

ECLAC • Latin America and the Caribbean. Demographic Observatory 2015

Population projections

Gráfico 2 / *Figure 2*
Argentina: distribución relativa de la población por sexo y grupos quinquenales de edad, 1980 y 2015
Argentina: population distribution, by sex and five-year age groups, 1980 and 2015

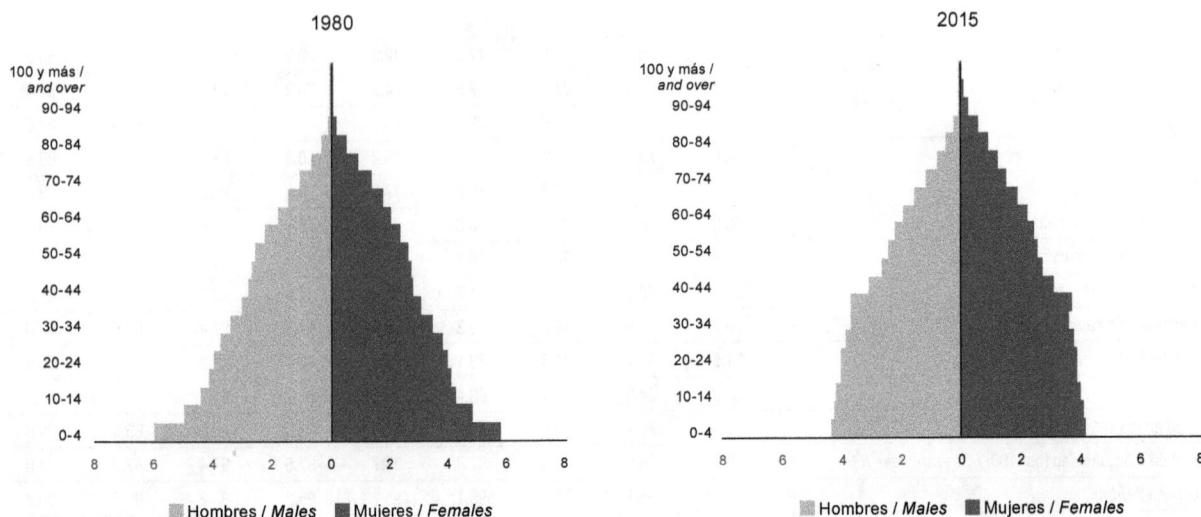

1980

2015

Cuadro 11a / *Table 11a*
Argentina: estimaciones y proyecciones de la población total, según sexo y grupos quinquenales de edad, 1980-2030
Argentina: population estimates and projections, by sex and five-year age groups, 1980-2030
(En miles de personas a mitad de año / *Thousands of persons, at mid-year*)

Sexo y grupos de edad / *Sex and age groups*	1980	1990	2000	2005	2010	2015	2020	2025	2030
Ambos sexos / *Both sexes*	28 092	32 689	36 978	39 042	41 132	43 298	45 302	47 121	48 766
0 - 4	3 308	3 399	3 451	3 570	3 621	3 691	3 611	3 515	3 430
5 - 9	2 764	3 262	3 487	3 437	3 559	3 615	3 685	3 605	3 510
10 - 14	2 439	3 322	3 379	3 466	3 425	3 560	3 615	3 684	3 604
15 - 19	2 313	2 802	3 244	3 357	3 453	3 424	3 557	3 612	3 681
20 - 24	2 228	2 483	3 291	3 220	3 339	3 445	3 417	3 550	3 604
25 - 29	2 125	2 348	2 768	3 263	3 198	3 327	3 432	3 404	3 537
30 - 34	1 944	2 241	2 448	2 741	3 238	3 182	3 311	3 417	3 390
35 - 39	1 725	2 104	2 309	2 422	2 717	3 217	3 162	3 291	3 397
40 - 44	1 582	1 899	2 192	2 278	2 394	2 692	3 188	3 136	3 265
45 - 49	1 527	1 664	2 039	2 152	2 241	2 361	2 657	3 149	3 099
50 - 54	1 471	1 496	1 811	1 984	2 101	2 194	2 313	2 606	3 092
55 - 59	1 292	1 405	1 548	1 738	1 913	2 032	2 125	2 245	2 534
60 - 64	1 068	1 300	1 340	1 455	1 643	1 815	1 934	2 029	2 149
65 - 69	886	1 075	1 191	1 221	1 333	1 514	1 681	1 798	1 895
70 - 74	666	809	1 015	1 035	1 065	1 173	1 342	1 501	1 616
75 - 79	433	575	734	816	838	874	973	1 124	1 270
80 - 84	223	329	438	517	589	617	654	739	867
85 - 89	79	133	210	251	314	368	395	428	495
90 - 94	19	35	69	93	117	153	187	207	232
95 - 99	3	6	14	23	29	40	55	70	81
100 y más / *and over*	0	1	2	5	5	6	8	12	16

Cuadro 11a (conclusión) / *Table 11a (concluded)*

Sexo y grupos de edad *Sex and age groups*	1980	1990	2000	2005	2010	2015	2020	2025	2030
Hombres / *Males*	13 890	16 078	18 158	19 171	20 201	21 276	22 272	23 170	23 979
0 - 4	1 682	1 735	1 763	1 825	1 851	1 887	1 846	1 797	1 754
5 - 9	1 404	1 663	1 780	1 755	1 819	1 847	1 883	1 843	1 794
10 - 14	1 238	1 683	1 722	1 770	1 749	1 818	1 846	1 882	1 841
15 - 19	1 166	1 412	1 650	1 710	1 762	1 748	1 816	1 844	1 880
20 - 24	1 116	1 250	1 661	1 636	1 698	1 756	1 741	1 810	1 838
25 - 29	1 057	1 175	1 387	1 643	1 621	1 688	1 746	1 732	1 800
30 - 34	968	1 116	1 225	1 370	1 626	1 609	1 676	1 734	1 721
35 - 39	857	1 041	1 148	1 208	1 355	1 612	1 595	1 663	1 721
40 - 44	786	939	1 083	1 128	1 190	1 338	1 593	1 578	1 645
45 - 49	757	818	999	1 057	1 104	1 168	1 314	1 566	1 553
50 - 54	723	730	882	963	1 023	1 071	1 136	1 280	1 528
55 - 59	627	674	741	834	916	977	1 025	1 089	1 231
60 - 64	503	608	627	680	772	851	912	961	1 025
65 - 69	404	485	535	550	602	689	765	824	873
70 - 74	294	344	430	440	456	505	582	652	710
75 - 79	186	228	287	319	329	346	389	455	518
80 - 84	88	121	152	179	204	216	233	267	319
85 - 89	28	45	64	74	91	108	118	131	155
90 - 94	6	11	19	23	27	35	44	50	58
95 - 99	1	2	4	5	5	7	9	12	15
100 y más / *and over*	0	0	1	1	1	1	1	2	2
Mujeres / *Females*	14 203	16 611	18 820	19 870	20 931	22 022	23 031	23 951	24 786
0 - 4	1 626	1 665	1 688	1 745	1 770	1 804	1 765	1 718	1 676
5 - 9	1 360	1 600	1 707	1 682	1 740	1 768	1 802	1 763	1 716
10 - 14	1 201	1 639	1 657	1 696	1 676	1 741	1 768	1 802	1 763
15 - 19	1 146	1 390	1 594	1 647	1 690	1 676	1 741	1 768	1 801
20 - 24	1 113	1 233	1 630	1 584	1 641	1 689	1 675	1 740	1 766
25 - 29	1 068	1 173	1 380	1 620	1 577	1 639	1 687	1 673	1 737
30 - 34	977	1 125	1 223	1 371	1 612	1 573	1 635	1 683	1 669
35 - 39	869	1 063	1 161	1 214	1 363	1 605	1 567	1 628	1 676
40 - 44	795	959	1 109	1 150	1 204	1 354	1 595	1 558	1 620
45 - 49	770	847	1 040	1 095	1 138	1 193	1 342	1 582	1 546
50 - 54	748	766	929	1 021	1 078	1 122	1 178	1 326	1 564
55 - 59	665	730	807	903	997	1 055	1 100	1 156	1 303
60 - 64	564	692	714	775	871	964	1 022	1 068	1 124
65 - 69	482	590	656	670	731	825	916	975	1 022
70 - 74	371	465	584	595	610	669	759	848	906
75 - 79	248	347	446	497	509	527	584	669	752
80 - 84	135	209	286	338	385	401	421	473	548
85 - 89	51	88	146	177	222	260	277	298	341
90 - 94	13	25	51	70	90	118	143	158	174
95 - 99	2	4	11	18	24	33	46	58	66
100 y más / *and over*	0	1	2	4	4	5	7	10	13

Fuente: Centro Latinoamericano y Caribeño de Demografía (CELADE)-División de Población de la CEPAL, revisión de 2015.
Source: Latin American and Caribbean Demographic Centre (CELADE)-Population Division of ECLAC, 2015 revision.

Cuadro 11b / *Table 11b*
Argentina: indicadores seleccionados derivados de estimaciones y proyecciones de población, 1980-2030
Argentina: selected indicators from population estimates and projections, 1980-2030

Estructura de la población / *Population structure*	1980	1990	2000	2005	2010	2015	2020	2025	2030
Población (en miles) / *Population (thousands)*									
Ambos sexos / *Both sexes*	28 092	32 689	36 978	39 042	41 132	43 298	45 302	47 121	48 766
Hombres / *Males*	13 890	16 078	18 158	19 171	20 201	21 276	22 272	23 170	23 979
Mujeres / *Females*	14 203	16 611	18 820	19 870	20 931	22 022	23 031	23 951	24 786
Índice de masculinidad (por 100) *Sex ratio (per 100)*	97.8	96.8	96.5	96.5	96.5	96.6	96.7	96.7	96.7
Porcentaje de población / *Percentage of population*									
0-14 años / *years old*	30.3	30.5	27.9	26.8	25.8	25.1	24.1	22.9	21.6
15-59 años / *years old*	57.7	56.4	58.5	59.3	59.8	59.8	60.0	60.3	60.7
15-64 años / *years old*	61.5	60.4	62.2	63.0	63.8	63.9	64.2	64.6	65.1
60-74 años / *years old*	9.3	9.7	9.6	9.5	9.8	10.4	10.9	11.3	11.6
60 años y más / *and over*	12.0	13.0	13.6	13.9	14.4	15.2	16.0	16.8	17.7
65 años y más / *and over*	8.2	9.1	9.9	10.1	10.4	11.0	11.7	12.5	13.3
75 años y más / *and over*	2.7	3.3	4.0	4.4	4.6	4.8	5.0	5.5	6.1
80 años y más / *and over*	1.2	1.5	2.0	2.3	2.6	2.7	2.9	3.1	3.5
Relación de dependencia (por 100) *Dependency ratio (per 100)*									
Total (población menor de 15 años y población de 65 años y más) / *Total (under 15 years of age and 65 and over)*	62.6	65.6	60.9	58.6	56.8	56.4	55.7	54.8	53.6
(Menores de 15 años)/(15-64 años) *(Under 15 years of age)/ (15-64 years old)*	49.3	50.6	44.9	42.6	40.4	39.2	37.5	35.5	33.2
(65 años y más)/(15-64 Años) *(65 and over)/(15-64 years old)*	13.4	15.0	16.0	16.1	16.4	17.1	18.2	19.3	20.4
Edad mediana de la población *Median age of population*	27.3	27.3	28.0	28.8	30.0	31.0	32.1	33.3	34.5

Dinámica de la población / *Population dynamics*	1980-1985	1990-1995	2000-2005	2005-2010	2010-2015	2015-2020	2020-2025	2025-2030	
Tasa bruta de natalidad (por 1.000) *Crude birth rate (per 1,000)*	23.1	21.2	19.1	18.4	17.7	16.5	15.4	14.5	
Tasa bruta de mortalidad (por 1.000) *Crude death rate (per 1,000)*	8.5	8.1	7.8	7.7	7.6	7.6	7.6	7.7	
Tasa neta de migración (por 1.000) *Net migration rate (per 1,000)*	1.0	0.2	-0.5	-0.2	0.1	0.1	0.1	0.1	
Tasa de crecimiento total (por 1.000) *Total growth rate (per 1,000)*	15.5	13.3	10.9	10.4	10.3	9.0	7.9	6.9	

Fecundidad / *Fertility*	1980-1985	1990-1995	2000-2005	2005-2010	2010-2015	2015-2020	2020-2025	2025-2030	
Tasa global de fecundidad / *Total fertility rate*	3.15	2.90	2.52	2.40	2.35	2.23	2.12	2.03	
Edad media de la fecundidad / *Mean age of fertility*	27.8	27.7	27.9	27.9	28.1	28.1	28.2	28.2	

Mortalidad / *Mortality*	1980-1985	1990-1995	2000-2005	2005-2010	2010-2015	2015-2020	2020-2025	2025-2030	
Esperanza de vida al nacer / *Life expectancy at birth*									
Ambos sexos / *Both sexes*	70.3	72.3	74.4	75.2	76.1	76.8	77.5	78.3	
Hombres / *Males*	66.8	68.6	70.6	71.3	72.2	72.9	73.6	74.4	
Mujeres / *Females*	73.7	75.8	78.1	79.0	79.8	80.6	81.3	82.0	
Tasa de mortalidad infantil (por 1.000) *Infant mortality rate (per 1,000)*	32.2	24.4	15.0	14.6	13.7	12.9	12.2	11.4	

CEPAL • América Latina y el Caribe. Observatorio demográfico 2015

Proyecciones de población

Cuadro 11b (conclusión) / *Table 11b (concluded)*

Estructura de la población urbana y rural / *Population structure (urban and rural population)*	1980	1990	2000	2005	2010	2015	2020	2025	2030
Porcentaje de población urbana / *Percentage of urban population*									
Ambos sexos / *Both sexes*	82.9	86.8	89.1	90.1	91.0	91.8	92.5	93.2	93.8
0-14 años / *years old*	79.7	84.6	87.0	88.2	89.4	90.3	91.1	91.9	92.5
15-64 años / *years old*	84.0	87.6	89.8	90.7	91.4	92.2	92.9	93.5	94.0
65 años y más / *and over*	86.1	89.1	90.9	91.6	92.3	93.0	93.6	94.1	94.6
Hombres / *Males*	81.4	85.6	88.2	89.2	90.2	91.1	91.9	92.6	93.2
0-14 años / *years old*	79.4	84.3	86.8	88.0	89.3	90.2	91.1	91.8	92.5
15-64 años / *years old*	82.2	86.2	88.8	89.7	90.6	91.5	92.2	92.9	93.5
65 años y más / *and over*	83.0	86.4	88.4	89.4	90.3	91.2	91.9	92.6	93.3
Mujeres / *Females*	84.3	88.0	90.1	90.9	91.7	92.5	93.1	93.7	94.3
0-14 años / *years old*	80.1	84.8	87.1	88.3	89.5	90.4	91.2	91.9	92.5
15-64 años / *years old*	85.6	89.1	90.9	91.6	92.2	92.9	93.5	94.0	94.5
65 años y más / *and over*	88.6	91.1	92.5	93.1	93.7	94.2	94.7	95.1	95.5
Índice de masculinidad (por 100) / *Sex ratio (per 100)*	97.8	96.8	96.5	96.5	96.5	96.6	96.7	96.7	96.7
Urbana / *Urban*	94.5	94.1	94.4	94.7	94.9	95.2	95.4	95.6	95.7
Rural	115.8	116.6	115.0	114.5	114.1	114.0	114.0	114.1	114.2

Dinámica de la población (urbana y rural) / *Population dynamics (urban and rural population)*	1980-1985	1990-1995	2000-2005	2005-2010	2010-2015	2015-2020	2020-2025	2025-2030	
Tasa de crecimiento (por 1.000) / *Growth rate (per 1,000)*	15.5	13.9	11.1	10.6	10.4	9.5	8.3	7.3	
Urbana / *Urban*	20.3	18.2	13.5	12.6	12.6	11.2	9.8	8.6	
Rural	-8.2	-14.9	-9.0	-7.6	-11.6	-9.0	-10.0	-10.8	

Envejecimiento poblacional / *Population ageing*	1980	1990	2000	2005	2010	2015	2020	2025	2030
Índice de envejecimiento (por 100) / *Ageing index (per 100)*									
Total	39.7	42.7	48.6	51.7	55.9	60.4	66.3	73.2	81.8
Urbano / *Urban*	42.7	44.9	50.6	53.6	57.6	62.0	67.9	74.9	83.5
Rural	27.5	30.7	35.0	37.7	41.6	44.9	49.3	54.4	60.7
Relación de apoyo potencial / *Potential support ratio*	4.8	4.3	4.3	4.3	4.1	3.9	3.8	3.6	3.4
Relación de apoyo a los padres (por 100) / *Parent support ratio (per 100)*	8.4	12.0	15.6	17.1	18.6	19.6	20.4	21.2	21.7

Población económicamente activa / *Economically active population*	1980	1990	2000	2005	2010	2015	2020	2025	2030
Tasa de actividad de la población total (por 100) / *Labour force participation rate of total population (per 100)*									
Ambos sexos / *Both sexes*	51.3	56.0	58.6	61.0	62.4	63.7	64.7	65.7	66.5
Hombres / *Males*	76.5	77.3	73.9	74.4	74.7	75.1	75.1	75.0	74.8
Mujeres / *Females*	27.2	35.9	44.3	48.5	50.7	53.0	55.0	56.9	58.7
Tasa de actividad de la población urbana (por 100) / *Labour force participation rate of urban population (per 100)*									
Ambos sexos / *Both sexes*	51.4	55.9	58.6	61.1	62.5	63.8	64.8	65.8	66.6
Hombres / *Males*	75.9	76.6	73.0	73.6	74.1	74.5	74.6	74.6	74.4
Mujeres / *Females*	29.1	37.2	45.5	49.7	51.8	53.9	55.8	57.6	59.3
Tasa de actividad de la población rural (por 100) / *Labour force participation rate of rural population (per 100)*									
Ambos sexos / *Both sexes*	50.6	56.5	58.8	60.0	61.2	62.4	63.5	64.5	65.4
Hombres / *Males*	79.5	82.1	81.4	81.3	81.2	81.0	80.7	80.3	79.8
Mujeres / *Females*	15.7	25.3	31.9	34.8	37.7	40.5	43.2	45.9	48.5

Fuente: Centro Latinoamericano y Caribeño de Demografía (CELADE)-División de Población de la CEPAL, revisión de 2015.
Source: Latin American and Caribbean Demographic Centre (CELADE)-Population Division of ECLAC, 2015 revision.

Gráfico 3 / *Figure 3*
Estado Plurinacional de Bolivia: distribución relativa de la población por sexo y grupos quinquenales de edad, 1980 y 2015
Plurinational State of Bolivia: population distribution, by sex and five-year age groups, 1980 and 2015

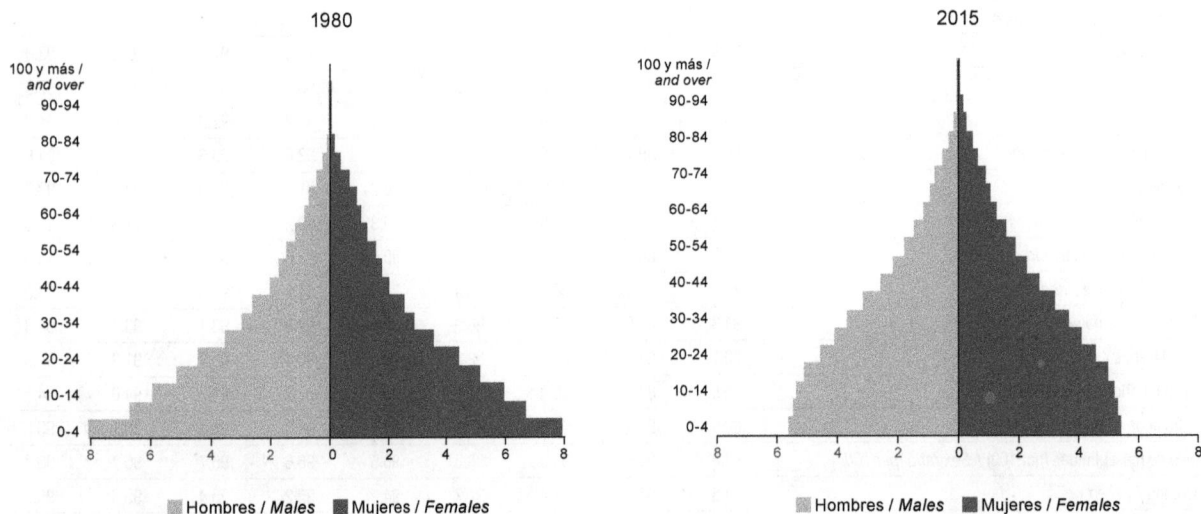

1980

2015

Hombres / *Males*   Mujeres / *Females*

Hombres / *Males*   Mujeres / *Females*

Cuadro 12a / *Table 12a*
Estado Plurinacional de Bolivia: estimaciones y proyecciones de la población total, según sexo y grupos quinquenales de edad, 1980-2030
Plurinational State of Bolivia: population estimates and projections, by sex and five-year age groups, 1980-2030
(En miles de personas a mitad de año / *Thousands of persons, at mid-year*)

Sexo y grupos de edad / *Sex and age groups*	1980	1990	2000	2005	2010	2015	2020	2025	2030
Ambos sexos / *Both sexes*	5 533	6 795	8 293	9 096	9 909	10 737	11 564	12 368	13 139
0 - 4	910	1 045	1 168	1 198	1 205	1 203	1 191	1 163	1 130
5 - 9	763	936	1 060	1 129	1 164	1 176	1 178	1 170	1 145
10 - 14	675	837	980	1 042	1 113	1 151	1 165	1 168	1 162
15 - 19	588	718	895	957	1 021	1 095	1 136	1 152	1 158
20 - 24	505	612	780	861	925	995	1 073	1 117	1 137
25 - 29	403	513	650	744	827	897	971	1 053	1 100
30 - 34	338	434	546	619	713	802	876	952	1 037
35 - 39	294	346	458	521	594	691	782	858	937
40 - 44	229	292	389	436	499	574	674	766	844
45 - 49	197	254	308	369	417	481	557	657	751
50 - 54	174	195	257	291	351	399	465	542	642
55 - 59	138	169	223	243	277	335	384	449	526
60 - 64	111	150	172	211	231	263	320	369	433
65 - 69	92	117	146	161	198	216	247	302	350
70 - 74	63	86	119	131	146	179	197	228	280
75 - 79	34	55	79	97	109	124	155	173	203
80 - 84	13	25	42	55	72	84	99	126	143
85 - 89	3	8	17	24	34	48	59	71	94
90 - 94	0	1	4	7	12	19	28	36	45
95 - 99	0	0	0	1	2	5	8	13	18
100 y más / *and over*	0	0	0	0	0	0	1	2	3

Cuadro 12a (conclusión) / *Table 12a (concluded)*

Sexo y grupos de edad / *Sex and age groups*	1980	1990	2000	2005	2010	2015	2020	2025	2030
Hombres / *Males*	2 767	3 407	4 159	4 562	4 967	5 379	5 789	6 187	6 568
0 - 4	460	530	594	610	614	614	608	593	576
5 - 9	384	473	537	573	592	599	600	596	583
10 - 14	339	422	496	528	565	585	593	595	591
15 - 19	296	362	452	484	517	555	577	586	589
20 - 24	254	308	393	434	467	503	543	566	577
25 - 29	202	258	326	373	415	451	489	531	556
30 - 34	172	218	273	309	357	401	439	478	521
35 - 39	150	173	228	259	296	344	390	429	469
40 - 44	116	148	193	217	248	285	334	381	420
45 - 49	99	129	153	183	206	237	275	325	372
50 - 54	86	98	129	144	173	197	228	266	316
55 - 59	66	83	112	121	136	164	188	220	258
60 - 64	52	72	85	105	114	128	156	179	211
65 - 69	41	55	70	78	97	106	119	146	169
70 - 74	28	39	56	62	70	86	95	108	134
75 - 79	15	24	36	44	50	58	73	82	95
80 - 84	6	11	18	24	32	38	45	58	66
85 - 89	2	3	7	10	14	20	25	31	41
90 - 94	0	1	2	3	4	7	10	14	18
95 - 99	0	0	0	0	1	1	3	4	6
100 y más / *and over*	0	0	0	0	0	0	0	0	1
Mujeres / *Females*	2 766	3 388	4 134	4 535	4 941	5 358	5 775	6 181	6 571
0 - 4	450	515	574	588	591	589	584	570	554
5 - 9	380	463	523	556	572	578	578	574	562
10 - 14	336	415	484	514	548	566	572	573	570
15 - 19	293	357	443	473	504	540	559	567	569
20 - 24	252	305	387	427	458	492	530	551	560
25 - 29	201	256	324	370	411	446	482	522	544
30 - 34	166	217	274	310	356	400	437	474	515
35 - 39	144	173	230	262	298	347	392	430	468
40 - 44	113	144	195	219	252	290	339	385	424
45 - 49	98	125	155	186	210	243	282	332	379
50 - 54	88	97	128	147	178	203	236	275	326
55 - 59	72	86	111	122	141	171	196	230	269
60 - 64	60	78	87	107	117	135	164	189	223
65 - 69	51	62	76	83	101	110	128	156	181
70 - 74	35	47	63	69	76	92	102	119	147
75 - 79	19	31	43	52	59	66	82	91	108
80 - 84	7	14	24	31	40	47	54	68	78
85 - 89	2	4	10	14	20	28	34	41	53
90 - 94	0	1	2	4	7	12	17	22	28
95 - 99	0	0	0	1	2	3	6	9	12
100 y más / *and over*	0	0	0	0	0	0	1	1	3

Fuente: Centro Latinoamericano y Caribeño de Demografía (CELADE)-División de Población de la CEPAL, revisión de 2015.
Source: Latin American and Caribbean Demographic Centre (CELADE)-Population Division of ECLAC, 2015 revision.

Cuadro 12b / Table 12b
Estado Plurinacional de Bolivia: indicadores seleccionados derivados de estimaciones y proyecciones de población, 1980-2030
Plurinational State of Bolivia: selected indicators from population estimates and projections, 1980-2030

Estructura de la población / *Population structure*	1980	1990	2000	2005	2010	2015	2020	2025	2030
Población (en miles) / *Population (thousands)*									
Ambos sexos / *Both sexes*	5 533	6 795	8 293	9 096	9 909	10 737	11 564	12 368	13 139
Hombres / *Males*	2 767	3 407	4 159	4 562	4 967	5 379	5 789	6 187	6 568
Mujeres / *Females*	2 766	3 388	4 134	4 535	4 941	5 358	5 775	6 181	6 571
Índice de masculinidad (por 100) *Sex ratio (per 100)*	100.0	100.6	100.6	100.6	100.5	100.4	100.2	100.1	100.0
Porcentaje de población / *Percentage of population*									
0-14 años / *years old*	42.4	41.5	38.7	37.0	35.1	32.9	30.6	28.3	26.2
15-59 años / *years old*	51.8	52.0	54.3	55.4	56.7	58.4	59.8	61.0	61.9
15-64 años / *years old*	53.8	54.2	56.4	57.7	59.1	60.8	62.6	64.0	65.2
60-74 años / *years old*	4.8	5.2	5.3	5.5	5.8	6.1	6.6	7.3	8.1
60 años y más / *and over*	5.7	6.5	7.0	7.6	8.1	8.7	9.6	10.7	11.9
65 años y más / *and over*	3.7	4.3	4.9	5.2	5.8	6.3	6.9	7.7	8.7
75 años y más / *and over*	0.9	1.3	1.7	2.0	2.3	2.6	3.0	3.4	3.9
80 años y más / *and over*	0.3	0.5	0.8	1.0	1.2	1.5	1.7	2.0	2.3
Relación de dependencia (por 100) *Dependency ratio (per 100)*									
Total (población menor de 15 años y población de 65 años y más) *Total (under 15 years of age and 65 and over)*	85.8	84.4	77.3	73.2	69.3	64.4	59.8	56.2	53.4
(Menores de 15 años)/(15-64 años) *(Under 15 years of age)/ (15-64 years old)*	78.8	76.5	68.6	64.2	59.5	54.0	48.8	44.2	40.1
(65 años y más)/(15-64 Años) *(65 and over)/(15-64 years old)*	6.9	7.9	8.7	9.1	9.8	10.3	11.0	12.0	13.3
Edad mediana de la población *Median age of population*	18.3	18.9	20.3	21.3	22.4	23.7	25.2	27.0	28.8

Dinámica de la población / *Population dynamics*	1980-1985	1990-1995	2000-2005	2005-2010	2010-2015	2015-2020	2020-2025	2025-2030	
Tasa bruta de natalidad (por 1.000) *Crude birth rate (per 1,000)*	37.1	34.9	29.8	27.1	24.7	22.4	20.3	18.3	
Tasa bruta de mortalidad (por 1.000) *Crude death rate (per 1,000)*	15.2	12.0	9.3	8.3	7.4	6.8	6.3	5.9	
Tasa neta de migración (por 1.000) *Net migration rate (per 1,000)*	-3.3	-2.4	-2.1	-1.7	-1.1	-0.9	-0.6	-0.5	
Tasa de crecimiento total (por 1.000) *Total growth rate (per 1,000)*	21.1	20.0	18.5	17.1	16.1	14.8	13.4	12.1	

Fecundidad / *Fertility*	1980-1985	1990-1995	2000-2005	2005-2010	2010-2015	2015-2020	2020-2025	2025-2030	
Tasa global de fecundidad / *Total fertility rate*	5.56	4.76	3.89	3.43	3.07	2.76	2.49	2.28	
Edad media de la fecundidad / *Mean age of fertility*	29.1	28.8	28.3	28.1	28.0	28.0	28.0	27.9	

Mortalidad / *Mortality*	1980-1985	1990-1995	2000-2005	2005-2010	2010-2015	2015-2020	2020-2025	2025-2030	
Esperanza de vida al nacer / *Life expectancy at birth*									
Ambos sexos / *Both sexes*	51.3	56.5	62.2	65.0	67.8	70.4	73.0	75.3	
Hombres / *Males*	49.8	54.8	60.1	62.7	65.3	67.9	70.3	72.6	
Mujeres / *Females*	52.8	58.3	64.3	67.3	70.2	73.0	75.6	78.0	
Tasa de mortalidad infantil (por 1.000) *Infant mortality rate (per 1,000)*	110.2	84.5	61.0	50.9	42.8	38.1	33.8	29.7	

Cuadro 12b (conclusión) / *Table 12b (concluded)*

Estructura de la población urbana y rural *Population structure (urban and rural population)*	1980	1990	2000	2005	2010	2015	2020	2025	2030
Porcentaje de población urbana *Percentage of urban population*									
Ambos sexos / *Both sexes*	45.2	55.5	61.8	64.3	66.8	69.1	71.3	73.3	75.2
0-14 años / *years old*	43.7	53.3	59.0	61.6	64.2	66.7	69.1	71.3	73.5
15-64 años / *years old*	47.1	58.1	64.7	67.1	69.4	71.6	73.6	75.5	77.2
65 años y más / *and over*	35.1	44.4	50.0	52.6	55.3	57.8	60.4	62.8	65.2
Hombres / *Males*	44.5	54.7	60.5	62.8	65.0	67.2	69.2	71.1	73.0
0-14 años / *years old*	43.2	53.0	58.6	60.9	63.3	65.6	67.8	69.9	72.0
15-64 años / *years old*	46.2	56.9	62.8	65.0	67.2	69.2	71.1	73.0	74.7
65 años y más / *and over*	33.0	42.3	47.8	50.2	52.6	54.9	57.2	59.5	61.7
Mujeres / *Females*	45.9	56.4	63.1	65.9	68.6	71.1	73.4	75.5	77.5
0-14 años / *years old*	44.1	53.7	59.5	62.3	65.1	67.8	70.4	72.8	75.1
15-64 años / *years old*	48.0	59.3	66.6	69.3	71.7	73.9	76.0	78.0	79.8
65 años y más / *and over*	36.9	46.2	51.9	54.7	57.6	60.4	63.1	65.7	68.2
Índice de masculinidad (por 100) / *Sex ratio (per 100)*	100.0	100.6	100.6	100.6	100.5	100.4	100.2	100.1	100.0
Urbana / *Urban*	96.9	97.5	96.4	95.8	95.3	94.9	94.5	94.3	94.1
Rural	102.7	104.5	107.8	109.8	111.9	113.9	116.0	118.1	120.1

Dinámica de la población (urbana y rural) *Population dynamics (urban and rural population)*	1980-1985	1990-1995	2000-2005	2005-2010	2010-2015	2015-2020	2020-2025	2025-2030	
Tasa de crecimiento (por 1.000) / *Growth rate (per 1,000)*	21.5	19.4	19.2	17.6	16.5	15.4	14.0	12.6	
Urbana / *Urban*	44.1	46.1	27.7	25.3	23.6	21.9	19.9	17.9	
Rural	2.5	-14.8	5.2	3.5	2.1	0.7	-0.7	-2.1	

Envejecimiento poblacional / *Population ageing*	1980	1990	2000	2005	2010	2015	2020	2025	2030
Índice de envejecimiento (por 100) / *Ageing index (per 100)*									
Total	13.5	15.7	18.1	20.4	23.1	26.6	31.5	37.7	45.7
Urbano / *Urban*	11.3	13.4	15.5	17.7	20.2	23.3	27.9	33.6	41.0
Rural	15.3	18.3	21.7	24.7	28.4	33.0	39.6	47.9	58.7
Relación de apoyo potencial / *Potential support ratio*	9.0	8.0	7.8	7.3	7.0	6.7	6.2	5.7	5.2
Relación de apoyo a los padres (por 100) *Parent support ratio (per 100)*	4.1	6.6	9.7	11.7	14.0	15.6	16.6	18.2	19.0

Población económicamente activa *Economically active population*	1980	1990	2000	2005	2010	2015	2020	2025	2030
Tasa de actividad de la población total (por 100) *Labour force participation rate of total population (per 100)*									
Ambos sexos / *Both sexes*	55.1	66.5	70.1	70.8	71.6	72.4	73.4	74.3	75.2
Hombres / *Males*	84.0	82.8	81.2	81.2	81.3	81.3	81.5	81.6	81.7
Mujeres / *Females*	26.5	50.2	59.1	60.5	62.1	63.7	65.3	67.1	68.8
Tasa de actividad de la población urbana (por 100) *Labour force participation rate of urban population (per 100)*									
Ambos sexos / *Both sexes*	52.4	60.7	64.0	65.6	67.1	68.6	70.1	71.7	73.0
Hombres / *Males*	75.8	76.0	75.7	76.4	77.1	77.7	78.4	79.0	79.5
Mujeres / *Females*	30.1	46.1	53.0	55.5	57.9	60.2	62.5	64.9	67.1
Tasa de actividad de la población rural (por 100) *Labour force participation rate of rural population (per 100)*									
Ambos sexos / *Both sexes*	57.4	74.2	80.7	81.1	81.3	81.5	81.8	81.9	81.9
Hombres / *Males*	90.8	91.5	90.1	89.8	89.4	89.0	88.6	88.2	87.6
Mujeres / *Females*	23.2	56.0	70.4	71.3	72.1	72.9	73.7	74.4	75.0

Fuente: Centro Latinoamericano y Caribeño de Demografía (CELADE)-División de Población de la CEPAL, revisión de 2015.
Source: *Latin American and Caribbean Demographic Centre (CELADE)-Population Division of ECLAC, 2015 revision.*

Gráfico 4 / *Figure 4*
Brasil: distribución relativa de la población por sexo y grupos quinquenales de edad, 1980 y 2015
Brazil: population distribution, by sex and five-year age groups, 1980 and 2015

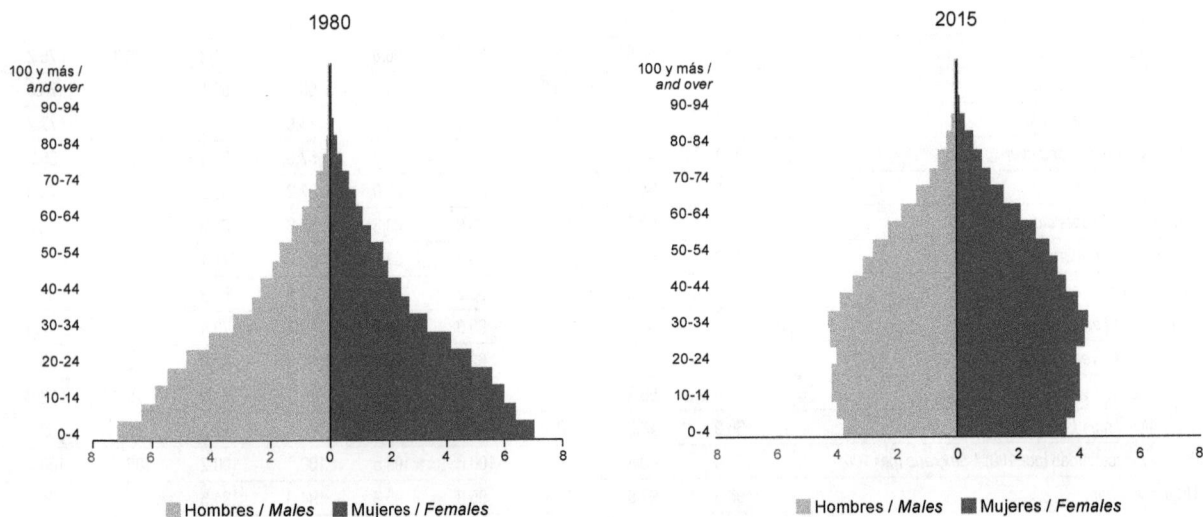

Cuadro 13a / *Table 13a*
Brasil: estimaciones y proyecciones de la población total, según sexo y grupos quinquenales de edad, 1980-2030
Brazil: population estimates and projections, by sex and five-year age groups, 1980-2030
(En miles de personas a mitad de año / *Thousands of persons, at mid-year*)

Sexo y grupos de edad / *Sex and age groups*	1980	1990	2000	2005	2010	2015	2020	2025	2030
Ambos sexos / *Both sexes*	122 188	150 310	174 989	187 235	198 235	207 750	215 945	223 153	229 704
0 - 4	17 260	17 846	17 167	17 051	16 302	15 291	14 453	14 013	13 951
5 - 9	15 526	18 307	16 521	17 079	16 981	16 249	15 250	14 419	13 984
10 - 14	14 489	16 966	17 700	16 495	17 056	16 961	16 233	15 236	14 407
15 - 19	13 442	15 395	18 184	17 635	16 445	17 010	16 922	16 199	15 207
20 - 24	11 815	14 304	16 758	18 051	17 521	16 351	16 926	16 845	16 132
25 - 29	10 040	13 186	15 113	16 601	17 903	17 394	16 248	16 828	16 756
30 - 34	8 086	11 513	13 966	14 951	16 447	17 756	17 267	16 141	16 726
35 - 39	6 473	9 714	12 804	13 783	14 781	16 280	17 594	17 124	16 019
40 - 44	5 805	7 750	11 096	12 584	13 574	14 579	16 080	17 397	16 948
45 - 49	4 719	6 118	9 251	10 833	12 316	13 313	14 326	15 826	17 147
50 - 54	4 198	5 369	7 249	8 948	10 510	11 983	12 987	14 007	15 506
55 - 59	3 262	4 218	5 562	6 915	8 568	10 104	11 562	12 573	13 602
60 - 64	2 493	3 556	4 675	5 198	6 496	8 093	9 594	11 033	12 051
65 - 69	1 938	2 542	3 443	4 242	4 748	5 982	7 509	8 967	10 377
70 - 74	1 326	1 704	2 628	2 984	3 708	4 198	5 351	6 789	8 185
75 - 79	765	1 081	1 614	2 119	2 433	3 075	3 542	4 591	5 908
80 - 84	392	527	830	1 143	1 535	1 811	2 352	2 778	3 686
85 - 89	127	172	334	466	673	944	1 165	1 575	1 932
90 - 94	27	39	82	133	199	309	465	612	878
95 - 99	3	4	10	20	36	61	106	174	251
100 y más / *and over*	0	0	1	1	3	6	13	26	50

Cuadro 13a (conclusión) / *Table 13a (concluded)*

Sexo y grupos de edad *Sex and age groups*	1980	1990	2000	2005	2010	2015	2020	2025	2030
Hombres / *Males*	60 562	74 261	86 103	91 978	97 214	101 700	105 523	108 856	111 873
0 - 4	8 701	9 042	8 714	8 656	8 278	7 767	7 344	7 123	7 094
5 - 9	7 769	9 248	8 377	8 661	8 614	8 245	7 741	7 323	7 105
10 - 14	7 212	8 541	8 959	8 361	8 646	8 601	8 235	7 732	7 315
15 - 19	6 693	7 694	9 165	8 910	8 323	8 612	8 572	8 209	7 709
20 - 24	5 885	7 090	8 385	9 057	8 817	8 246	8 542	8 508	8 153
25 - 29	4 992	6 516	7 477	8 260	8 938	8 714	8 161	8 461	8 434
30 - 34	4 026	5 679	6 835	7 353	8 142	8 825	8 615	8 078	8 382
35 - 39	3 215	4 776	6 239	6 702	7 229	8 019	8 705	8 508	7 986
40 - 44	2 876	3 810	5 391	6 087	6 558	7 088	7 878	8 565	8 383
45 - 49	2 332	2 990	4 470	5 217	5 910	6 384	6 919	7 706	8 394
50 - 54	2 066	2 603	3 487	4 276	5 010	5 695	6 173	6 711	7 495
55 - 59	1 592	2 019	2 640	3 279	4 038	4 754	5 429	5 910	6 451
60 - 64	1 192	1 669	2 176	2 420	3 024	3 748	4 441	5 103	5 586
65 - 69	899	1 156	1 557	1 926	2 157	2 720	3 402	4 067	4 710
70 - 74	588	734	1 137	1 303	1 626	1 845	2 359	2 988	3 615
75 - 79	317	431	656	876	1 014	1 289	1 493	1 947	2 509
80 - 84	151	193	308	438	596	711	932	1 112	1 490
85 - 89	47	58	108	156	232	331	416	571	712
90 - 94	9	12	22	36	55	90	139	188	277
95 - 99	1	1	2	4	7	13	24	42	63
100 y más / *and over*	0	0	0	0	0	1	2	4	9
Mujeres / *Females*	61 626	76 049	88 887	95 257	101 021	106 050	110 421	114 297	117 830
0 - 4	8 560	8 804	8 454	8 394	8 024	7 524	7 109	6 890	6 857
5 - 9	7 756	9 059	8 144	8 418	8 367	8 004	7 508	7 096	6 879
10 - 14	7 277	8 424	8 741	8 134	8 409	8 359	7 998	7 504	7 092
15 - 19	6 750	7 701	9 019	8 725	8 122	8 398	8 351	7 991	7 497
20 - 24	5 930	7 214	8 373	8 994	8 704	8 105	8 384	8 338	7 979
25 - 29	5 048	6 670	7 636	8 341	8 965	8 680	8 087	8 366	8 322
30 - 34	4 060	5 834	7 131	7 598	8 305	8 931	8 652	8 063	8 344
35 - 39	3 258	4 938	6 565	7 081	7 552	8 261	8 889	8 615	8 033
40 - 44	2 929	3 940	5 705	6 497	7 016	7 490	8 201	8 832	8 565
45 - 49	2 388	3 127	4 782	5 617	6 407	6 929	7 407	8 120	8 752
50 - 54	2 133	2 766	3 762	4 672	5 501	6 288	6 813	7 297	8 011
55 - 59	1 670	2 198	2 922	3 636	4 530	5 350	6 133	6 662	7 152
60 - 64	1 301	1 887	2 499	2 778	3 472	4 345	5 154	5 930	6 464
65 - 69	1 039	1 386	1 886	2 317	2 591	3 262	4 107	4 900	5 667
70 - 74	738	970	1 492	1 681	2 082	2 352	2 992	3 800	4 569
75 - 79	448	649	959	1 243	1 418	1 785	2 049	2 643	3 399
80 - 84	242	334	522	705	939	1 100	1 419	1 667	2 197
85 - 89	81	115	227	311	441	613	749	1 004	1 220
90 - 94	18	27	60	97	144	220	326	424	600
95 - 99	2	3	8	16	29	48	82	133	188
100 y más / *and over*	0	0	1	1	3	6	11	22	41

Fuente: Centro Latinoamericano y Caribeño de Demografía (CELADE)-División de Población de la CEPAL, revisión de 2015.
Source: Latin American and Caribbean Demographic Centre (CELADE)-Population Division of ECLAC, 2015 revision.

Cuadro 13b / *Table 13b*
Brasil: indicadores seleccionados derivados de estimaciones y proyecciones de población, 1980-2030
Brazil: selected indicators from population estimates and projections, 1980-2030

Estructura de la población / *Population structure*	1980	1990	2000	2005	2010	2015	2020	2025	2030
Población (en miles) / *Population (thousands)*									
Ambos sexos / *Both sexes*	122 188	150 310	174 989	187 235	198 235	207 750	215 945	223 153	229 704
Hombres / *Males*	60 562	74 261	86 103	91 978	97 214	101 700	105 523	108 856	111 873
Mujeres / *Females*	61 626	76 049	88 887	95 257	101 021	106 050	110 421	114 297	117 830
Índice de masculinidad (por 100) *Sex ratio (per 100)*	98.3	97.6	96.9	96.6	96.2	95.9	95.6	95.2	94.9
Porcentaje de población / *Percentage of population*									
0-14 años / *years old*	38.7	35.3	29.4	27.0	25.4	23.3	21.3	19.6	18.4
15-59 años / *years old*	55.5	58.3	62.9	64.3	64.6	64.9	64.8	64.1	62.7
15-64 años / *years old*	57.6	60.6	65.5	67.0	67.9	68.8	69.2	69.0	68.0
60-74 años / *years old*	4.7	5.2	6.1	6.6	7.5	8.8	10.4	12.0	13.3
60 años y más / *and over*	5.8	6.4	7.8	8.7	10.0	11.8	13.9	16.4	18.9
65 años y más / *and over*	3.7	4.0	5.1	5.9	6.7	7.9	9.5	11.4	13.6
75 años y más / *and over*	1.1	1.2	1.6	2.1	2.5	3.0	3.5	4.4	5.5
80 años y más / *and over*	0.5	0.5	0.7	0.9	1.2	1.5	1.9	2.3	3.0
Relación de dependencia (por 100) *Dependency ratio (per 100)*									
Total (población menor de 15 años y población de 65 años y más) / *Total (under 15 years of age and 65 and over)*	73.7	65.0	52.6	49.2	47.3	45.4	44.4	44.9	47.2
(Menores de 15 años)/(15-64 años) *(Under 15 years of age)/ (15-64 years old)*	67.2	58.3	44.8	40.3	37.4	33.9	30.7	28.4	27.1
(65 años y más)/(15-64 Años) *(65 and over)/(15-64 years old)*	6.5	6.7	7.8	8.9	9.9	11.5	13.7	16.6	20.0
Edad mediana de la población *Median age of population*	20.2	22.3	25.4	27.2	29.1	31.3	33.5	35.6	37.4

Dinámica de la población / *Population dynamics*	1980-1985	1990-1995	2000-2005	2005-2010	2010-2015	2015-2020	2020-2025	2025-2030	
Tasa bruta de natalidad (por 1.000) *Crude birth rate (per 1,000)*	30.8	22.2	19.4	17.4	15.4	13.9	13.0	12.5	
Tasa bruta de mortalidad (por 1.000) *Crude death rate (per 1,000)*	8.3	6.8	5.9	5.9	6.0	6.2	6.4	6.7	
Tasa neta de migración (por 1.000) *Net migration rate (per 1,000)*	0.0	0.0	0.0	0.0	0.0	0.0	0.0	0.0	
Tasa de crecimiento total (por 1.000) *Total growth rate (per 1,000)*	22.5	15.4	13.5	11.4	9.4	7.7	6.6	5.8	

Fecundidad / *Fertility*	1980-1985	1990-1995	2000-2005	2005-2010	2010-2015	2015-2020	2020-2025	2025-2030	
Tasa global de fecundidad / *Total fertility rate*	3.81	2.54	2.16	1.99	1.85	1.75	1.71	1.73	
Edad media de la fecundidad / *Mean age of fertility*	28.0	26.5	25.9	25.8	25.7	25.8	25.8	25.8	

Mortalidad / *Mortality*	1980-1985	1990-1995	2000-2005	2005-2010	2010-2015	2015-2020	2020-2025	2025-2030	
Esperanza de vida al nacer / *Life expectancy at birth*									
Ambos sexos / *Both sexes*	62.9	66.5	71.2	72.7	74.2	75.6	77.0	78.4	
Hombres / *Males*	59.5	62.6	67.3	68.8	70.3	71.8	73.2	74.6	
Mujeres / *Females*	66.1	70.3	75.0	76.4	77.9	79.3	80.6	81.9	
Tasa de mortalidad infantil (por 1.000) *Infant mortality rate (per 1,000)*	71.6	42.6	28.1	23.9	20.3	17.4	15.0	13.0	

Cuadro 13b (conclusión) / *Table 13b (concluded)*

Estructura de la población urbana y rural *Population structure (urban and rural population)*	1980	1990	2000	2005	2010	2015	2020	2025	2030
Porcentaje de población urbana *Percentage of urban population*									
Ambos sexos / *Both sexes*	67.4	74.7	81.2	82.8	84.3	85.7	86.9	88.0	89.0
0-14 años / *years old*	62.8	70.8	77.8	79.7	81.7	83.2	84.5	85.8	86.9
15-64 años / *years old*	70.3	76.9	82.6	84.0	85.4	86.6	87.7	88.7	89.6
65 años y más / *and over*	69.8	75.7	82.0	83.1	84.3	85.6	86.7	87.8	88.8
Hombres / *Males*	66.2	73.5	79.9	81.6	83.2	84.6	85.8	87.0	88.0
0-14 años / *years old*	62.5	70.5	77.6	79.5	81.4	82.9	84.3	85.5	86.6
15-64 años / *years old*	68.8	75.4	81.2	82.6	84.1	85.4	86.6	87.6	88.6
65 años y más / *and over*	65.3	71.3	78.4	79.7	81.0	82.6	83.9	85.2	86.3
Mujeres / *Females*	68.6	76.0	82.3	83.9	85.5	86.8	88.0	89.0	90.0
0-14 años / *years old*	63.2	71.2	78.1	80.0	81.9	83.4	84.8	86.0	87.1
15-64 años / *years old*	71.8	78.5	83.9	85.3	86.6	87.8	88.8	89.7	90.6
65 años y más / *and over*	73.4	79.0	84.6	85.6	86.7	87.8	88.8	89.7	90.6
Índice de masculinidad (por 100) / *Sex ratio (per 100)*	98.3	97.6	96.9	96.6	96.2	95.9	95.6	95.2	94.9
Urbana / *Urban*	94.8	94.4	94.1	93.9	93.7	93.4	93.2	93.0	92.8
Rural	105.8	107.9	109.9	110.6	111.4	112.0	112.7	113.3	113.9

Dinámica de la población (urbana y rural) *Population dynamics (urban and rural population)*	1980-1985	1990-1995	2000-2005	2005-2010	2010-2015	2015-2020	2020-2025	2025-2030	
Tasa de crecimiento (por 1.000) / *Growth rate (per 1,000)*	23.4	15.5	14.3	12.3	10.1	8.3	6.9	6.1	
Urbana / *Urban*	35.8	25.3	18.5	16.1	13.5	11.3	9.5	8.4	
Rural	-2.8	-14.1	-4.1	-6.2	-8.3	-9.7	-10.7	-10.9	

Envejecimiento poblacional / *Population ageing*	1980	1990	2000	2005	2010	2015	2020	2025	2030
Índice de envejecimiento (por 100) / *Ageing index (per 100)*									
Total	15.0	18.1	26.5	32.2	39.4	50.5	65.5	83.7	102.3
Urbano / *Urban*	16.6	19.4	27.8	33.5	40.6	51.9	67.2	85.7	104.5
Rural	12.2	15.0	22.0	27.2	33.9	43.3	56.3	71.8	87.7
Relación de apoyo potencial / *Potential support ratio*	9.6	9.1	8.1	7.4	6.5	5.5	4.6	3.9	3.3
Relación de apoyo a los padres (por 100) *Parent support ratio (per 100)*	5.5	5.7	7.2	8.4	9.6	10.4	12.0	13.7	16.5

Población económicamente activa *Economically active population*	1980	1990	2000	2005	2010	2015	2020	2025	2030
Tasa de actividad de la población total (por 100) *Labour force participation rate of total population (per 100)*									
Ambos sexos / *Both sexes*	61.4	66.2	69.3	69.9	70.4	70.4	70.2	70.0	69.7
Hombres / *Males*	85.6	85.8	83.3	82.9	82.5	81.5	80.4	79.2	77.9
Mujeres / *Females*	37.9	47.5	56.1	57.6	58.9	59.9	60.7	61.4	62.0
Tasa de actividad de la población urbana (por 100) *Labour force participation rate of urban population (per 100)*									
Ambos sexos / *Both sexes*	60.2	64.5	67.5	68.2	68.9	69.0	69.0	68.9	68.6
Hombres / *Males*	82.8	83.6	81.5	81.3	81.0	80.1	79.1	78.0	76.8
Mujeres / *Females*	39.3	47.1	54.7	56.3	57.8	58.8	59.7	60.5	61.2
Tasa de actividad de la población rural (por 100) *Labour force participation rate of rural population (per 100)*									
Ambos sexos / *Both sexes*	64.3	71.6	77.9	78.5	79.0	79.2	79.2	79.1	78.8
Hombres / *Males*	91.9	92.3	91.1	90.7	90.2	89.5	88.6	87.7	86.6
Mujeres / *Females*	34.3	48.8	63.1	64.7	66.2	67.4	68.4	69.2	69.8

Fuente: Centro Latinoamericano y Caribeño de Demografía (CELADE)-División de Población de la CEPAL, revisión de 2015.
Source: *Latin American and Caribbean Demographic Centre (CELADE)-Population Division of ECLAC, 2015 revision.*

Gráfico 5 / *Figure 5*
Chile: distribución relativa de la población por sexo y grupos quinquenales de edad, 1980 y 2015
Chile: population distribution, by sex and five-year age groups, 1980 and 2015

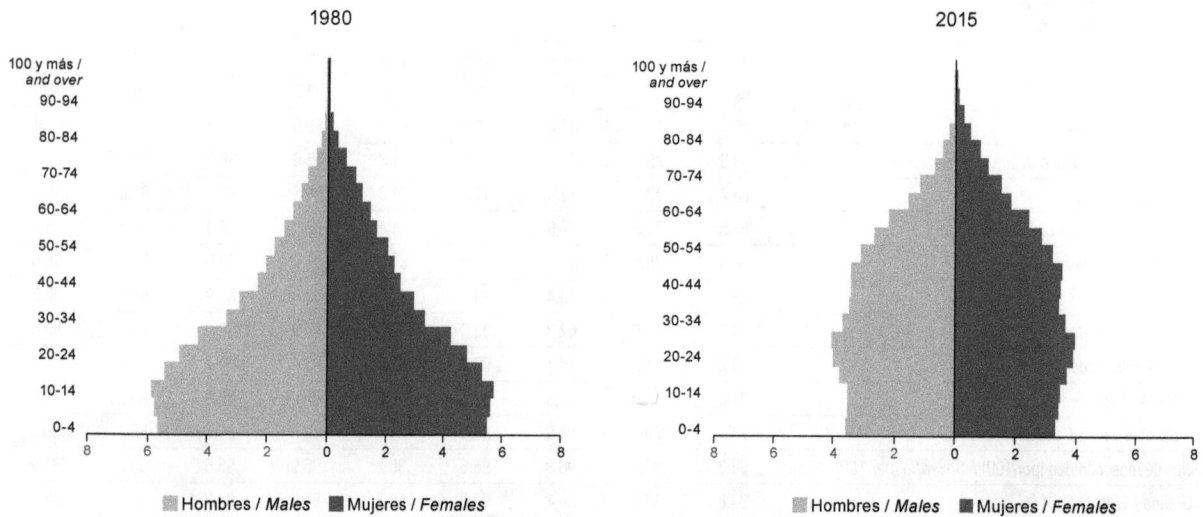

1980

2015

Cuadro 14a / *Table 14a*
Chile: estimaciones y proyecciones de la población total, según sexo y grupos quinquenales de edad, 1980-2030
Chile: population estimates and projections, by sex and five-year age groups, 1980-2030
(En miles de personas a mitad de año / *Thousands of persons at mid-year*)

Sexo y grupos de edad / *Sex and age groups*	1980	1990	2000	2005	2010	2015	2020	2025	2030
Ambos sexos / *Both sexes*	11 281	13 272	15 348	16 249	17 116	17 943	18 649	19 278	19 813
0 - 4	1 255	1 444	1 342	1 268	1 257	1 250	1 168	1 157	1 141
5 - 9	1 274	1 314	1 427	1 340	1 268	1 259	1 252	1 170	1 158
10 - 14	1 306	1 242	1 439	1 427	1 343	1 273	1 264	1 257	1 173
15 - 19	1 214	1 261	1 310	1 439	1 431	1 350	1 281	1 271	1 262
20 - 24	1 102	1 286	1 238	1 311	1 445	1 441	1 362	1 291	1 279
25 - 29	968	1 186	1 254	1 238	1 318	1 456	1 453	1 372	1 299
30 - 34	767	1 069	1 276	1 253	1 243	1 326	1 466	1 461	1 378
35 - 39	669	936	1 174	1 273	1 254	1 247	1 332	1 470	1 464
40 - 44	540	739	1 054	1 168	1 269	1 253	1 248	1 331	1 467
45 - 49	485	640	917	1 044	1 159	1 261	1 247	1 242	1 324
50 - 54	428	509	715	901	1 028	1 143	1 245	1 233	1 229
55 - 59	351	446	606	694	877	1 002	1 117	1 219	1 208
60 - 64	293	379	467	578	662	838	962	1 076	1 178
65 - 69	233	293	389	433	536	616	785	905	1 018
70 - 74	179	222	305	345	384	479	554	714	830
75 - 79	114	152	208	253	288	323	408	478	623
80 - 84	64	93	129	156	192	221	253	325	387
85 - 89	28	43	66	83	102	128	151	178	234
90 - 94	8	15	26	34	44	55	72	88	107
95 - 99	1	3	6	10	13	18	24	32	41
100 y más / *and over*	0	0	1	2	3	4	6	9	13

Cuadro 14a (conclusión) / *Table 14a (concluded)*

Sexo y grupos de edad *Sex and age groups*	1980	1990	2000	2005	2010	2015	2020	2025	2030
Hombres / *Males*	5 555	6 549	7 590	8 040	8 473	8 902	9 259	9 578	9 851
0 - 4	637	735	683	646	641	651	595	590	582
5 - 9	645	668	726	682	646	641	652	596	590
10 - 14	660	630	731	725	683	648	644	654	598
15 - 19	613	638	665	732	728	688	653	649	658
20 - 24	556	648	626	665	735	735	696	660	654
25 - 29	487	596	631	626	669	742	743	702	665
30 - 34	383	536	639	629	628	674	747	747	706
35 - 39	330	467	586	636	629	629	676	748	748
40 - 44	261	366	525	581	632	627	629	675	746
45 - 49	231	311	454	518	575	627	623	625	670
50 - 54	200	241	350	444	508	565	617	614	616
55 - 59	161	206	291	337	428	491	548	600	599
60 - 64	131	171	217	273	316	404	466	523	575
65 - 69	102	128	174	196	247	287	370	431	487
70 - 74	75	93	130	149	168	213	251	328	386
75 - 79	45	60	83	103	118	134	174	208	278
80 - 84	24	34	47	58	72	83	98	131	160
85 - 89	10	14	21	27	34	43	52	63	87
90 - 94	3	4	7	9	12	15	21	26	34
95 - 99	0	1	1	2	3	4	5	7	10
100 y más / *and over*	0	0	0	0	0	1	1	1	2
Mujeres / *Females*	5 726	6 724	7 758	8 210	8 643	9 041	9 390	9 699	9 962
0 - 4	618	709	659	622	617	599	573	567	559
5 - 9	629	646	701	658	622	618	600	574	568
10 - 14	646	612	707	701	660	625	620	602	575
15 - 19	601	623	645	708	703	662	627	623	604
20 - 24	546	638	611	646	710	706	666	631	625
25 - 29	481	590	623	613	649	714	711	670	634
30 - 34	384	533	637	624	615	653	719	714	673
35 - 39	339	469	588	637	625	618	656	721	716
40 - 44	279	373	529	586	636	625	619	656	721
45 - 49	255	328	462	526	583	634	624	617	654
50 - 54	228	267	365	457	520	578	628	618	612
55 - 59	190	240	315	357	448	511	568	618	609
60 - 64	161	208	250	305	346	435	496	553	603
65 - 69	132	165	215	236	289	329	414	475	531
70 - 74	104	129	175	196	216	266	304	386	444
75 - 79	69	92	124	150	170	189	234	270	346
80 - 84	40	59	82	98	120	137	155	194	227
85 - 89	19	29	45	56	68	85	100	115	147
90 - 94	6	11	19	24	32	40	52	62	74
95 - 99	1	3	5	8	10	14	18	25	31
100 y más / *and over*	0	0	1	1	2	4	5	8	11

Fuente: Centro Latinoamericano y Caribeño de Demografía (CELADE)-División de Población de la CEPAL, revisión de 2015.
Source: *Latin American and Caribbean Demographic Centre (CELADE)-Population Division of ECLAC, 2015 revision.*

Cuadro 14b / *Table 14b*
Chile: indicadores seleccionados derivados de estimaciones y proyecciones de población, 1980-2030
Chile: selected indicators from population estimates and projections, 1980-2030

Estructura de la población / *Population structure*	1980	1990	2000	2005	2010	2015	2020	2025	2030
Población (en miles) / *Population (thousands)*									
Ambos sexos / *Both sexes*	11 281	13 272	15 348	16 249	17 116	17 943	18 649	19 278	19 813
Hombres / *Males*	5 555	6 549	7 590	8 040	8 473	8 902	9 259	9 578	9 851
Mujeres / *Females*	5 726	6 724	7 758	8 210	8 643	9 041	9 390	9 699	9 962
Índice de masculinidad (por 100) / *Sex ratio (per 100)*	97.0	97.4	97.8	97.9	98.0	98.5	98.6	98.8	98.9
Porcentaje de población / *Percentage of population*									
0-14 años / *years old*	34.0	30.1	27.4	24.8	22.6	21.1	19.8	18.6	17.5
15-59 años / *years old*	57.8	60.8	62.2	63.5	64.4	64.0	63.0	61.7	60.1
15-64 años / *years old*	60.4	63.7	65.2	67.1	68.3	68.7	68.2	67.3	66.1
60-74 años / *years old*	6.3	6.7	7.6	8.3	9.2	10.8	12.3	14.0	15.3
60 años y más / *and over*	8.2	9.0	10.4	11.6	13.0	14.9	17.2	19.7	22.4
65 años y más / *and over*	5.6	6.2	7.4	8.1	9.1	10.3	12.1	14.2	16.4
75 años y más / *and over*	1.9	2.3	2.8	3.3	3.7	4.2	4.9	5.8	7.1
80 años y más / *and over*	0.9	1.2	1.5	1.7	2.1	2.4	2.7	3.3	3.9
Relación de dependencia (por 100) *Dependency ratio (per 100)*									
Total (población menor de 15 años y población de 65 años y más) / *Total (under 15 years of age and 65 and over)*	65.5	57.0	53.3	49.1	46.5	45.7	46.7	48.7	51.4
(Menores de 15 años)/(15-64 años) *(Under 15 years of age)/ (15-64 years old)*	56.3	47.3	42.0	37.0	33.1	30.7	29.0	27.6	26.5
(65 años y más)/(15-64 años) *(65 and over)/(15-64 years old)*	9.2	9.7	11.3	12.1	13.4	15.0	17.7	21.1	24.9
Edad mediana de la población *Median age of population*	22.7	25.4	28.7	30.4	32.0	33.6	35.3	37.2	39.2

Dinámica de la población / *Population dynamics*	1980-1985	1990-1995	2000-2005	2005-2010	2010-2015	2015-2020	2020-2025	2025-2030	
Tasa bruta de natalidad (por 1.000) *Crude birth rate (per 1,000)*	23.3	21.2	16.0	15.3	14.1	12.9	12.3	11.8	
Tasa bruta de mortalidad (por 1.000) *Crude death rate (per 1,000)*	6.4	5.5	5.3	5.6	4.4	6.1	6.4	6.9	
Tasa neta de migración (por 1.000) *Net migration rate (per 1,000)*	-1.1	0.2	0.5	0.7	0.9	0.9	0.8	0.6	
Tasa de crecimiento total (por 1.000) *Total growth rate (per 1,000)*	15.6	15.7	11.4	10.4	9.4	7.7	6.6	5.5	

Fecundidad / *Fertility*	1980-1985	1990-1995	2000-2005	2005-2010	2010-2015	2015-2020	2020-2025	2025-2030	
Tasa global de fecundidad / *Total fertility rate*	2.70	2.45	2.03	1.95	1.84	1.72	1.72	1.74	
Edad media de la fecundidad / *Mean age of fertility*	27.0	27.0	28.4	27.2	27.2	27.2	27.2	27.2	

Mortalidad / *Mortality*	1980-1985	1990-1995	2000-2005	2005-2010	2010-2015	2015-2020	2020-2025	2025-2030	
Esperanza de vida al nacer / *Life expectancy at birth*									
Ambos sexos / *Both sexes*	70.5	74.4	77.3	78.0	78.7	79.7	80.6	81.5	
Hombres / *Males*	67.1	71.4	74.3	75.2	76.1	77.2	78.2	79.2	
Mujeres / *Females*	73.9	77.3	80.2	80.8	81.3	82.2	83.0	83.8	
Tasa de mortalidad infantil (por 1.000) *Infant mortality rate (per 1,000)*	23.7	13.7	8.4	7.9	7.4	6.7	6.1	5.6	

Cuadro 14b (conclusión) / *Table 14b (concluded)*

Estructura de la población urbana y rural *Population structure (urban and rural population)*	1980	1990	2000	2005	2010	2015	2020	2025	2030
Porcentaje de población urbana *Percentage of urban population*									
Ambos sexos / *Both sexes*	81.2	83.2	86.0	87.2	88.1	88.9	89.7	90.4	91.1
0-14 años / *years old*	79.4	82.5	85.9	87.1	88.1	89.0	89.8	90.6	91.3
15-64 años / *years old*	82.3	83.7	86.3	87.5	88.4	89.2	90.0	90.7	91.4
65 años y más / *and over*	80.1	81.7	83.9	85.1	86.2	87.1	88.0	88.9	89.7
Hombres / *Males*	79.3	81.6	84.8	86.2	87.2	88.2	89.1	89.9	90.6
0-14 años / *years old*	78.9	82.1	85.6	87.0	88.1	89.1	90.0	90.9	91.7
15-64 años / *years old*	79.9	81.7	85.0	86.3	87.4	88.4	89.3	90.2	91.0
65 años y más / *and over*	75.4	77.1	80.1	81.7	83.1	84.4	85.6	86.8	87.8
Mujeres / *Females*	83.0	84.8	87.2	88.2	89.0	89.7	90.4	91.0	91.6
0-14 años / *years old*	80.0	82.9	86.1	87.3	88.1	88.8	89.6	90.3	91.0
15-64 años / *years old*	84.6	85.7	87.7	88.6	89.4	90.1	90.7	91.3	91.9
65 años y más / *and over*	83.3	84.8	86.6	87.5	88.3	89.1	89.8	90.5	91.2
Índice de masculinidad (por 100) / *Sex ratio (per 100)*	97.0	97.4	97.8	97.9	98.0	98.5	98.6	98.8	98.9
Urbana / *Urban*	92.7	93.7	95.2	95.7	96.1	96.8	97.2	97.5	97.8
Rural	117.8	118.0	116.0	114.7	113.7	113.2	112.3	111.5	110.7

Dinámica de la población (urbana y rural) *Population dynamics (urban and rural population)*	1980-1985	1990-1995	2000-2005	2005-2010	2010-2015	2015-2020	2020-2025	2025-2030	
Tasa de crecimiento (por 1.000) / *Growth rate (per 1,000)*	14.9	16.7	12.2	10.7	9.8	8.2	7.1	6.0	
Urbana / *Urban*	22.3	18.2	15.8	12.8	11.7	10.0	8.7	7.5	
Rural	-17.2	9.5	-10.6	-3.8	-4.8	-6.5	-7.6	-8.7	

Envejecimiento poblacional / *Population ageing*	1980	1990	2000	2005	2010	2015	2020	2025	2030
Índice de envejecimiento (por 100) / *Ageing index (per 100)*									
Total	24.0	30.0	38.0	46.9	57.5	70.9	87.3	106.2	127.6
Urbano / *Urban*	24.2	29.7	37.1	45.8	56.3	69.5	85.6	104.3	125.4
Rural	23.4	31.4	43.2	54.1	66.6	82.5	102.1	125.0	151.0
Relación de apoyo potencial / *Potential support ratio*	7.1	6.7	6.0	5.5	5.0	4.3	3.7	3.1	2.7
Relación de apoyo a los padres (por 100) *Parent support ratio (per 100)*	9.5	11.6	12.8	13.1	13.8	14.3	15.2	17.9	21.6

Población económicamente activa *Economically active population*	1980	1990	2000	2005	2010	2015	2020	2025	2030
Tasa de actividad de la población total (por 100) *Labour force participation rate of total population (per 100)*									
Ambos sexos / *Both sexes*	48.4	51.8	55.7	57.0	58.6	60.1	61.3	62.0	62.3
Hombres / *Males*	74.3	75.1	74.1	73.9	74.1	74.4	74.2	73.4	72.3
Mujeres / *Females*	23.9	29.8	38.1	40.7	43.6	46.3	48.8	50.8	52.6
Tasa de actividad de la población urbana (por 100) *Labour force participation rate of urban population (per 100)*									
Ambos sexos / *Both sexes*	47.9	51.9	56.4	57.7	59.3	60.9	62.1	62.7	63.1
Hombres / *Males*	72.1	73.7	73.6	73.5	73.8	74.3	74.2	73.5	72.4
Mujeres / *Females*	26.4	32.3	40.4	42.9	45.6	48.2	50.5	52.3	54.0
Tasa de actividad de la población rural (por 100) *Labour force participation rate of rural population (per 100)*									
Ambos sexos / *Both sexes*	50.5	51.3	51.7	52.4	53.4	54.3	54.8	54.9	54.8
Hombres / *Males*	82.6	81.3	77.0	76.2	75.8	75.3	74.2	72.5	70.4
Mujeres / *Females*	10.8	14.5	21.5	24.3	27.2	30.0	32.5	34.8	36.9

Fuente: Centro Latinoamericano y Caribeño de Demografía (CELADE)-División de Población de la CEPAL, revisión de 2015.
***Source**: Latin American and Caribbean Demographic Centre (CELADE)-Population Division of ECLAC, 2015 revision.*

Gráfico 6 / *Figure 6*
Colombia: distribución relativa de la población por sexo y grupos quinquenales de edad, 1980 y 2015
Colombia: population distribution, by sex and five-year age groups, 1980 and 2015

1980

2015

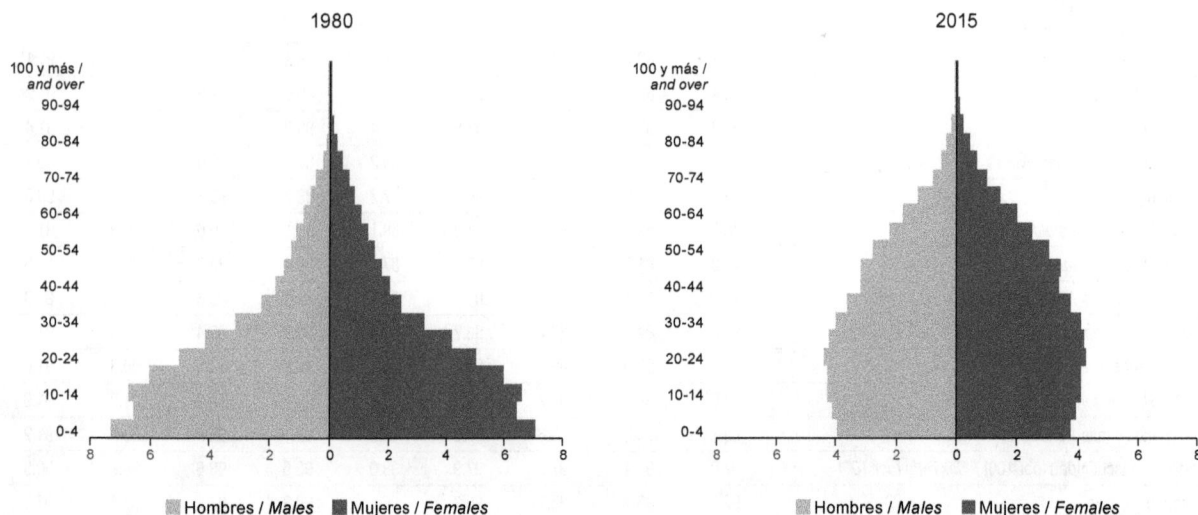

Hombres / *Males*   Mujeres / *Females*

Hombres / *Males*   Mujeres / *Females*

Cuadro 15a / *Table 15a*
Colombia: estimaciones y proyecciones de la población total, según sexo y grupos quinquenales de edad, 1980-2030
Colombia: population estimates and projections, by sex and five-year age groups, 1980-2030
(En miles de personas a mitad de año / *Thousands of persons, at mid-year*)

Sexo y grupos de edad / *Sex and age groups*	1980	1990	2000	2005	2010	2015	2020	2025	2030
Ambos sexos / *Both sexes*	27 738	34 272	40 404	43 286	45 918	48 229	50 201	51 813	53 127
0 - 4	3 986	4 341	4 152	4 113	3 929	3 738	3 555	3 366	3 271
5 - 9	3 586	4 230	4 314	4 120	4 087	3 905	3 716	3 535	3 348
10 - 14	3 689	3 894	4 275	4 293	4 103	4 070	3 888	3 700	3 519
15 - 19	3 313	3 503	4 155	4 233	4 259	4 070	4 038	3 858	3 671
20 - 24	2 775	3 559	3 765	4 085	4 171	4 198	4 013	3 983	3 807
25 - 29	2 313	3 149	3 334	3 687	4 007	4 094	4 124	3 944	3 917
30 - 34	1 782	2 613	3 377	3 265	3 614	3 933	4 022	4 054	3 879
35 - 39	1 317	2 172	2 989	3 310	3 206	3 553	3 870	3 961	3 995
40 - 44	1 065	1 671	2 480	2 929	3 254	3 154	3 499	3 815	3 907
45 - 49	906	1 230	2 060	2 426	2 874	3 196	3 101	3 444	3 758
50 - 54	777	987	1 573	2 003	2 365	2 806	3 126	3 036	3 376
55 - 59	667	823	1 135	1 510	1 931	2 285	2 717	3 032	2 949
60 - 64	522	679	879	1 068	1 427	1 831	2 174	2 593	2 901
65 - 69	419	547	694	802	979	1 315	1 695	2 021	2 420
70 - 74	297	385	522	601	700	862	1 166	1 513	1 815
75 - 79	181	265	365	419	487	574	714	976	1 278
80 - 84	91	145	203	255	302	358	429	542	750
85 - 89	36	58	94	114	155	188	228	280	361
90 - 94	11	17	30	40	53	75	95	119	150
95 - 99	3	4	7	9	13	18	27	35	46
100 y más / *and over*	1	1	1	2	2	3	4	6	8

Cuadro 15a (conclusión) / *Table 15a (concluded)*

Sexo y grupos de edad *Sex and age groups*	1980	1990	2000	2005	2010	2015	2020	2025	2030
Hombres / *Males*	13 811	17 021	19 981	21 376	22 641	23 743	24 676	25 429	26 034
0 - 4	2 030	2 214	2 119	2 100	2 006	1 909	1 816	1 719	1 671
5 - 9	1 822	2 154	2 201	2 102	2 086	1 993	1 897	1 805	1 710
10 - 14	1 872	1 979	2 178	2 190	2 093	2 077	1 984	1 889	1 797
15 - 19	1 677	1 773	2 109	2 152	2 168	2 073	2 057	1 966	1 871
20 - 24	1 397	1 790	1 890	2 058	2 107	2 125	2 033	2 019	1 931
25 - 29	1 153	1 570	1 652	1 833	1 999	2 050	2 070	1 982	1 971
30 - 34	877	1 290	1 658	1 603	1 780	1 945	1 997	2 019	1 935
35 - 39	641	1 061	1 457	1 611	1 562	1 737	1 901	1 954	1 978
40 - 44	513	807	1 199	1 416	1 574	1 527	1 701	1 864	1 918
45 - 49	434	589	988	1 165	1 382	1 538	1 494	1 666	1 828
50 - 54	371	468	748	955	1 129	1 341	1 496	1 455	1 625
55 - 59	317	387	534	712	912	1 082	1 289	1 441	1 404
60 - 64	245	316	408	497	665	856	1 019	1 218	1 365
65 - 69	193	251	316	366	448	603	781	934	1 121
70 - 74	133	172	233	268	312	386	523	682	822
75 - 79	79	114	158	181	210	248	310	425	560
80 - 84	37	59	84	106	125	148	177	225	314
85 - 89	14	22	36	44	60	73	89	109	142
90 - 94	4	6	10	14	19	27	34	43	54
95 - 99	1	1	2	3	4	6	9	11	15
100 y más / *and over*	0	0	0	1	1	1	1	2	2
Mujeres / *Females*	13 927	17 251	20 423	21 910	23 277	24 485	25 525	26 384	27 093
0 - 4	1 956	2 126	2 033	2 013	1 923	1 829	1 739	1 647	1 600
5 - 9	1 764	2 077	2 114	2 018	2 001	1 912	1 819	1 730	1 638
10 - 14	1 817	1 915	2 096	2 104	2 010	1 993	1 904	1 811	1 723
15 - 19	1 635	1 730	2 047	2 082	2 091	1 997	1 980	1 892	1 800
20 - 24	1 378	1 769	1 875	2 027	2 064	2 073	1 980	1 964	1 876
25 - 29	1 160	1 580	1 682	1 854	2 007	2 044	2 054	1 962	1 945
30 - 34	906	1 323	1 719	1 662	1 834	1 988	2 025	2 035	1 944
35 - 39	676	1 111	1 532	1 698	1 644	1 816	1 969	2 007	2 018
40 - 44	552	864	1 281	1 513	1 680	1 627	1 798	1 951	1 989
45 - 49	472	641	1 072	1 261	1 492	1 658	1 607	1 778	1 930
50 - 54	406	519	825	1 048	1 237	1 465	1 630	1 581	1 751
55 - 59	350	436	601	798	1 018	1 203	1 428	1 591	1 545
60 - 64	276	363	471	571	763	975	1 155	1 375	1 536
65 - 69	226	296	377	436	531	712	915	1 088	1 299
70 - 74	164	213	289	333	388	477	643	831	993
75 - 79	102	151	207	238	277	327	405	551	718
80 - 84	54	86	119	150	178	211	252	317	437
85 - 89	22	36	58	70	95	115	140	171	219
90 - 94	7	11	20	26	34	48	61	76	96
95 - 99	2	2	5	7	9	12	18	24	31
100 y más / *and over*	0	1	1	2	1	2	3	4	6

Fuente: Centro Latinoamericano y Caribeño de Demografía (CELADE)-División de Población de la CEPAL, revisión de 2015.
Source: Latin American and Caribbean Demographic Centre (CELADE)-Population Division of ECLAC, 2015 revision.

Cuadro 15b / Table 15b
Colombia: indicadores seleccionados derivados de estimaciones y proyecciones de población, 1980-2030
Colombia: selected indicators from population estimates and projections, 1980-2030

Estructura de la población / Population structure	1980	1990	2000	2005	2010	2015	2020	2025	2030
Población (en miles) / Population (thousands)									
Ambos sexos / Both sexes	27 738	34 272	40 404	43 286	45 918	48 229	50 201	51 813	53 127
Hombres / Males	13 811	17 021	19 981	21 376	22 641	23 743	24 676	25 429	26 034
Mujeres / Females	13 927	17 251	20 423	21 910	23 277	24 485	25 525	26 384	27 093
Índice de masculinidad (por 100) / *Sex ratio (per 100)*	99.2	98.7	97.8	97.6	97.3	97.0	96.7	96.4	96.1
Porcentaje de población / Percentage of population									
0-14 años / years old	40.6	36.4	31.5	28.9	26.4	24.3	22.2	20.5	19.1
15-59 años / years old	53.8	57.5	61.5	63.4	64.6	64.9	64.8	63.9	62.6
15-64 años / years old	55.7	59.5	63.7	65.9	67.7	68.7	69.1	68.9	68.1
60-74 años / years old	4.5	4.7	5.2	5.7	6.8	8.3	10.0	11.8	13.4
60 años y más / and over	5.6	6.1	6.9	7.6	9.0	10.8	13.0	15.6	18.3
65 años y más / and over	3.7	4.1	4.7	5.2	5.9	7.0	8.7	10.6	12.9
75 años y más / and over	1.2	1.4	1.7	1.9	2.2	2.5	3.0	3.8	4.9
80 años y más / and over	0.5	0.7	0.8	1.0	1.1	1.3	1.6	1.9	2.5
Relación de dependencia (por 100) / *Dependency ratio (per 100)*									
Total (población menor de 15 años y población de 65 años y más) / Total (under 15 years of age and 65 and over)	79.7	68.1	56.9	51.8	47.6	45.6	44.7	45.1	46.9
(Menores de 15 años) / (15-64 años) / *(Under 15 years of age) / (15-64 years old)*	72.9	61.1	49.5	43.9	39.0	35.4	32.2	29.7	28.0
(65 años y más) / (15-64 años) / *(65 and over)/(15-64 years old)*	6.7	7.0	7.4	7.9	8.7	10.2	12.6	15.4	18.9
Edad mediana de la población / *Median age of population*	18.9	21.6	24.4	26.1	28.0	30.1	32.2	34.3	36.4

Dinámica de la población / Population dynamics	1980-1985	1990-1995	2000-2005	2005-2010	2010-2015	2015-2020	2020-2025	2025-2030	
Tasa bruta de natalidad (por 1.000) / *Crude birth rate (per 1,000)*	30.7	25.1	20.1	18.0	16.2	14.7	13.5	12.7	
Tasa bruta de mortalidad (por 1.000) / *Crude death rate (per 1,000)*	6.5	6.1	5.6	5.6	5.8	6.1	6.6	7.1	
Tasa neta de migración (por 1.000) / *Net migration rate (per 1,000)*	-1.9	-1.2	-0.8	-0.6	-0.6	-0.6	-0.6	-0.6	
Tasa de crecimiento total (por 1.000) / *Total growth rate (per 1,000)*	22.3	17.7	13.8	11.8	9.8	8.0	6.3	5.0	

Fecundidad / Fertility	1980-1985	1990-1995	2000-2005	2005-2010	2010-2015	2015-2020	2020-2025	2025-2030	
Tasa global de fecundidad / Total fertility rate	3.70	2.84	2.30	2.10	1.93	1.82	1.73	1.72	
Edad media de la fecundidad / Mean age of fertility	28.4	27.4	26.6	27.1	27.1	27.1	27.1	27.1	

Mortalidad / Mortality	1980-1985	1990-1995	2000-2005	2005-2010	2010-2015	2015-2020	2020-2025	2025-2030	
Esperanza de vida al nacer / Life expectancy at birth									
Ambos sexos / Both sexes	66.9	68.8	71.8	73.0	73.8	74.6	75.5	76.2	
Hombres / Males	63.6	64.5	68.0	69.2	70.2	71.1	72.0	72.8	
Mujeres / Females	70.2	73.0	75.4	76.6	77.4	78.1	78.9	79.6	
Tasa de mortalidad infantil (por 1.000) / *Infant mortality rate (per 1,000)*	43.0	27.6	20.5	19.0	17.9	16.9	15.9	15.1	

Cuadro 15b (conclusión) / *Table 15b (concluded)*

Estructura de la población urbana y rural *Population structure (urban and rural population)*	1980	1990	2000	2005	2010	2015	2020	2025	2030
Porcentaje de población urbana *Percentage of urban population*									
Ambos sexos / *Both sexes*	64.4	69.5	73.7	75.8	77.7	79.4	81.0	82.5	83.9
0-14 años / *years old*	61.0	65.6	69.8	71.9	73.8	75.7	77.5	79.2	80.8
15-64 años / *years old*	67.0	71.8	75.7	77.6	79.2	80.8	82.3	83.7	85.0
65 años y más / *and over*	64.9	69.6	73.4	74.8	76.6	78.3	79.9	81.4	82.8
Hombres / *Males*	62.0	67.2	71.8	74.0	76.0	77.9	79.7	81.3	82.8
0-14 años / *years old*	59.9	64.7	69.1	71.4	73.5	75.5	77.4	79.2	80.9
15-64 años / *years old*	63.7	68.9	73.3	75.4	77.3	79.1	80.8	82.4	83.8
65 años y más / *and over*	59.3	64.5	68.8	70.4	72.6	74.7	76.7	78.5	80.2
Mujeres / *Females*	66.9	71.7	75.7	77.5	79.2	80.8	82.3	83.7	84.9
0-14 años / *years old*	62.1	66.6	70.5	72.4	74.2	76.0	77.6	79.2	80.6
15-64 años / *years old*	70.2	74.6	78.0	79.6	81.1	82.5	83.8	85.0	86.1
65 años y más / *and over*	69.4	73.6	76.9	78.2	79.7	81.1	82.5	83.7	84.9
Índice de masculinidad (por 100) / *Sex ratio (per 100)*	99.2	98.7	97.8	97.6	97.3	97.0	96.7	96.4	96.1
Urbana / *Urban*	91.8	92.4	92.8	93.1	93.3	93.5	93.6	93.7	93.7
Rural	114.0	114.4	113.5	113.0	112.4	111.7	111.0	110.3	109.6

Dinámica de la población (urbana y rural) *Population dynamics (urban and rural population)*	1980-1985	1990-1995	2000-2005	2005-2010	2010-2015	2015-2020	2020-2025	2025-2030	
Tasa de crecimiento (por 1.000) / *Growth rate (per 1,000)*	22.7	18.6	14.4	12.6	10.6	8.7	7.0	5.5	
Urbana / *Urban*	30.9	25.3	19.9	17.7	15.2	12.9	10.8	9.0	
Rural	7.6	3.2	-1.3	-3.7	-5.6	-7.7	-9.6	-11.0	

Envejecimiento de la población / *Population ageing*	1980	1990	2000	2005	2010	2015	2020	2025	2030
Índice de envejecimiento (por 100) / *Ageing index (per 100)*									
Total	13.9	16.8	21.9	26.4	34.0	44.6	58.5	76.3	96.0
Urbano / *Urban*	14.7	17.9	23.1	27.6	35.4	46.3	60.5	78.6	98.6
Rural	12.5	14.9	19.3	23.5	30.1	39.5	51.8	67.5	84.8
Relación de apoyo potencial / *Potential support ratio*	9.6	9.4	8.9	8.3	7.2	6.0	5.0	4.1	3.4
Relación de apoyo a los padres (por 100) *Parent support ratio (per 100)*	7.2	9.0	9.3	9.2	9.2	9.3	9.8	11.3	14.3

Población económicamente activa *Economically active population*	1980	1990	2000	2005	2010	2015	2020	2025	2030
Tasa de actividad de la población total (por 100) *Labour force participation rate of total population (per 100)*									
Ambos sexos / *Both sexes*	52.7	58.7	68.1	69.0	69.7	70.3	70.5	70.5	70.3
Hombres / *Males*	75.9	78.1	82.3	82.3	82.1	81.9	81.1	80.1	78.9
Mujeres / *Females*	30.3	40.0	54.5	56.4	58.0	59.4	60.5	61.5	62.3
Tasa de actividad de la población urbana (por 100) *Labour force participation rate of urban population (per 100)*									
Ambos sexos / *Both sexes*	51.4	57.5	68.3	69.1	69.8	70.3	70.3	70.3	70.0
Hombres / *Males*	72.7	74.9	80.5	80.6	80.5	80.4	79.6	78.7	77.6
Mujeres / *Females*	32.8	42.2	57.4	58.8	60.0	61.1	61.9	62.5	63.1
Tasa de actividad de la población rural (por 100) *Labour force participation rate of rural population (per 100)*									
Ambos sexos / *Both sexes*	55.4	61.6	67.4	68.7	69.7	70.7	71.3	71.9	72.2
Hombres / *Males*	81.4	85.2	87.3	87.5	87.5	87.5	87.0	86.4	85.5
Mujeres / *Females*	24.6	33.7	44.3	46.9	49.2	51.5	53.6	55.5	57.3

Fuente: Centro Latinoamericano y Caribeño de Demografía (CELADE)-División de Población de la CEPAL, revisión de 2015.
Source: Latin American and Caribbean Demographic Centre (CELADE)-Population Division of ECLAC, 2015 revision.

Gráfico 7 / *Figure 7*
Costa Rica: distribución relativa de la población por sexo y grupos quinquenales de edad, 1980 y 2015
Costa Rica: population distribution, by sex and five-year age groups, 1980 and 2015

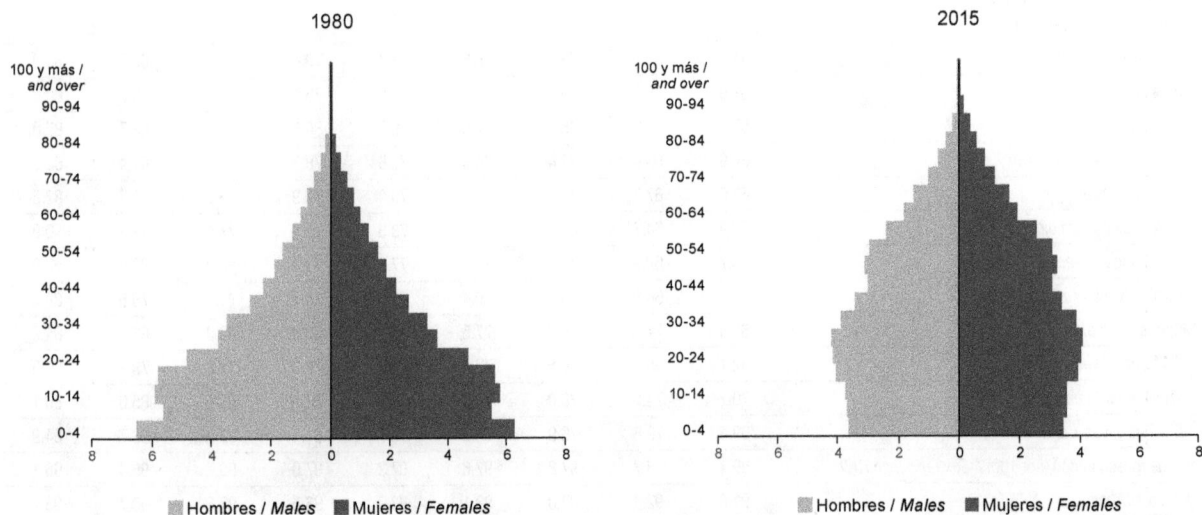

1980

2015

Hombres / *Males*   Mujeres / *Females*

Hombres / *Males*   Mujeres / *Females*

Cuadro 16a / *Table 16a*
Costa Rica: estimaciones y proyecciones de la población total, según sexo y grupos quinquenales de edad, 1980-2030
Costa Rica: population estimates and projections, by sex and five-year age groups, 1980-2030
(En miles de personas a mitad de año / *Thousands of persons at mid-year*)

Sexo y grupos de edad *Sex and age groups*	1980	1990	2000	2005	2010	2015	2020	2025	2030
Ambos sexos / *Both sexes*	2 386	3 099	3 933	4 258	4 555	4 821	5 052	5 244	5 397
0 - 4	317	406	398	364	361	354	337	318	300
5 - 9	276	369	407	398	363	361	353	337	317
10 - 14	289	316	409	408	399	364	362	354	337
15 - 19	281	277	380	412	411	400	365	362	354
20 - 24	237	292	334	384	415	412	400	365	362
25 - 29	185	284	298	338	387	416	412	401	366
30 - 34	169	240	313	303	341	388	416	412	401
35 - 39	134	188	303	316	305	341	387	415	412
40 - 44	112	171	254	304	317	304	340	386	414
45 - 49	95	134	198	255	303	315	303	338	384
50 - 54	80	110	175	196	252	300	311	299	335
55 - 59	64	91	133	171	192	247	294	305	294
60 - 64	49	74	105	128	165	186	239	285	297
65 - 69	40	55	82	98	120	156	176	227	272
70 - 74	28	39	62	74	89	110	143	163	211
75 - 79	17	27	41	52	63	77	96	126	145
80 - 84	9	16	24	31	40	50	62	78	104
85 - 89	3	7	13	16	21	27	35	44	57
90 - 94	1	2	5	6	8	11	15	20	27
95 - 99	0	0	1	2	2	3	4	7	9
100 y más / *and over*	0	0	0	0	0	0	1	1	2

Cuadro 16a (conclusión) / *Table 16a (concluded)*

Sexo y grupos de edad / *Sex and age groups*	1980	1990	2000	2005	2010	2015	2020	2025	2030
Hombres / *Males*	1 207	1 562	1 974	2 135	2 282	2 412	2 524	2 616	2 687
0 - 4	162	207	204	186	185	181	173	163	153
5 - 9	140	188	208	203	186	185	181	172	162
10 - 14	146	161	209	209	204	186	185	181	173
15 - 19	143	140	194	210	210	204	186	185	181
20 - 24	120	147	169	195	211	210	204	186	185
25 - 29	94	144	149	171	196	211	210	204	186
30 - 34	86	121	156	151	172	196	211	209	203
35 - 39	68	94	151	157	152	171	195	210	208
40 - 44	56	86	127	151	157	151	171	194	209
45 - 49	47	67	98	126	150	155	150	169	192
50 - 54	40	55	87	97	124	148	153	147	166
55 - 59	32	45	66	85	95	121	144	149	144
60 - 64	25	36	52	63	81	91	116	138	143
65 - 69	20	27	39	48	59	76	85	109	130
70 - 74	14	18	29	35	43	52	68	77	100
75 - 79	8	13	18	24	29	36	44	58	66
80 - 84	4	7	10	14	18	22	27	35	46
85 - 89	2	3	5	6	9	11	14	19	24
90 - 94	0	1	2	2	3	4	6	8	10
95 - 99	0	0	0	1	1	1	2	2	3
100 y más / *and over*	0	0	0	0	0	0	0	0	1
Mujeres / *Females*	1 179	1 537	1 959	2 123	2 273	2 409	2 528	2 628	2 709
0 - 4	155	198	194	178	176	173	165	155	146
5 - 9	136	181	199	194	178	176	173	165	155
10 - 14	143	155	200	200	195	178	177	173	165
15 - 19	139	137	186	202	201	196	178	177	173
20 - 24	117	145	164	189	204	202	196	179	177
25 - 29	91	141	149	167	191	205	203	197	179
30 - 34	83	119	157	152	169	192	205	203	197
35 - 39	66	93	152	159	153	170	192	206	203
40 - 44	55	84	128	153	160	153	170	192	205
45 - 49	47	66	99	128	153	160	153	169	191
50 - 54	40	55	87	99	128	152	159	152	168
55 - 59	32	46	67	86	98	126	150	157	150
60 - 64	25	38	53	65	84	95	123	146	153
65 - 69	20	29	42	51	62	80	92	118	141
70 - 74	14	21	33	39	47	57	75	86	112
75 - 79	9	15	22	29	34	41	51	68	78
80 - 84	5	9	14	18	23	28	34	43	58
85 - 89	2	4	8	9	12	16	20	25	33
90 - 94	1	1	3	4	5	7	9	12	16
95 - 99	0	0	1	1	1	2	3	4	6
100 y más / *and over*	0	0	0	0	0	0	0	1	1

Fuente: Centro Latinoamericano y Caribeño de Demografía (CELADE)-División de Población de la CEPAL, revisión de 2015.
***Source:** Latin American and Caribbean Demographic Centre (CELADE)-Population Division of ECLAC, 2015 revision.*

Cuadro 16b / *Table 16b*
Costa Rica: indicadores seleccionados derivados de estimaciones y proyecciones de población, 1980-2030
Costa Rica: selected indicators from population estimates and projections, 1980-2030

Estructura de la población / *Population structure*	1980	1990	2000	2005	2010	2015	2020	2025	2030
Población (en miles) / *Population (thousands)*									
Ambos sexos / *Both sexes*	2 386	3 099	3 933	4 258	4 555	4 821	5 052	5 244	5 397
Hombres / *Males*	1 207	1 562	1 974	2 135	2 282	2 412	2 524	2 616	2 687
Mujeres / *Females*	1 179	1 537	1 959	2 123	2 273	2 409	2 528	2 628	2 709
Índice de masculinidad (por 100) *Sex ratio (per 100)*	102.3	101.6	100.8	100.6	100.4	100.1	99.8	99.5	99.2
Porcentaje de población / *Percentage of population*									
0-14 años / *years old*	37.0	35.2	30.9	27.5	24.7	22.4	20.8	19.2	17.7
15-59 años / *years old*	56.9	57.7	60.7	63.0	64.1	64.7	63.9	62.6	61.5
15-64 años / *years old*	58.9	60.1	63.4	66.0	67.8	68.6	68.6	68.1	67.0
60-74 años / *years old*	4.9	5.4	6.3	7.1	8.2	9.4	11.1	12.9	14.4
60 años y más / *and over*	6.2	7.1	8.4	9.6	11.2	12.9	15.3	18.1	20.8
65 años y más / *and over*	4.1	4.8	5.8	6.6	7.6	9.0	10.5	12.7	15.3
75 años y más / *and over*	1.3	1.7	2.1	2.5	3.0	3.5	4.2	5.3	6.4
80 años y más / *and over*	0.6	0.8	1.1	1.3	1.6	1.9	2.3	2.9	3.7
Relación de dependencia (por 100) *Dependency ratio (per 100)*									
Total (población menor de 15 años y población de 65 años y más) / *Total (under 15 years of age and over)*	69.7	66.5	57.8	51.6	47.5	45.8	45.7	46.9	49.2
(Menores de 15 años)/(15-64 años) *(Under 15 years of age)/ (15-64 years old)*	62.7	58.6	48.7	41.7	36.4	32.6	30.3	28.2	26.4
(65 años y más)/(15-64 Años) *(65 and over)/(15-64 years old)*	7.0	7.9	9.1	10.0	11.2	13.1	15.4	18.7	22.8
Edad mediana de la población *Median age of population*	20.6	23.1	25.6	27.4	29.3	31.4	33.6	35.9	38.2
Dinámica de la población / *Population dynamics*	1980-1985	1990-1995	2000-2005	2005-2010	2010-2015	2015-2020	2020-2025	2025-2030	
Tasa bruta de natalidad (por 1.000) *Crude birth rate (per 1,000)*	29.6	25.0	18.0	16.6	15.2	13.8	12.4	11.4	
Tasa bruta de mortalidad (por 1.000) *Crude death rate (per 1,000)*	4.4	4.0	4.1	4.4	4.8	5.1	5.5	6.0	
Tasa neta de migración (por 1.000) *Net migration rate (per 1,000)*	1.5	4.2	2.0	1.4	0.8	0.7	0.5	0.4	
Tasa de crecimiento total (por 1.000) *Total growth rate (per 1,000)*	26.8	25.2	15.9	13.5	11.3	9.4	7.5	5.7	
Fecundidad / *Fertility*	1980-1985	1990-1995	2000-2005	2005-2010	2010-2015	2015-2020	2020-2025	2025-2030	
Tasa global de fecundidad / *Total fertility rate*	3.48	3.04	2.18	2.02	1.85	1.73	1.65	1.60	
Edad media de la fecundidad / *Mean age of fertility*	27.1	26.7	26.4	26.5	26.6	26.6	26.6	26.6	
Mortalidad / *Mortality*	1980-1985	1990-1995	2000-2005	2005-2010	2010-2015	2015-2020	2020-2025	2025-2030	
Esperanza de vida al nacer / *Life expectancy at birth*									
Ambos sexos / *Both sexes*	73.6	76.1	77.8	78.4	79.2	80.1	80.9	81.7	
Hombres / *Males*	70.9	73.6	75.5	76.1	76.7	77.5	78.3	79.1	
Mujeres / *Females*	76.3	78.7	80.2	80.8	81.8	82.6	83.5	84.3	
Tasa de mortalidad infantil (por 1.000) *Infant mortality rate (per 1,000)*	22.5	14.6	10.9	10.0	9.4	8.8	8.3	7.9	

Cuadro 16b (conclusión) / *Table 16b (concluded)*

Estructura de la población urbana y rural *Population structure (urban and rural population)*	1980	1990	2000	2005	2010	2015	2020	2025	2030
Porcentaje de población urbana *Percentage of urban population*									
Ambos sexos / *Both sexes*	43.1	50.0	59.0	65.3	71.6	76.6	80.8	84.2	87.0
0-14 años / *years old*	38.6	45.7	54.6	61.3	68.0	73.3	77.8	81.6	84.7
15-64 años / *years old*	45.4	51.9	60.7	66.6	72.6	77.4	81.4	84.7	87.3
65 años y más / *and over*	51.0	56.8	64.1	69.1	74.2	78.7	82.4	85.5	88.0
Hombres / *Males*	41.1	48.3	57.6	64.0	70.5	75.7	80.0	83.6	86.5
0-14 años / *years old*	38.1	45.4	54.5	61.2	67.9	73.3	77.9	81.8	84.9
15-64 años / *years old*	42.8	49.8	59.0	65.2	71.4	76.5	80.7	84.2	86.9
65 años y más / *and over*	45.0	51.1	58.9	64.5	70.1	75.3	79.6	83.3	86.2
Mujeres / *Females*	45.2	51.7	60.5	66.6	72.7	77.5	81.5	84.8	87.5
0-14 años / *years old*	39.0	46.0	54.8	61.4	68.2	73.3	77.6	81.3	84.4
15-64 años / *years old*	48.2	54.2	62.4	68.0	73.8	78.3	82.1	85.2	87.7
65 años y más / *and over*	56.6	61.8	68.5	73.1	77.7	81.6	84.8	87.5	89.6
Índice de masculinidad (por 100) / *Sex ratio (per 100)*	102.3	101.6	100.8	100.6	100.4	100.1	99.8	99.5	99.2
Urbana / *Urban*	93.2	94.8	96.0	96.7	97.2	97.7	98.0	98.1	98.0
Rural	109.8	108.9	108.1	108.3	108.7	108.4	107.9	107.5	107.3

Dinámica de la población (urbana y rural) *Population dynamics (urban and rural population)*	1980-1985	1990-1995	2000-2005	2005-2010	2010-2015	2015-2020	2020-2025	2025-2030	
Tasa de crecimiento (por 1.000) / *Growth rate (per 1,000)*	26.9	24.4	18.0	14.0	12.3	10.1	8.2	6.4	
Urbana / *Urban*	34.9	42.4	39.1	33.1	29.4	21.6	17.4	13.5	
Rural	20.7	6.1	-13.2	-22.8	-32.1	-28.4	-31.2	-32.7	

Envejecimiento poblacional / *Population ageing*	1980	1990	2000	2005	2010	2015	2020	2025	2030
Índice de envejecimiento (por 100) / *Ageing index (per 100)*									
Total	16.7	20.3	27.3	34.8	45.4	57.5	73.3	94.3	117.6
Urbano / *Urban*	21.9	25.0	31.8	39.1	49.4	61.7	77.6	98.9	122.3
Rural	13.5	16.4	22.0	28.1	36.7	46.0	58.0	74.1	91.9
Relación de apoyo potencial / *Potential support ratio*	9.2	8.1	7.2	6.6	5.7	5.0	4.2	3.5	3.0
Relación de apoyo a los padres (por 100) *Parent support ratio (per 100)*	6.9	9.3	10.3	11.1	11.7	12.5	13.8	16.8	21.4

Población económicamente activa *Economically active population*	1980	1990	2000	2005	2010	2015	2020	2025	2030
Tasa de actividad de la población total (por 100) *Labour force participation rate of total population (per 100)*									
Ambos sexos / *Both sexes*	54.1	57.6	58.6	59.9	61.3	62.4	63.5	63.9	64.2
Hombres / *Males*	85.2	83.2	79.7	79.0	78.6	78.0	77.4	76.1	74.7
Mujeres / *Females*	22.4	31.9	37.7	40.9	44.1	47.0	49.7	51.9	53.8
Tasa de actividad de la población urbana (por 100) *Labour force participation rate of urban population (per 100)*									
Ambos sexos / *Both sexes*	52.6	58.0	59.3	60.6	62.0	63.1	64.1	64.4	64.6
Hombres / *Males*	77.4	79.9	78.1	77.8	77.8	77.5	77.1	75.9	74.6
Mujeres / *Females*	30.3	38.0	41.8	44.4	47.0	49.3	51.6	53.4	55.0
Tasa de actividad de la población rural (por 100) *Labour force participation rate of rural population (per 100)*									
Ambos sexos / *Both sexes*	55.3	57.2	57.5	58.4	59.3	60.1	60.7	60.9	60.9
Hombres / *Males*	91.0	86.5	82.1	81.3	80.6	79.8	78.9	77.3	75.6
Mujeres / *Females*	14.8	24.6	30.6	33.3	36.0	38.5	40.9	43.0	44.8

Fuente: Centro Latinoamericano y Caribeño de Demografía (CELADE)-División de Población de la CEPAL, revisión de 2015.
***Source**: Latin American and Caribbean Demographic Centre (CELADE)-Population Division of ECLAC, 2015 revision.*

Gráfico 8 / *Figure 8*
Cuba: distribución relativa de la población por sexo y grupos quinquenales de edad, 1980 y 2015
Cuba: population distribution, by sex and five-year age groups, 1980 and 2015

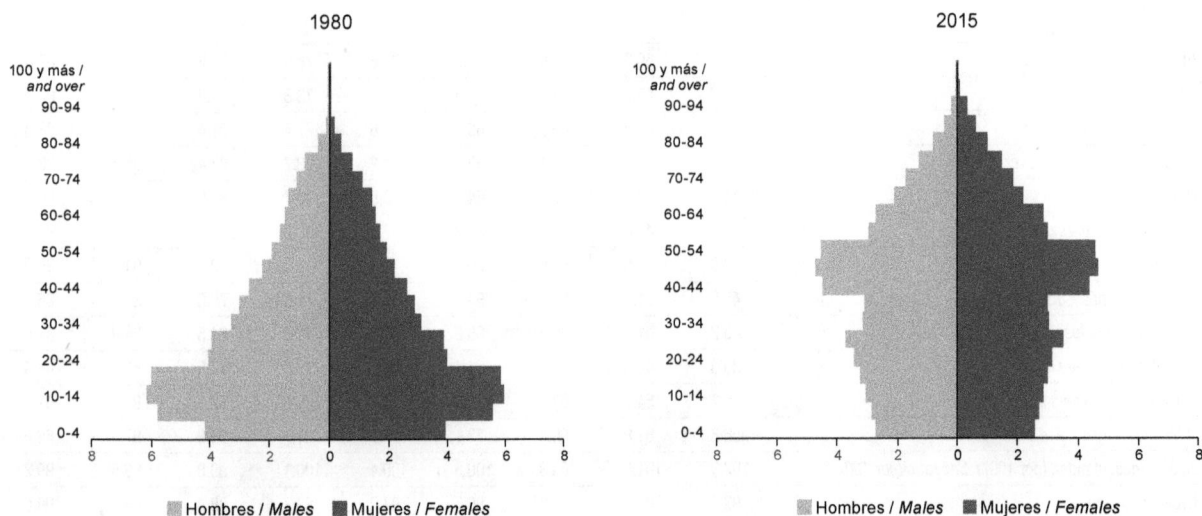

Cuadro 17a / Table 17a
Cuba: estimaciones y proyecciones de la población total, según sexo y grupos quinquenales de edad, 1980-2030
Cuba: population estimates and projections, by sex and five-year age groups, 1980-2030
(En miles de personas a mitad de año / *Thousands of persons, at mid-year*)

Sexo y grupos de edad / *Sex and age groups*	1980	1990	2000	2005	2010	2015	2020	2025	2030
Ambos sexos / *Both sexes*	9 840	10 593	11 136	11 284	11 336	11 422	11 403	11 358	11 260
0 - 4	805	900	753	686	624	592	561	538	512
5 - 9	1 123	780	805	743	674	618	585	557	535
10 - 14	1 193	781	876	778	710	660	600	574	550
15 - 19	1 172	1 095	745	851	747	696	642	589	568
20 - 24	801	1 148	733	723	823	735	680	632	583
25 - 29	773	1 117	1 041	712	698	811	719	671	626
30 - 34	636	751	1 098	1 023	691	687	798	711	665
35 - 39	584	725	1 074	1 082	1 004	682	676	790	705
40 - 44	528	591	718	1 058	1 064	993	672	668	782
45 - 49	442	541	692	703	1 038	1 049	978	662	660
50 - 54	384	485	558	674	685	1 018	1 028	960	651
55 - 59	335	400	503	538	652	665	989	1 001	936
60 - 64	302	344	441	478	513	623	637	950	964
65 - 69	273	290	347	409	445	479	584	598	895
70 - 74	221	242	277	309	366	400	432	530	545
75 - 79	156	194	209	231	261	311	342	372	458
80 - 84	75	127	142	153	177	203	243	270	296
85 - 89	28	62	80	84	103	120	139	169	190
90 - 94	9	18	32	36	46	57	68	80	99
95 - 99	1	4	8	10	15	19	24	29	35
100 y más / *and over*	0	1	2	3	3	3	5	6	7

Cuadro 17a (conclusión) / *Table 17a (concluded)*

Sexo y grupos de edad *Sex and age groups*	1980	1990	2000	2005	2010	2015	2020	2025	2030
Hombres / *Males*	**4 969**	**5 324**	**5 578**	**5 657**	**5 682**	**5 720**	**5 703**	**5 672**	**5 613**
0 - 4	411	460	385	352	320	303	287	275	262
5 - 9	572	398	412	380	346	317	300	285	274
10 - 14	607	398	447	402	367	340	309	295	282
15 - 19	594	557	377	435	387	360	331	303	291
20 - 24	405	582	372	367	422	381	352	326	300
25 - 29	389	565	528	362	355	415	373	347	322
30 - 34	324	378	554	518	352	349	408	368	343
35 - 39	297	363	540	545	508	347	343	404	364
40 - 44	267	300	360	530	535	501	340	338	399
45 - 49	222	274	346	351	519	526	492	335	333
50 - 54	191	243	282	335	340	507	513	481	328
55 - 59	164	198	253	270	322	329	490	497	467
60 - 64	149	168	218	238	255	305	312	467	475
65 - 69	133	139	168	199	218	235	283	290	434
70 - 74	109	115	130	147	175	193	209	252	259
75 - 79	79	90	95	105	120	145	160	175	212
80 - 84	38	58	62	67	78	90	109	122	134
85 - 89	13	29	33	35	42	50	58	71	81
90 - 94	4	8	13	14	17	21	26	31	38
95 - 99	1	2	4	4	5	6	8	10	12
100 y más / *and over*	0	0	1	1	1	1	1	2	2
Mujeres / *Females*	**4 871**	**5 269**	**5 558**	**5 627**	**5 653**	**5 702**	**5 700**	**5 686**	**5 647**
0 - 4	394	439	368	334	304	289	274	263	250
5 - 9	551	382	393	363	328	301	285	272	261
10 - 14	586	382	430	377	343	320	291	280	268
15 - 19	577	538	368	416	360	336	311	286	277
20 - 24	397	566	361	356	402	354	328	307	283
25 - 29	384	553	514	350	343	396	347	324	304
30 - 34	312	373	544	504	340	338	390	343	321
35 - 39	288	362	534	537	496	336	334	386	340
40 - 44	261	291	358	527	529	492	331	330	383
45 - 49	220	268	346	352	519	523	486	328	327
50 - 54	192	242	277	339	345	511	515	479	323
55 - 59	170	202	251	269	330	337	500	504	469
60 - 64	154	176	223	240	258	318	325	484	489
65 - 69	140	151	179	209	226	244	301	309	460
70 - 74	112	127	147	162	191	207	224	278	286
75 - 79	77	104	114	125	140	166	181	197	246
80 - 84	37	69	80	87	100	113	135	148	162
85 - 89	14	33	47	49	61	71	81	98	109
90 - 94	5	10	19	22	28	36	42	49	60
95 - 99	1	2	5	6	9	13	16	20	23
100 y más / *and over*	0	0	1	2	2	2	3	4	5

Fuente: Centro Latinoamericano y Caribeño de Demografía (CELADE)-División de Población de la CEPAL, revisión de 2015.
Source: Latin American and Caribbean Demographic Centre (CELADE)-Population Division of ECLAC, 2015 revision.

Cuadro 17b / Table 17b
Cuba: indicadores seleccionados derivados de estimaciones y proyecciones de población, 1980-2030
Cuba: selected indicators from population estimates and projections, 1980-2030

Estructura de la población / Population structure	1980	1990	2000	2005	2010	2015	2020	2025	2030
Población (en miles) / Population (thousands)									
Ambos sexos / Both sexes	9 840	10 593	11 136	11 284	11 336	11 422	11 403	11 358	11 260
Hombres / Males	4 969	5 324	5 578	5 657	5 682	5 720	5 703	5 672	5 613
Mujeres / Females	4 871	5 269	5 558	5 627	5 653	5 702	5 700	5 686	5 647
Índice de masculinidad (por 100) Sex ratio (per 100)	102.0	101.1	100.4	100.5	100.5	100.3	100.1	99.8	99.4
Porcentaje de población / Percentage of population									
0-14 años / years old	31.7	23.2	21.9	19.6	17.7	16.4	15.3	14.7	14.2
15-59 años / years old	57.5	64.7	64.3	65.3	65.3	64.2	63.0	58.9	54.8
15-64 años / years old	60.5	67.9	68.3	69.5	69.8	69.7	68.6	67.2	63.4
60-74 años / years old	8.1	8.3	9.6	10.6	11.7	13.2	14.5	18.3	21.3
60 años y más / and over	10.8	12.1	13.8	15.2	17.0	19.4	21.7	26.5	31.0
65 años y más / and over	7.8	8.8	9.9	11.0	12.5	13.9	16.1	18.1	22.4
75 años y más / and over	2.7	3.8	4.2	4.6	5.3	6.2	7.2	8.2	9.6
80 años y más / and over	1.2	2.0	2.4	2.5	3.0	3.5	4.2	4.9	5.6
Relación de dependencia (por 100) Dependency ratio (per 100)									
Total (población menor de 15 años y población de 65 años y más) / Total (under 15 years of age and 65 and over)	65.2	47.2	46.4	43.9	43.2	43.5	45.8	48.8	57.7
(Menores de 15 años)/(15-64 años) (Under 15 years of age)/(15-64 years old)	52.4	34.2	32.0	28.1	25.4	23.5	22.3	21.9	22.4
(65 años y más)/(15-64 Años) (65 and over)/(15-64 years old)	12.8	13.0	14.4	15.8	17.9	20.0	23.5	26.9	35.4
Edad mediana de la población Median age of the population	23.9	27.7	32.8	35.6	38.5	41.1	43.3	44.6	45.8

Dinámica de la población / Population dynamics	1980-1985	1990-1995	2000-2005	2005-2010	2010-2015	2015-2020	2020-2025	2025-2030
Tasa bruta de natalidad (por 1.000) Crude birth rate (per 1,000)	16.6	15.5	12.5	11.3	10.6	10.0	9.6	9.1
Tasa bruta de mortalidad (por 1.000) Crude death rate (per 1,000)	6.1	7.2	7.2	7.0	7.6	8.4	9.2	10.2
Tasa neta de migración (por 1.000) Net migration rate (per 1,000)	-5.4	-2.2	-2.7	-3.4	-1.4	-1.9	-1.1	-0.7
Tasa de crecimiento total (por 1.000) Total growth rate (per 1,000)	5.0	6.1	2.7	0.9	1.5	-0.3	-0.8	-1.7

Fecundidad / Fertility	1980-1985	1990-1995	2000-2005	2005-2010	2010-2015	2015-2020	2020-2025	2025-2030
Tasa global de fecundidad / Total fertility rate	1.85	1.65	1.64	1.63	1.63	1.62	1.64	1.66
Edad media de la fecundidad / Mean age of fertility	24.9	25.2	26.2	26.3	26.4	26.4	26.4	26.5

Mortalidad / Mortality	1980-1985	1990-1995	2000-2005	2005-2010	2010-2015	2015-2020	2020-2025	2025-2030
Esperanza de vida al nacer / Life expectancy at birth								
Ambos sexos / Both sexes	74.3	74.8	77.2	78.7	79.2	79.6	80.1	80.5
Hombres / Males	72.6	72.9	75.3	76.6	77.1	77.6	78.0	78.4
Mujeres / Females	76.0	76.7	79.1	80.7	81.3	81.7	82.2	82.6
Tasa de mortalidad infantil (por 1.000) Infant mortality rate (per 1,000)	17.6	9.9	6.1	5.7	5.5	5.3	5.2	5.0

Cuadro 17b (conclusión) / *Table 17b (concluded)*

Estructura de la población urbana y rural *Population structure (urban and rural population)*	1980	1990	2000	2005	2010	2015	2020	2025	2030
Porcentaje de población urbana *Percentage of urban population*									
Ambos sexos / *Both sexes*	68.0	71.9	75.1	76.1	76.6	77.0	77.5	77.9	78.3
0-14 años / *years old*	63.4	67.9	72.4	73.7	74.4	74.8	75.2	75.5	75.9
15-64 años / *years old*	69.7	72.7	75.6	76.3	76.6	77.0	77.3	77.7	78.0
65 años y más / *and over*	73.8	76.0	78.0	78.8	79.5	79.9	80.1	80.4	80.6
Hombres / *Males*	66.4	70.3	73.7	74.6	74.9	75.1	75.4	75.6	75.8
0-14 años / *years old*	63.2	67.7	72.1	73.5	74.2	74.5	74.7	74.9	75.1
15-64 años / *years old*	67.9	71.2	74.3	75.0	74.9	75.1	75.3	75.5	75.7
65 años y más / *and over*	68.2	70.8	73.2	74.4	75.6	76.1	76.2	76.4	76.7
Mujeres / *Females*	69.7	73.4	76.5	77.6	78.3	78.9	79.6	80.2	80.8
0-14 años / *years old*	63.6	68.1	72.6	73.9	74.6	75.2	75.7	76.2	76.7
15-64 años / *years old*	71.6	74.2	76.9	77.8	78.3	78.9	79.4	80.0	80.4
65 años y más / *and over*	79.2	80.7	82.2	82.5	82.8	83.1	83.4	83.8	84.1
Índice de masculinidad (por 100) / *Sex ratio (per 100)*	102.0	101.1	100.4	100.5	100.5	100.3	100.1	99.8	99.4
Urbana / *Urban*	97.2	96.8	96.7	96.7	96.1	95.5	94.8	94.1	93.3
Rural	113.2	112.7	112.4	113.9	116.3	118.5	120.7	122.8	125.0

Dinámica de la población (urbana y rural) *Population dynamics (urban and rural population)*	1980-1985	1990-1995	2000-2005	2005-2010	2010-2015	2015-2020	2020-2025	2025-2030	
Tasa de crecimiento (por 1.000) / *Growth rate (per 1,000)*	5.6	7.4	3.2	1.4	1.5	0.3	-0.6	-1.3	
Urbana / *Urban*	17.3	11.9	7.5	2.6	2.7	1.5	0.6	-0.2	
Rural	-19.8	-4.3	-10.0	-2.4	-2.5	-3.6	-4.5	-5.2	

Envejecimiento poblacional / *Population ageing*	1980	1990	2000	2005	2010	2015	2020	2025	2030
Índice de envejecimiento (por 100) / *Ageing index (per 100)*									
Total	34.1	52.0	63.2	77.6	96.0	118.4	141.6	180.0	218.4
Urbano / *Urban*	39.6	58.1	68.0	82.9	102.3	126.1	150.6	191.2	231.6
Rural	24.7	39.2	50.6	63.0	77.5	95.5	114.3	145.7	176.8
Relación de apoyo potencial / *Potential support ratio*	5.3	5.4	4.7	4.3	3.8	3.3	2.9	2.2	1.8
Relación de apoyo a los padres (por 100) *Parent support ratio (per 100)*	11.1	17.1	17.6	17.0	18.5	17.4	18.0	19.1	24.6

Población económicamente activa *Economically active population*	1980	1990	2000	2005	2010	2015	2020	2025	2030
Tasa de actividad de la población total (por 100) *Labour force participation rate of total population (per 100)*									
Ambos sexos / *Both sexes*	51.1	50.9	50.7	51.8	52.9	53.5	53.7	53.0	52.0
Hombres / *Males*	71.2	68.7	66.7	66.3	66.2	65.8	65.0	63.1	60.8
Mujeres / *Females*	30.8	33.1	34.8	37.4	39.6	41.4	42.5	43.1	43.4
Tasa de actividad de la población urbana (por 100) *Labour force participation rate of urban population (per 100)*									
Ambos sexos / *Both sexes*	52.7	52.4	52.2	53.1	54.0	54.6	54.6	53.8	52.6
Hombres / *Males*	71.1	68.3	66.4	66.0	65.9	65.5	64.8	62.9	60.4
Mujeres / *Females*	35.3	37.4	38.6	40.9	42.8	44.4	45.2	45.4	45.3
Tasa de actividad de la población rural (por 100) *Labour force participation rate of rural population (per 100)*									
Ambos sexos / *Both sexes*	47.4	46.8	46.2	47.3	49.0	50.0	50.5	50.4	50.0
Hombres / *Males*	71.5	69.6	67.5	67.0	67.2	66.7	65.8	64.0	61.9
Mujeres / *Females*	19.0	20.5	21.8	24.6	27.4	29.7	31.7	33.3	34.8

Fuente: Centro Latinoamericano y Caribeño de Demografía (CELADE)-División de Población de la CEPAL, revisión de 2015.
Source: Latin American and Caribbean Demographic Centre (CELADE)-Population Division of ECLAC, 2015 revision.

Gráfico 9 / Figure 9
Ecuador: distribución relativa de la población por sexo y grupos quinquenales de edad, 1980 y 2015
Ecuador: population distribution, by sex and five-year age groups, 1980 and 2015

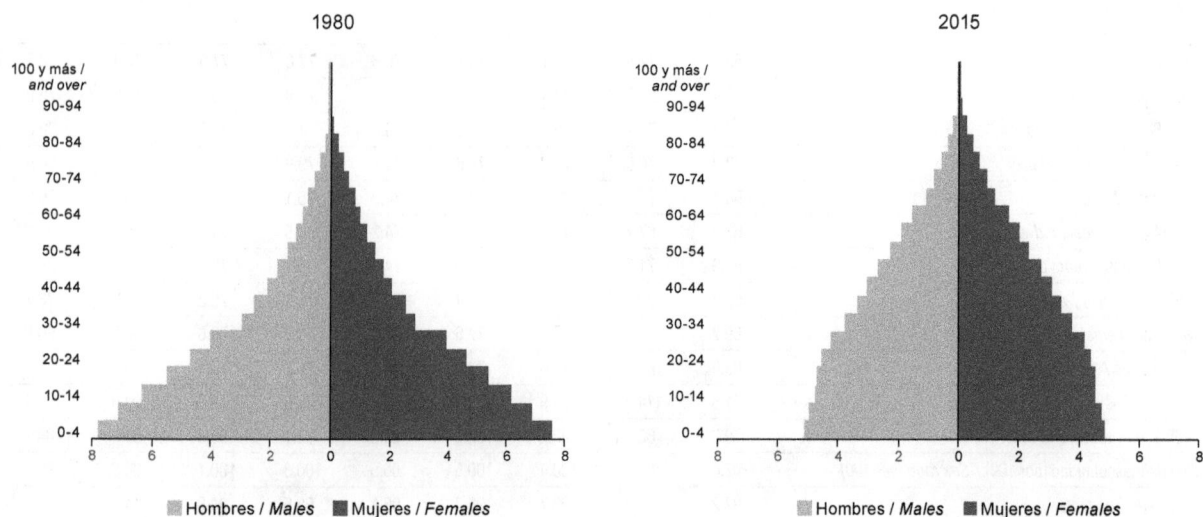

1980

2015

Cuadro 18a / Table 18a
Ecuador: estimaciones y proyecciones de la población total, según sexo y grupos quinquenales de edad, 1980-2030
Ecuador: population estimates and projections, by sex and five-year age groups, 1980-2030
(En miles de personas a mitad de año / Thousands of persons, at mid-year)

Sexo y grupos de edad / Sex and age groups	1980	1990	2000	2005	2010	2015	2020	2025	2030
Ambos sexos / Both sexes	7 976	10 218	12 629	13 735	14 935	16 144	17 335	18 478	19 552
0 - 4	1 224	1 417	1 519	1 518	1 574	1 610	1 620	1 608	1 585
5 - 9	1 115	1 295	1 469	1 509	1 510	1 568	1 604	1 615	1 603
10 - 14	999	1 193	1 399	1 463	1 505	1 507	1 565	1 601	1 612
15 - 19	865	1 103	1 283	1 391	1 456	1 499	1 501	1 559	1 596
20 - 24	745	984	1 171	1 261	1 376	1 442	1 486	1 489	1 548
25 - 29	635	845	1 069	1 138	1 241	1 356	1 424	1 470	1 475
30 - 34	470	723	945	1 031	1 116	1 220	1 337	1 407	1 454
35 - 39	406	612	807	910	1 010	1 097	1 202	1 320	1 391
40 - 44	333	449	690	779	891	993	1 080	1 186	1 305
45 - 49	280	386	582	668	763	875	976	1 064	1 170
50 - 54	232	313	423	563	651	745	856	957	1 045
55 - 59	189	258	358	405	544	630	724	833	934
60 - 64	153	207	282	338	386	520	605	696	804
65 - 69	128	159	222	260	316	363	491	573	662
70 - 74	91	117	165	197	235	287	332	451	530
75 - 79	60	84	113	139	167	200	247	288	395
80 - 84	32	46	70	87	106	128	156	196	231
85 - 89	13	21	39	47	57	69	86	107	137
90 - 94	3	6	16	22	23	27	34	44	57
95 - 99	0	1	5	7	7	7	8	11	16
100 y más / and over	0	0	1	1	1	1	1	2	2

Cuadro 18a (conclusión) / *Table 18a (concluded)*

Sexo y grupos de edad *Sex and age groups*	1980	1990	2000	2005	2010	2015	2020	2025	2030
Hombres / *Males*	4 010	5 134	6 331	6 879	7 472	8 071	8 660	9 225	9 756
0 - 4	622	721	774	774	805	824	829	823	811
5 - 9	566	658	748	769	770	801	820	826	820
10 - 14	506	605	711	744	766	768	799	819	824
15 - 19	437	558	651	706	740	762	765	796	815
20 - 24	376	497	591	637	696	730	753	756	788
25 - 29	320	426	537	572	624	683	718	742	746
30 - 34	236	363	473	515	558	610	670	706	731
35 - 39	204	306	402	453	502	545	598	659	696
40 - 44	167	224	343	386	441	491	535	588	649
45 - 49	139	192	288	330	376	431	481	524	578
50 - 54	115	155	209	277	319	365	420	469	513
55 - 59	93	127	175	198	265	307	352	406	455
60 - 64	75	101	137	164	187	251	293	337	389
65 - 69	62	76	106	125	151	174	235	274	317
70 - 74	42	55	78	93	110	135	156	213	250
75 - 79	27	39	52	64	76	92	113	133	182
80 - 84	14	20	31	39	47	57	69	87	103
85 - 89	6	9	17	20	24	29	36	45	58
90 - 94	1	3	7	10	10	11	14	18	23
95 - 99	0	1	2	3	3	3	3	4	6
100 y más / *and over*	0	0	0	1	1	1	0	1	1
Mujeres / *Females*	3 966	5 084	6 297	6 857	7 462	8 073	8 676	9 253	9 796
0 - 4	602	696	745	743	770	786	791	785	774
5 - 9	550	637	721	740	740	767	784	789	783
10 - 14	493	588	688	719	739	738	765	783	788
15 - 19	427	544	632	685	716	736	736	763	781
20 - 24	369	487	580	624	680	712	732	733	760
25 - 29	315	420	532	566	617	673	706	728	729
30 - 34	233	360	472	516	558	610	667	701	723
35 - 39	202	306	405	457	508	551	603	661	696
40 - 44	166	225	347	393	450	501	545	598	656
45 - 49	140	194	294	338	387	444	495	539	592
50 - 54	117	158	215	287	331	380	437	488	532
55 - 59	95	131	183	207	279	323	371	427	478
60 - 64	79	106	145	174	199	269	312	360	415
65 - 69	67	82	116	136	165	189	256	299	345
70 - 74	48	62	88	105	124	152	175	239	280
75 - 79	33	45	61	75	91	108	134	155	213
80 - 84	18	26	39	48	59	72	87	109	128
85 - 89	8	12	22	27	33	40	50	62	79
90 - 94	2	4	9	13	14	16	21	27	34
95 - 99	0	1	3	4	4	4	5	7	10
100 y más / *and over*	0	0	0	1	1	1	1	1	1

Fuente: Centro Latinoamericano y Caribeño de Demografía (CELADE)-División de Población de la CEPAL, revisión de 2015.
Source: Latin American and Caribbean Demographic Centre (CELADE)-Population Division of ECLAC, 2015 revision.

Cuadro 18b / *Table 18b*
Ecuador: indicadores seleccionados derivados de estimaciones y proyecciones de población, 1980-2030
Ecuador: selected indicators from population estimates and projections, 1980-2030

Estructura de la población / *Population structure*	1980	1990	2000	2005	2010	2015	2020	2025	2030
Población (en miles) / *Population (thousands)*									
Ambos sexos / *Both sexes*	7 976	10 218	12 629	13 735	14 935	16 144	17 335	18 478	19 552
Hombres / *Males*	4 010	5 134	6 331	6 879	7 472	8 071	8 660	9 225	9 756
Mujeres / *Females*	3 966	5 084	6 297	6 857	7 462	8 073	8 676	9 253	9 796
Índice de masculinidad (por 100) *Sex ratio (per 100)*	101.1	101.0	100.5	100.3	100.1	100.0	99.8	99.7	99.6
Porcentaje de población / *Percentage of population*									
0-14 años / *years old*	41.9	38.2	34.7	32.7	30.7	29.0	27.6	26.1	24.5
15-59 años / *years old*	52.1	55.5	58.0	59.3	60.6	61.1	61.1	61.1	61.0
15-64 años / *years old*	54.0	57.5	60.3	61.8	63.2	64.3	64.6	64.8	65.1
60-74 años / *years old*	4.7	4.7	5.3	5.8	6.3	7.2	8.2	9.3	10.2
60 años y más / *and over*	6.0	6.3	7.2	8.0	8.7	9.9	11.3	12.8	14.5
65 años y más / *and over*	4.1	4.2	5.0	5.5	6.1	6.7	7.8	9.0	10.4
75 años y más / *and over*	1.4	1.5	1.9	2.2	2.4	2.7	3.1	3.5	4.3
80 años y más / *and over*	0.6	0.7	1.0	1.2	1.3	1.4	1.7	1.9	2.3
Relación de dependencia (por 100) *Dependency ratio (per 100)*									
Total (población menor de 15 años y población de 65 años y más) / *Total (under 15 years of age and 65 and over)*	85.1	73.8	65.9	61.9	58.3	55.6	54.9	54.2	53.7
(Menores de 15 años)/(15-64 años) *(Under 15 years of age)/(15-64 years old)*	77.5	66.4	57.6	52.9	48.7	45.1	42.8	40.3	37.7
(65 años y más)/(15-64 Años) *(65 and over)/(15-64 years old)*	7.6	7.4	8.3	9.0	9.7	10.4	12.1	14.0	16.0
Edad mediana de la población *Median age of the population*	18.8	20.5	22.8	23.9	25.2	26.6	28.1	29.6	31.2

Dinámica de la población / *Population dynamics*	1980-1985	1990-1995	2000-2005	2005-2010	2010-2015	2015-2020	2020-2025	2025-2030	
Tasa bruta de natalidad (por 1.000) *Crude birth rate (per 1,000)*	33.5	28.7	23.8	22.5	21.2	19.8	18.3	17.0	
Tasa bruta de mortalidad (por 1.000) *Crude death rate (per 1,000)*	8.0	5.8	5.2	5.2	5.2	5.2	5.3	5.5	
Tasa neta de migración (por 1.000) *Net migration rate (per 1,000)*	-0.3	-0.4	-1.8	-0.6	-0.5	-0.4	-0.3	-0.2	
Tasa de crecimiento total (por 1.000) *Total growth rate (per 1,000)*	25.2	22.6	16.8	16.7	15.6	14.2	12.8	11.3	

Fecundidad / *Fertility*	1980-1985	1990-1995	2000-2005	2005-2010	2010-2015	2015-2020	2020-2025	2025-2030	
Tasa global de fecundidad / *Total fertility rate*	4.45	3.55	2.88	2.73	2.59	2.45	2.33	2.23	
Edad media de la fecundidad / *Mean age of fertility*	29.1	28.5	27.8	27.5	27.5	27.5	27.5	27.5	

Mortalidad / *Mortality*	1980-1985	1990-1995	2000-2005	2005-2010	2010-2015	2015-2020	2020-2025	2025-2030	
Esperanza de vida al nacer / *Life expectancy at birth*									
Ambos sexos / *Both sexes*	64.6	70.2	73.7	74.6	75.6	76.5	77.4	78.3	
Hombres / *Males*	62.5	67.6	70.6	71.7	72.8	73.8	74.8	75.8	
Mujeres / *Females*	66.7	72.9	76.7	77.5	78.4	79.3	80.0	80.8	
Tasa de mortalidad infantil (por 1.000) *Infant mortality rate (per 1,000)*	68.3	43.1	27.1	23.4	21.1	19.6	18.2	17.0	

Cuadro 18b (conclusión) / *Table 18b (concluded)*

Estructura de la población urbana y rural *Population structure (urban and rural population)*	1980	1990	2000	2005	2010	2015	2020	2025	2030
Porcentaje de población urbana *Percentage of urban population*									
Ambos sexos / *Both sexes*	47.0	55.0	60.4	61.8	62.7	64.4	66.1	67.8	69.4
0-14 años / *years old*	43.6	51.1	56.1	57.8	59.2	60.9	62.7	64.5	66.2
15-64 años / *years old*	49.9	58.0	63.1	64.2	64.8	66.4	68.1	69.7	71.3
65 años y más / *and over*	43.3	50.7	57.6	58.3	58.1	59.8	61.6	63.3	65.1
Hombres / *Males*	45.6	53.8	59.5	61.0	61.9	63.7	65.6	67.3	69.0
0-14 años / *years old*	43.0	50.7	55.8	57.6	59.1	60.9	62.8	64.7	66.5
15-64 años / *years old*	48.1	56.4	62.0	63.2	63.9	65.7	67.5	69.2	70.9
65 años y más / *and over*	39.8	47.4	55.1	55.9	55.6	57.5	59.5	61.4	63.2
Mujeres / *Females*	48.4	56.2	61.3	62.6	63.4	65.0	66.7	68.2	69.8
0-14 años / *years old*	44.3	51.5	56.4	58.1	59.4	61.0	62.6	64.3	65.9
15-64 años / *years old*	51.6	59.5	64.2	65.2	65.7	67.2	68.8	70.3	71.7
65 años y más / *and over*	46.3	53.6	59.7	60.4	60.2	61.7	63.4	65.0	66.6
Índice de masculinidad (por 100) / *Sex ratio (per 100)*	101.1	101.0	100.5	100.3	100.1	100.0	99.8	99.7	99.6
Urbana / *Urban*	95.4	96.7	97.5	97.7	97.8	98.0	98.2	98.4	98.5
Rural	106.5	106.5	105.3	104.7	104.2	103.7	103.1	102.6	102.0

Dinámica de la población (urbana y rural) *Population dynamics (urban and rural population)*	1980-1985	1990-1995	2000-2005	2005-2010	2010-2015	2015-2020	2020-2025	2025-2030	
Tasa de crecimiento (por 1.000) / *Growth rate (per 1,000)*	25.6	23.4	17.7	16.9	16.0	14.8	13.3	11.9	
Urbana / *Urban*	45.2	34.6	26.3	19.8	20.7	20.2	18.5	16.7	
Rural	8.0	9.5	4.3	12.1	8.2	4.9	3.3	1.6	

Envejecimiento poblacional / *Population ageing*	1980	1990	2000	2005	2010	2015	2020	2025	2030
Índice de envejecimiento (por 100) / *Ageing index (per 100)*									
Total	14.4	16.4	20.8	24.5	28.3	34.2	40.9	49.1	59.1
Urbano / *Urban*	14.5	16.4	21.4	24.9	28.2	34.1	40.8	48.9	58.8
Rural	14.4	16.4	20.1	23.9	28.4	34.3	41.1	49.5	59.6
Relación de apoyo potencial / *Potential support ratio*	8.6	8.9	8.0	7.4	7.0	6.2	5.4	4.8	4.2
Relación de apoyo a los padres (por 100) *Parent support ratio (per 100)*	8.7	9.5	12.2	12.6	12.3	12.3	13.1	14.5	15.9

Población económicamente activa *Economically active population*	1980	1990	2000	2005	2010	2015	2020	2025	2030
Tasa de actividad de la población total (por 100) *Labour force participation rate of total population (per 100)*									
Ambos sexos / *Both sexes*	51.0	55.0	64.1	65.4	66.8	68.2	69.5	70.5	71.4
Hombres / *Males*	82.3	82.1	83.4	83.3	83.4	83.4	83.3	82.8	82.3
Mujeres / *Females*	19.6	28.0	45.1	47.8	50.5	53.3	56.0	58.5	60.8
Tasa de actividad de la población urbana (por 100) *Labour force participation rate of urban population (per 100)*									
Ambos sexos / *Both sexes*	50.9	55.0	63.1	64.6	66.2	67.7	69.2	70.3	71.3
Hombres / *Males*	76.8	78.3	80.4	80.5	80.9	81.1	81.3	81.0	80.6
Mujeres / *Females*	26.8	33.2	46.7	49.3	52.2	54.9	57.6	60.0	62.4
Tasa de actividad de la población rural (por 100) *Labour force participation rate of rural population (per 100)*									
Ambos sexos / *Both sexes*	51.1	55.0	65.8	66.8	68.0	69.1	70.1	71.0	71.7
Hombres / *Males*	87.3	86.9	88.2	87.9	87.8	87.6	87.3	86.7	86.0
Mujeres / *Females*	12.1	20.6	42.3	44.8	47.4	50.0	52.5	54.8	57.1

Fuente: Centro Latinoamericano y Caribeño de Demografía (CELADE)-División de Población de la CEPAL, revisión de 2015.
Source: Latin American and Caribbean Demographic Centre (CELADE)-Population Division of ECLAC, 2015 revision.

Gráfico 10 / *Figure 10*
El Salvador: distribución relativa de la población por sexo y grupos quinquenales de edad, 1980 y 2015
El Salvador: population distribution, by sex and five-year age groups, 1980 and 2015

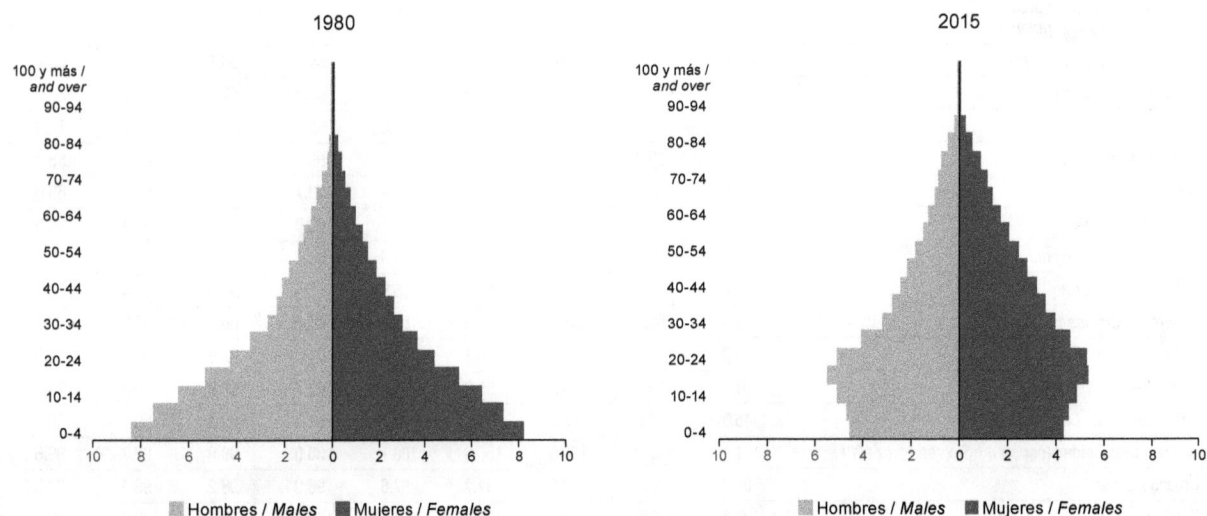

1980

2015

Hombres / *Males*   Mujeres / *Females*

Hombres / *Males*   Mujeres / *Females*

Cuadro 19a / *Table 19a*
El Salvador: estimaciones y proyecciones de la población total, según sexo y grupos quinquenales de edad, 1980-2030
El Salvador: population estimates and projections, by sex and five-year age groups, 1980-2030
(En miles de personas a mitad de año / *Thousands of persons, at mid-year*)

Sexo y grupos de edad *Sex and age groups*	1980	1990	2000	2005	2010	2015	2020	2025	2030
Ambos sexos / *Both sexes*	4 596	5 287	5 886	6 050	6 172	6 298	6 426	6 545	6 668
0 - 4	762	760	741	651	588	554	527	495	477
5 - 9	680	714	751	726	638	577	545	519	489
10 - 14	592	670	688	728	708	623	564	534	510
15 - 19	495	583	604	645	694	679	598	543	517
20 - 24	397	482	535	544	589	647	638	564	516
25 - 29	325	392	457	475	486	540	604	602	535
30 - 34	260	318	392	409	428	447	506	574	576
35 - 39	227	271	337	358	377	400	423	484	554
40 - 44	200	226	281	310	333	354	380	405	467
45 - 49	167	204	242	258	288	312	336	364	390
50 - 54	132	180	203	223	239	269	295	320	349
55 - 59	111	149	181	185	205	222	254	280	306
60 - 64	87	114	156	164	168	189	207	239	266
65 - 69	65	90	123	138	146	151	172	191	222
70 - 74	46	64	87	105	119	127	134	155	173
75 - 79	28	40	60	69	86	99	108	115	135
80 - 84	14	21	32	41	50	64	75	84	92
85 - 89	5	8	13	17	24	30	40	49	57
90 - 94	1	2	3	5	7	10	14	20	26
95 - 99	0	0	0	1	1	2	3	5	8
100 y más / *and over*	0	0	0	0	0	0	0	1	1

Cuadro 19a (conclusión) / *Table 19a (concluded)*

Sexo y grupos de edad / *Sex and age groups*	1980	1990	2000	2005	2010	2015	2020	2025	2030
Hombres / *Males*	2 267	2 582	2 838	2 891	2 926	2 966	3 012	3 059	3 112
0 - 4	386	386	378	332	301	284	270	254	244
5 - 9	343	361	383	370	326	295	279	266	251
10 - 14	297	338	349	371	361	318	288	274	261
15 - 19	246	289	300	323	349	343	303	276	263
20 - 24	195	233	259	262	286	317	316	281	258
25 - 29	157	184	214	220	224	253	289	292	262
30 - 34	124	147	179	184	191	200	231	270	276
35 - 39	108	126	151	158	165	175	185	218	257
40 - 44	97	105	125	136	144	153	164	175	209
45 - 49	82	96	109	113	124	133	143	154	167
50 - 54	65	87	91	98	103	114	124	134	147
55 - 59	54	72	83	82	89	94	106	116	127
60 - 64	41	55	73	73	73	80	86	98	108
65 - 69	30	43	58	63	64	65	72	78	89
70 - 74	21	29	40	48	53	55	56	63	69
75 - 79	12	18	26	31	39	43	45	47	54
80 - 84	6	9	14	18	22	28	32	34	36
85 - 89	2	3	5	7	10	13	17	20	22
90 - 94	0	1	1	2	3	4	5	8	10
95 - 99	0	0	0	0	0	1	1	2	3
100 y más / *and over*	0	0	0	0	0	0	0	0	0
Mujeres / *Females*	2 329	2 704	3 047	3 158	3 247	3 332	3 414	3 486	3 556
0 - 4	376	373	362	318	287	271	257	242	233
5 - 9	337	352	368	355	312	282	266	253	239
10 - 14	295	332	339	358	347	305	276	261	249
15 - 19	250	293	303	323	345	336	295	267	254
20 - 24	202	249	276	282	303	329	322	283	257
25 - 29	168	208	242	255	262	287	315	310	273
30 - 34	136	170	213	225	237	248	275	304	301
35 - 39	119	145	186	199	211	226	237	266	296
40 - 44	102	121	155	174	188	201	217	230	259
45 - 49	85	108	134	145	164	179	193	209	223
50 - 54	68	93	112	125	136	155	171	186	203
55 - 59	58	76	99	103	117	128	148	164	180
60 - 64	45	59	83	91	95	109	121	141	157
65 - 69	35	48	65	74	82	87	101	113	133
70 - 74	25	35	47	57	65	73	78	92	104
75 - 79	16	23	33	38	47	55	63	69	81
80 - 84	8	13	19	23	28	36	43	50	56
85 - 89	3	5	8	10	14	18	24	30	36
90 - 94	1	1	2	3	4	7	9	13	17
95 - 99	0	0	0	1	1	1	2	3	5
100 y más / *and over*	0	0	0	0	0	0	0	1	1

Fuente: Centro Latinoamericano y Caribeño de Demografía (CELADE)-División de Población de la CEPAL, revisión de 2015.
Source: Latin American and Caribbean Demographic Centre (CELADE)-Population Division of ECLAC, 2015 revision.

Cuadro 19b / *Table 19b*
El Salvador: indicadores seleccionados derivados de estimaciones y proyecciones de población, 1980-2030
El Salvador: selected indicators from population estimates and projections, 1980-2030

Estructura de la población / *Population structure*	1980	1990	2000	2005	2010	2015	2020	2025	2030
Población (en miles) / *Population (thousands)*									
Ambos sexos / *Both sexes*	4 596	5 287	5 886	6 050	6 172	6 298	6 426	6 545	6 668
Hombres / *Males*	2 267	2 582	2 838	2 891	2 926	2 966	3 012	3 059	3 112
Mujeres / *Females*	2 329	2 704	3 047	3 158	3 247	3 332	3 414	3 486	3 556
Índice de masculinidad (por 100) / *Sex ratio (per 100)*	97.3	95.5	93.2	91.5	90.1	89.0	88.2	87.7	87.5
Porcentaje de población / *Percentage of population*									
0-14 años / *years old*	44.3	40.5	37.0	34.8	31.3	27.8	25.5	23.7	22.1
15-59 años / *years old*	50.4	53.0	54.9	56.3	58.9	61.5	62.8	63.2	63.1
15-64 años / *years old*	52.3	55.2	57.6	59.0	61.7	64.5	66.0	66.9	67.1
60-74 años / *years old*	4.3	5.1	6.2	6.7	7.0	7.4	8.0	8.9	9.9
60 años y más / *and over*	5.4	6.4	8.1	8.9	9.7	10.7	11.7	13.1	14.7
65 años y más / *and over*	3.5	4.3	5.4	6.2	7.0	7.7	8.5	9.5	10.7
75 años y más / *and over*	1.1	1.4	1.8	2.2	2.7	3.3	3.8	4.2	4.8
80 años y más / *and over*	0.4	0.6	0.8	1.1	1.3	1.7	2.1	2.4	2.8
Relación de dependencia (por 100) *Dependency ratio (per 100)*									
Total (población menor de 15 años y población de 65 años y más) / *Total (under 15 years of age and 65 and over)*	91.3	81.3	73.8	69.5	62.2	55.1	51.5	49.6	49.0
(Menores de 15 años)/(15-64 años) *(Under 15 years of age)/(15-64 years old)*	84.7	73.5	64.4	59.0	50.8	43.2	38.6	35.4	33.0
(65 años y más)/(15-64 Años) *(65 and over)/(15-64 years old)*	6.6	7.8	9.4	10.5	11.4	11.9	12.9	14.2	16.0
Edad mediana de la población *Median age of the population*	17.7	19.3	21.5	22.5	23.9	25.6	27.8	30.1	32.5

Dinámica de la población / *Population dynamics*	1980-1985	1990-1995	2000-2005	2005-2010	2010-2015	2015-2020	2020-2025	2025-2030	
Tasa bruta de natalidad (por 1.000) *Crude birth rate (per 1,000)*	35.2	29.7	21.9	19.4	18.0	16.7	15.4	14.5	
Tasa bruta de mortalidad (por 1.000) *Crude death rate (per 1,000)*	10.9	7.1	6.5	6.4	6.4	6.5	6.6	6.7	
Tasa neta de migración (por 1.000) *Net migration rate (per 1,000)*	-10.1	-9.9	-10.1	-9.1	-7.4	-6.2	-5.1	-4.1	
Tasa de crecimiento total (por 1.000) *Total growth rate (per 1,000)*	14.7	12.9	5.5	4.0	4.0	4.0	3.7	3.7	

Fecundidad / *Fertility*	1980-1985	1990-1995	2000-2005	2005-2010	2010-2015	2015-2020	2020-2025	2025-2030	
Tasa global de fecundidad / *Total fertility rate*	4.81	3.73	2.65	2.25	1.99	1.81	1.70	1.72	
Edad media de la fecundidad / *Mean age of fertility*	28.1	27.7	26.6	26.3	26.3	26.3	26.4	26.4	

Mortalidad / *Mortality*	1980-1985	1990-1995	2000-2005	2005-2010	2010-2015	2015-2020	2020-2025	2025-2030	
Esperanza de vida al nacer / *Life expectancy at birth*									
Ambos sexos / *Both sexes*	57.0	66.6	69.7	71.2	72.7	74.2	75.5	76.9	
Hombres / *Males*	51.0	62.1	65.0	66.4	67.9	69.3	70.7	72.1	
Mujeres / *Females*	62.9	71.0	74.1	75.6	77.1	78.5	79.8	81.0	
Tasa de mortalidad infantil (por 1.000) *Infant mortality rate (per 1,000)*	80.2	40.9	23.5	21.1	17.0	14.0	11.7	10.0	

Cuadro 19b (conclusión) / *Table 19b (concluded)*

Estructura de la población urbana y rural *Population structure (urban and rural population)*	1980	1990	2000	2005	2010	2015	2020	2025	2030
Porcentaje de población urbana *Percentage of urban population*									
Ambos sexos / *Both sexes*	44.2	49.4	57.0	61.2	65.2	69.0	72.4	75.5	78.1
0-14 años / *years old*	39.7	44.1	51.9	56.3	60.4	64.2	67.7	70.8	73.7
15-64 años / *years old*	47.6	52.8	60.0	63.9	67.5	70.9	74.1	77.0	79.5
65 años y más / *and over*	51.2	54.5	59.9	63.0	66.7	70.2	73.4	76.3	78.8
Hombres / *Males*	42.6	48.0	55.8	60.1	64.3	68.2	71.8	74.9	77.6
0-14 años / *years old*	39.1	43.7	51.6	56.1	60.3	64.2	67.8	71.1	74.0
15-64 años / *years old*	45.4	51.2	58.8	62.9	66.8	70.3	73.7	76.6	79.2
65 años y más / *and over*	45.2	49.3	55.3	58.7	62.6	66.4	69.9	73.0	75.8
Mujeres / *Females*	45.8	50.7	58.1	62.1	66.1	69.7	73.0	76.0	78.6
0-14 años / *years old*	40.2	44.5	52.1	56.5	60.4	64.1	67.5	70.6	73.5
15-64 años / *years old*	49.6	54.3	61.1	64.7	68.2	71.5	74.6	77.3	79.8
65 años y más / *and over*	56.1	58.8	63.7	66.6	69.9	73.1	75.9	78.5	80.7
Índice de masculinidad (por 100) / *Sex ratio (per 100)*	97.3	95.5	93.2	91.5	90.1	89.0	88.2	87.7	87.5
Urbana / *Urban*	90.5	90.3	89.6	88.6	87.7	87.1	86.7	86.5	86.4
Rural	103.1	100.7	98.1	96.3	94.7	93.4	92.4	91.8	91.5

Dinámica de la población (urbana y rural) *Population dynamics (urban and rural population)*	1980-1985	1990-1995	2000-2005	2005-2010	2010-2015	2015-2020	2020-2025	2025-2030	
Tasa de crecimiento (por 1.000) / *Growth rate (per 1,000)*	16.3	13.6	6.1	4.2	4.0	4.1	3.8	3.7	
Urbana / *Urban*	27.9	24.0	20.7	17.8	15.8	14.4	12.6	11.2	
Rural	7.0	3.3	-13.5	-17.5	-18.6	-19.2	-19.8	-19.5	

Envejecimiento poblacional / *Population ageing*	1980	1990	2000	2005	2010	2015	2020	2025	2030
Índice de envejecimiento (por 100) / *Ageing index (per 100)*									
Total	12.1	15.9	21.8	25.6	31.1	38.4	46.1	55.5	66.4
Urbano / *Urban*	15.4	19.5	25.1	28.7	34.3	42.0	50.0	59.7	70.9
Rural	9.9	13.1	18.2	21.7	26.1	31.9	38.0	45.3	53.9
Relación de apoyo potencial / *Potential support ratio*	9.4	8.2	6.8	6.3	6.1	5.7	5.3	4.8	4.3
Relación de apoyo a los padres (por 100) *Parent support ratio (per 100)*	6.1	7.1	9.0	11.1	13.4	15.7	17.7	19.0	20.0

Población económicamente activa *Economically active population*	1980	1990	2000	2005	2010	2015	2020	2025	2030
Tasa de actividad de la población total (por 100) *Labour force participation rate of total population (per 100)*									
Ambos sexos / *Both sexes*	55.6	57.4	60.4	61.3	62.3	63.8	65.9	67.7	68.8
Hombres / *Males*	86.2	83.9	79.9	78.9	77.9	77.9	78.6	79.0	78.9
Mujeres / *Females*	26.8	33.4	43.3	46.3	49.1	52.1	55.4	58.2	60.5
Tasa de actividad de la población urbana (por 100) *Labour force participation rate of urban population (per 100)*									
Ambos sexos / *Both sexes*	57.8	59.7	62.4	63.2	63.8	65.1	67.0	68.6	69.6
Hombres / *Males*	81.2	79.1	76.5	75.9	75.3	75.6	76.7	77.5	77.6
Mujeres / *Females*	37.8	43.3	50.7	52.7	54.4	56.6	59.2	61.4	63.0
Tasa de actividad de la población rural (por 100) *Labour force participation rate of rural population (per 100)*									
Ambos sexos / *Both sexes*	53.5	54.9	57.3	58.1	59.1	60.7	62.7	64.5	66.0
Hombres / *Males*	90.3	88.9	84.8	84.0	83.2	83.2	83.7	83.9	83.8
Mujeres / *Females*	15.7	21.5	31.5	34.5	37.5	40.7	44.2	47.5	50.5

Fuente: Centro Latinoamericano y Caribeño de Demografía (CELADE)-División de Población de la CEPAL, revisión de 2015.
***Source**: Latin American and Caribbean Demographic Centre (CELADE)-Population Division of ECLAC, 2015 revision.*

Gráfico 11 / *Figure 11*
Guatemala: distribución relativa de la población por sexo y grupos quinquenales de edad, 1980 y 2015
Guatemala: population distribution, by sex and five-year age groups, 1980 and 2015

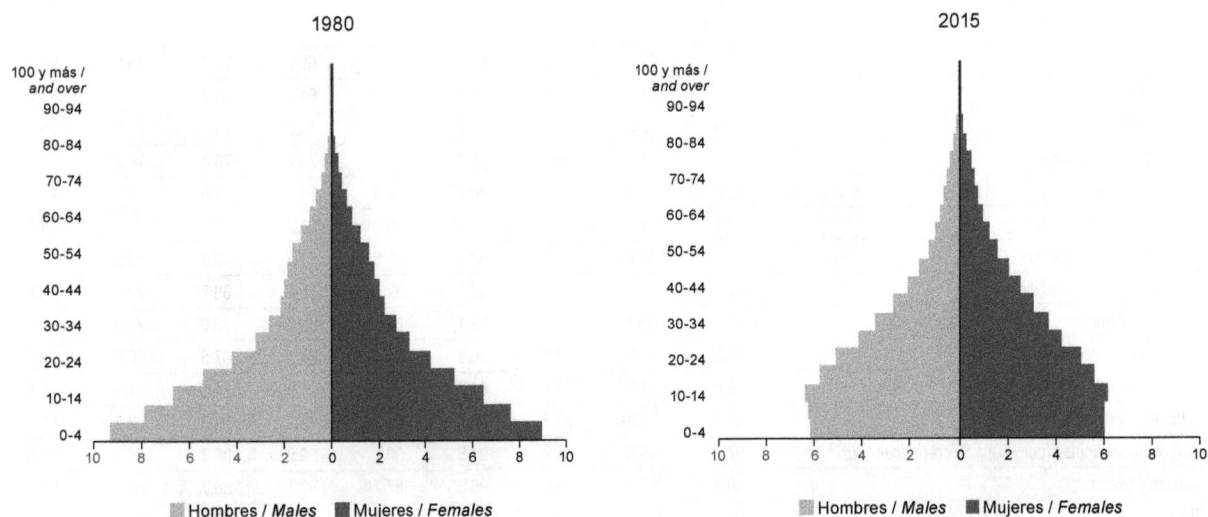

Cuadro 20a / *Table 20a*
Guatemala: estimaciones y proyecciones de la población total, según sexo y grupos quinquenales de edad, 1980-2030
Guatemala: population estimates and projections, by sex and five-year age groups, 1980-2030
(En miles de personas a mitad de año / *Thousands of persons, at mid-year*)

Sexo y grupos de edad / *Sex and age groups*	1980	1990	2000	2005	2010	2015	2020	2025	2030
Ambos sexos / *Both sexes*	7 077	8 936	11 284	12 766	14 333	15 920	17 432	18 846	20 153
0 - 4	1 291	1 531	1 889	2 024	1 973	1 946	1 898	1 830	1 753
5 - 9	1 092	1 361	1 689	1 852	2 002	1 959	1 935	1 889	1 823
10 - 14	927	1 186	1 438	1 660	1 838	1 993	1 952	1 928	1 883
15 - 19	752	1 015	1 275	1 403	1 640	1 824	1 980	1 939	1 915
20 - 24	597	823	1 059	1 215	1 371	1 617	1 801	1 957	1 917
25 - 29	457	622	846	989	1 175	1 343	1 589	1 772	1 928
30 - 34	374	479	671	793	956	1 150	1 317	1 560	1 743
35 - 39	310	373	513	633	768	935	1 127	1 293	1 534
40 - 44	279	316	407	488	614	751	916	1 105	1 270
45 - 49	257	270	326	389	473	599	733	896	1 083
50 - 54	226	244	278	310	375	459	582	715	875
55 - 59	175	221	234	262	295	360	443	564	694
60 - 64	125	186	205	216	246	280	344	425	543
65 - 69	90	133	175	184	198	228	263	325	403
70 - 74	59	85	135	153	163	179	209	243	302
75 - 79	39	52	84	109	126	138	154	182	214
80 - 84	19	25	41	58	77	93	105	120	145
85 - 89	6	10	16	22	33	47	58	68	80
90 - 94	1	2	4	6	9	14	22	29	35
95 - 99	0	0	1	1	1	3	5	7	11
100 y más / *and over*	0	0	0	0	0	0	1	1	2

Cuadro 20a (conclusión) / *Table 20a (concluded)*

Sexo y grupos de edad *Sex and age groups*	1980	1990	2000	2005	2010	2015	2020	2025	2030
Hombres / *Males*	**3 555**	**4 439**	**5 536**	**6 262**	**7 043**	**7 836**	**8 592**	**9 298**	**9 949**
0 - 4	659	782	964	1 034	1 008	994	970	936	897
5 - 9	556	694	860	945	1 022	1 001	988	965	933
10 - 14	470	601	728	842	937	1 017	997	985	962
15 - 19	380	510	640	707	831	928	1 009	989	977
20 - 24	298	406	519	602	687	816	914	995	975
25 - 29	225	301	403	477	578	669	798	895	975
30 - 34	183	226	311	370	456	561	651	778	874
35 - 39	151	174	233	288	354	442	545	634	760
40 - 44	138	149	183	219	277	343	429	531	619
45 - 49	129	128	147	173	210	268	332	417	517
50 - 54	114	119	127	139	165	202	258	322	405
55 - 59	88	109	109	119	132	158	194	248	310
60 - 64	62	92	98	100	111	124	149	184	237
65 - 69	44	65	84	87	90	102	115	140	173
70 - 74	29	41	64	72	76	80	92	105	129
75 - 79	18	25	39	50	58	63	68	79	91
80 - 84	8	12	18	26	35	42	47	52	61
85 - 89	3	4	7	9	14	20	25	29	33
90 - 94	1	1	1	2	3	6	9	12	14
95 - 99	0	0	0	0	0	1	2	3	4
100 y más / *and over*	0	0	0	0	0	0	0	0	1
Mujeres / *Females*	**3 521**	**4 496**	**5 748**	**6 504**	**7 289**	**8 084**	**8 840**	**9 548**	**10 204**
0 - 4	633	750	925	990	965	952	928	894	856
5 - 9	536	667	830	908	980	958	946	924	891
10 - 14	456	585	709	818	901	976	955	943	921
15 - 19	372	505	635	696	809	896	970	950	938
20 - 24	299	416	540	612	684	801	887	962	942
25 - 29	232	321	443	512	597	674	791	878	952
30 - 34	191	253	360	423	500	589	666	782	868
35 - 39	159	199	280	345	414	494	582	658	774
40 - 44	141	168	224	270	338	408	487	574	650
45 - 49	129	142	178	216	263	332	401	479	566
50 - 54	112	125	151	171	209	257	324	393	470
55 - 59	87	112	125	143	164	203	249	316	383
60 - 64	63	94	107	116	135	156	194	240	305
65 - 69	46	68	91	97	107	127	148	185	230
70 - 74	31	44	71	81	87	98	117	138	174
75 - 79	21	27	45	58	68	75	86	103	123
80 - 84	10	14	22	32	43	51	58	68	84
85 - 89	4	6	9	13	19	27	33	39	47
90 - 94	1	1	2	4	5	9	13	17	21
95 - 99	0	0	0	1	1	2	3	5	7
100 y más / *and over*	0	0	0	0	0	0	0	1	1

Fuente: Centro Latinoamericano y Caribeño de Demografía (CELADE)-División de Población de la CEPAL, revisión de 2015.
Source: Latin American and Caribbean Demographic Centre (CELADE)-Population Division of ECLAC, 2015 revision.

ECLAC • Latin America and the Caribbean. Demographic Observatory 2015

Population projections

Cuadro 20b / Table 20b
Guatemala: indicadores seleccionados derivados de estimaciones y proyecciones de población, 1980-2030
Guatemala: selected indicators from population estimates and projections, 1980-2030

Estructura de la población / Population structure	1980	1990	2000	2005	2010	2015	2020	2025	2030
Población (en miles) / Population (thousands)									
Ambos sexos / Both sexes	7 077	8 936	11 284	12 766	14 333	15 920	17 432	18 846	20 153
Hombres / Males	3 555	4 439	5 536	6 262	7 043	7 836	8 592	9 298	9 949
Mujeres / Females	3 521	4 496	5 748	6 504	7 289	8 084	8 840	9 548	10 204
Índice de masculinidad (por 100) Sex ratio (per 100)	101.0	98.7	96.3	96.3	96.6	96.9	97.2	97.4	97.5
Porcentaje de población / Percentage of population									
0-14 años / years old	46.8	45.6	44.4	43.4	40.6	37.1	33.2	30.0	27.1
15-59 años / years old	48.4	48.8	49.7	50.8	53.5	56.8	60.2	62.6	64.3
15-64 años / years old	50.2	50.9	51.5	52.5	55.2	58.5	62.1	64.9	67.0
60-74 años / years old	3.9	4.5	4.6	4.3	4.2	4.3	4.7	5.3	6.2
60 años y más / and over	4.8	5.5	5.9	5.9	5.9	6.2	6.6	7.4	8.6
65 años y más / and over	3.0	3.5	4.0	4.2	4.2	4.4	4.7	5.2	5.9
75 años y más / and over	0.9	1.0	1.3	1.5	1.7	1.9	2.0	2.2	2.4
80 años y más / and over	0.4	0.4	0.5	0.7	0.8	1.0	1.1	1.2	1.4
Relación de dependencia (por 100) Dependency ratio (per 100)									
Total (población menor de 15 años y población de 65 años y más) / Total (under 15 years of age and 65 and over)	99.2	96.4	94.1	90.6	81.1	70.8	60.9	54.2	49.3
(Menores de 15 años)/(15-64 años) (Under 15 years of age)/(15-64 years old)	93.2	89.6	86.3	82.7	73.5	63.3	53.4	46.2	40.4
(65 años y más)/(15-64 Años) (65 and over)/(15-64 years old)	6.1	6.8	7.8	8.0	7.7	7.5	7.5	8.0	8.8
Edad mediana de la población Median age of the population	16.5	16.9	17.5	18.0	19.0	20.7	22.6	24.7	27.0

Dinámica de la población / Population dynamics	1980-1985	1990-1995	2000-2005	2005-2010	2010-2015	2015-2020	2020-2025	2025-2030
Tasa bruta de natalidad (por 1.000) Crude birth rate (per 1,000)	42.6	40.0	36.1	30.5	26.8	23.5	20.7	18.3
Tasa bruta de mortalidad (por 1.000) Crude death rate (per 1,000)	10.9	8.2	5.9	5.4	4.8	4.7	4.5	4.4
Tasa neta de migración (por 1.000) Net migration rate (per 1,000)	-7.6	-7.9	-4.7	-1.4	-0.7	-0.6	-0.5	-0.4
Tasa de crecimiento total (por 1.000) Total growth rate (per 1,000)	23.6	23.5	24.7	23.2	21.0	18.1	15.6	13.4

Fecundidad / Fertility	1980-1985	1990-1995	2000-2005	2005-2010	2010-2015	2015-2020	2020-2025	2025-2030
Tasa global de fecundidad / Total fertility rate	6.25	5.37	4.43	3.68	3.12	2.65	2.28	2.03
Edad media de la fecundidad / Mean age of fertility	28.6	28.5	28.5	28.5	28.5	28.5	28.5	28.5

Mortalidad / Mortality	1980-1985	1990-1995	2000-2005	2005-2010	2010-2015	2015-2020	2020-2025	2025-2030
Esperanza de vida al nacer / Life expectancy at birth								
Ambos sexos / Both sexes	58.2	63.4	69.0	70.3	72.6	73.9	75.4	76.8
Hombres / Males	56.1	60.4	65.8	67.0	69.2	71.0	72.6	74.1
Mujeres / Females	60.3	66.4	72.1	73.5	75.9	76.8	78.2	79.5
Tasa de mortalidad infantil (por 1.000) Infant mortality rate (per 1,000)	83.0	56.4	37.8	31.7	26.9	20.7	15.5	12.2

Cuadro 20b (conclusión) / *Table 20b (concluded)*

Estructura de la población urbana y rural *Population structure (urban and rural population)*	1980	1990	2000	2005	2010	2015	2020	2025	2030
Porcentaje de población urbana *Percentage of urban population*									
Ambos sexos / *Both sexes*	33.1	34.4	43.1	48.1	52.0	56.0	59.8	63.5	66.9
0-14 años / *years old*	29.8	30.3	37.9	42.7	46.4	50.1	53.7	57.2	60.6
15-64 años / *years old*	35.6	37.5	47.0	52.1	55.7	59.3	62.7	66.0	69.1
65 años y más / *and over*	41.0	42.4	49.9	54.5	58.1	61.6	64.8	67.9	70.8
Hombres / *Males*	31.9	33.3	42.3	47.5	51.6	55.7	59.7	63.4	66.9
0-14 años / *years old*	29.5	30.0	37.8	42.7	46.6	50.4	54.2	57.8	61.3
15-64 años / *years old*	33.8	36.0	46.0	51.5	55.3	59.0	62.6	66.0	69.1
65 años y más / *and over*	37.1	38.6	46.3	51.1	54.9	58.6	62.1	65.4	68.5
Mujeres / *Females*	34.3	35.5	43.8	48.7	52.4	56.2	60.0	63.5	66.9
0-14 años / *years old*	30.2	30.6	38.0	42.7	46.1	49.7	53.2	56.6	59.9
15-64 años / *years old*	37.4	38.9	47.8	52.7	56.1	59.5	62.8	66.1	69.1
65 años y más / *and over*	44.7	46.0	53.1	57.4	60.8	64.0	67.0	69.8	72.4
Índice de masculinidad (por 100) / *Sex ratio (per 100)*	101.0	98.7	96.3	96.3	96.6	96.9	97.2	97.4	97.5
Urbana / *Urban*	93.7	92.7	92.9	93.9	95.0	96.0	96.7	97.2	97.5
Rural	104.8	102.0	99.0	98.5	98.4	98.2	97.9	97.7	97.5

Dinámica de la población (urbana y rural) *Population dynamics (urban and rural population)*	1980-1985	1990-1995	2000-2005	2005-2010	2010-2015	2015-2020	2020-2025	2025-2030	
Tasa de crecimiento (por 1.000) / *Growth rate (per 1,000)*	23.2	23.5	24.5	23.2	22.2	19.3	16.6	14.2	
Urbana / *Urban*	14.7	28.6	54.1	39.1	37.2	33.1	29.1	25.3	
Rural	27.4	20.8	1.6	8.3	5.7	1.4	-2.4	-5.3	

Envejecimiento poblacional / *Population ageing*	1980	1990	2000	2005	2010	2015	2020	2025	2030
Índice de envejecimiento (por 100) / *Ageing index (per 100)*									
Total	10.3	12.1	13.2	13.5	14.7	16.7	20.0	24.8	31.8
Urbano / *Urban*	13.9	16.6	17.1	17.1	18.3	20.4	24.1	29.2	36.9
Rural	8.8	10.2	10.7	10.8	11.6	12.9	15.4	18.8	23.9
Relación de apoyo potencial / *Potential support ratio*	10.1	8.8	8.5	8.7	9.0	9.2	9.1	8.4	7.5
Relación de apoyo a los padres (por 100) *Parent support ratio (per 100)*	5.1	5.8	8.6	11.0	13.1	14.3	13.9	13.2	12.9

Población económicamente activa *Economically active population*	1980	1990	2000	2005	2010	2015	2020	2025	2030
Tasa de actividad de la población total (por 100) *Labour force participation rate of total population (per 100)*									
Ambos sexos / *Both sexes*	48.6	50.8	59.0	61.0	62.9	64.9	67.0	69.3	71.3
Hombres / *Males*	83.9	82.8	83.8	83.4	83.1	83.1	83.2	83.7	83.9
Mujeres / *Females*	13.7	20.4	36.5	40.6	44.3	48.1	51.9	55.7	59.4
Tasa de actividad de la población urbana (por 100) *Labour force participation rate of urban population (per 100)*									
Ambos sexos / *Both sexes*	50.1	53.0	61.6	63.4	65.1	67.0	68.9	71.0	72.9
Hombres / *Males*	78.7	78.0	80.0	80.2	80.3	80.7	81.2	82.1	82.6
Mujeres / *Females*	24.7	31.3	45.6	48.6	51.5	54.4	57.4	60.7	63.7
Tasa de actividad de la población rural (por 100) *Labour force participation rate of rural population (per 100)*									
Ambos sexos / *Both sexes*	47.7	49.4	56.7	58.3	60.1	62.0	63.9	66.0	67.9
Hombres / *Males*	86.6	85.6	87.0	86.8	86.5	86.5	86.6	86.8	86.9
Mujeres / *Females*	7.0	13.4	28.0	31.6	35.1	38.7	42.3	46.0	49.6

Fuente: Centro Latinoamericano y Caribeño de Demografía (CELADE)-División de Población de la CEPAL, revisión de 2015.
***Source**: Latin American and Caribbean Demographic Centre (CELADE)-Population Division of ECLAC, 2015 revision.*

Gráfico 12 / *Figure 12*
Haití: distribución relativa de la población por sexo y grupos quinquenales de edad, 1980 y 2015
Haiti: population distribution, by sex and five-year age groups, 1980 and 2015

1980

2015

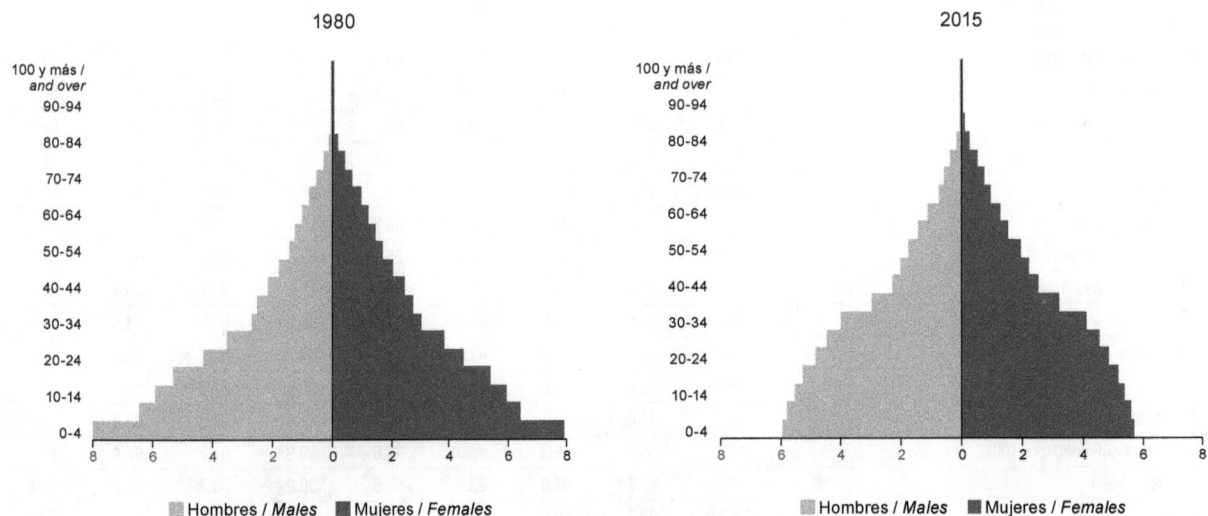

Hombres / *Males*   Mujeres / *Females*

Hombres / *Males*   Mujeres / *Females*

Cuadro 21a / *Table 21a*
Haití: estimaciones y proyecciones de la población total, según sexo y grupos quinquenales de edad, 1980-2030
Haiti: population estimates and projections, by sex and five-year age groups, 1980-2030
(En miles de personas a mitad de año / *Thousands of persons, at mid-year*)

Sexo y grupos de edad *Sex and age groups*	1980	1990	2000	2005	2010	2015	2020	2025	2030
Ambos sexos / *Both sexes*	5 694	7 109	8 560	9 275	10 028	10 750	11 434	12 058	12 620
0 - 4	915	1 161	1 223	1 231	1 258	1 248	1 205	1 143	1 077
5 - 9	741	1 060	1 145	1 179	1 193	1 223	1 216	1 178	1 120
10 - 14	684	848	1 088	1 119	1 155	1 169	1 201	1 197	1 162
15 - 19	614	692	1 002	1 055	1 087	1 124	1 141	1 176	1 175
20 - 24	509	619	776	957	1 013	1 045	1 085	1 107	1 146
25 - 29	425	537	608	732	912	967	1 003	1 048	1 074
30 - 34	328	438	541	571	695	871	929	969	1 018
35 - 39	303	369	470	509	541	661	837	897	941
40 - 44	264	283	384	443	483	515	635	809	871
45 - 49	219	263	325	361	420	459	492	611	783
50 - 54	180	227	246	304	341	398	438	471	588
55 - 59	153	185	225	227	283	319	375	415	449
60 - 64	129	146	186	202	206	259	294	348	388
65 - 69	100	114	141	159	175	181	230	263	315
70 - 74	69	83	97	112	129	144	151	195	226
75 - 79	40	52	61	68	81	96	110	117	154
80 - 84	16	24	30	33	39	49	61	72	80
85 - 89	4	7	10	11	14	18	23	31	38
90 - 94	1	1	2	2	3	4	6	9	12
95 - 99	0	0	0	0	0	1	1	2	2
100 y más / *and over*	0	0	0	0	0	0	0	0	0

Cuadro 21a (conclusión) / *Table 21a (concluded)*

Sexo y grupos de edad *Sex and age groups*	1980	1990	2000	2005	2010	2015	2020	2025	2030
Hombres / *Males*	2 800	3 504	4 227	4 584	4 961	5 323	5 670	5 983	6 265
0 - 4	463	592	624	627	642	637	616	584	551
5 - 9	374	538	582	601	607	623	620	601	572
10 - 14	344	426	552	567	587	594	611	610	592
15 - 19	307	343	503	531	548	568	577	597	597
20 - 24	251	302	380	475	505	521	544	556	578
25 - 29	205	261	291	355	450	479	499	524	538
30 - 34	155	213	261	272	336	429	461	482	508
35 - 39	145	177	227	245	257	319	412	445	467
40 - 44	125	134	187	214	233	245	307	398	431
45 - 49	104	126	157	176	202	221	234	295	384
50 - 54	86	107	116	146	165	191	210	223	283
55 - 59	73	87	107	106	135	154	179	197	211
60 - 64	61	68	86	95	95	123	140	164	182
65 - 69	48	53	65	73	81	83	107	124	146
70 - 74	32	39	44	50	58	66	67	89	104
75 - 79	18	24	28	30	35	42	48	51	68
80 - 84	7	11	13	14	17	21	25	30	33
85 - 89	2	3	4	5	6	7	9	12	15
90 - 94	0	0	1	1	1	2	2	3	4
95 - 99	0	0	0	0	0	0	0	1	1
100 y más / *and over*	0	0	0	0	0	0	0	0	0
Mujeres / *Females*	2 894	3 604	4 333	4 692	5 067	5 426	5 765	6 074	6 355
0 - 4	452	570	599	603	616	611	590	559	527
5 - 9	367	522	563	579	585	600	596	577	548
10 - 14	340	422	537	552	568	575	590	588	570
15 - 19	308	349	498	524	539	556	564	580	579
20 - 24	258	317	396	482	508	524	541	551	569
25 - 29	221	276	317	377	462	487	504	524	536
30 - 34	172	225	280	299	359	442	469	487	509
35 - 39	158	192	243	264	284	342	425	453	473
40 - 44	139	149	197	229	251	270	328	410	440
45 - 49	115	136	168	185	218	239	258	316	398
50 - 54	95	120	130	158	175	207	228	248	305
55 - 59	80	98	117	120	148	165	196	217	238
60 - 64	68	77	100	107	110	137	153	184	205
65 - 69	53	60	77	86	94	98	123	139	169
70 - 74	37	45	53	61	71	79	84	106	122
75 - 79	21	28	34	38	45	54	61	67	86
80 - 84	9	13	17	19	23	29	36	42	47
85 - 89	2	4	6	6	8	11	14	19	23
90 - 94	0	1	1	1	2	3	4	6	8
95 - 99	0	0	0	0	0	0	1	1	2
100 y más / *and over*	0	0	0	0	0	0	0	0	0

Fuente: Centro Latinoamericano y Caribeño de Demografía (CELADE)-División de Población de la CEPAL, revisión de 2015.
Source: Latin American and Caribbean Demographic Centre (CELADE)-Population Division of ECLAC, 2015 revision.

Cuadro 21b / *Table 21b*
Haití: indicadores seleccionados derivados de estimaciones y proyecciones de población, 1980-2030
Haiti: selected indicators from population estimates and projections, 1980-2030

Estructura de la población / *Population structure*	1980	1990	2000	2005	2010	2015	2020	2025	2030
Población (en miles) / *Population (thousands)*									
Ambos sexos / *Both sexes*	5 694	7 109	8 560	9 275	10 028	10 750	11 434	12 058	12 620
Hombres / *Males*	2 800	3 504	4 227	4 584	4 961	5 323	5 670	5 983	6 265
Mujeres / *Females*	2 894	3 604	4 333	4 692	5 067	5 426	5 765	6 074	6 355
Índice de masculinidad (por 100) *Sex ratio (per 100)*	96.7	97.2	97.6	97.7	97.9	98.1	98.4	98.5	98.6
Porcentaje de población / *Percentage of population*									
0-14 años / *years old*	41.1	43.2	40.4	38.0	36.0	33.9	31.7	29.2	26.6
15-59 años / *years old*	52.6	50.8	53.5	55.6	57.6	59.2	60.7	62.2	63.7
15-64 años / *years old*	54.9	52.9	55.6	57.8	59.6	61.6	63.2	65.1	66.8
60-74 años / *years old*	5.2	4.8	5.0	5.1	5.1	5.4	5.9	6.7	7.4
60 años y más / *and over*	6.3	6.0	6.2	6.3	6.5	7.0	7.7	8.6	9.6
65 años y más / *and over*	4.0	4.0	4.0	4.2	4.4	4.6	5.1	5.7	6.6
75 años y más / *and over*	1.1	1.2	1.2	1.2	1.4	1.6	1.8	1.9	2.3
80 años y más / *and over*	0.4	0.4	0.5	0.5	0.6	0.7	0.8	0.9	1.1
Relación de dependencia (por 100) *Dependency ratio (per 100)*									
Total (población menor de 15 años y población de 65 años y más) / *Total (under 15 years of age and 65 and over)*	82.3	89.1	79.8	73.0	67.7	62.4	58.2	53.6	49.7
(Menores de 15 años)/(15-64 años) *(Under 15 years of age)/(15-64 years old)*	74.9	81.7	72.6	65.8	60.3	55.0	50.1	44.8	39.8
(65 años y más)/(15-64 Años) *(65 and over)/(15-64 years old)*	7.3	7.5	7.2	7.2	7.4	7.4	8.1	8.8	9.8
Edad mediana de la población *Median age of the population*	19.1	18.5	19.1	20.3	21.6	22.9	24.4	26.1	27.9

Dinámica de la población / *Population dynamics*	1980-1985	1990-1995	2000-2005	2005-2010	2010-2015	2015-2020	2020-2025	2025-2030	
Tasa bruta de natalidad (por 1.000) *Crude birth rate (per 1,000)*	42.8	35.5	29.8	27.8	25.5	22.9	20.4	18.2	
Tasa bruta de mortalidad (por 1.000) *Crude death rate (per 1,000)*	15.6	12.5	10.6	9.4	8.7	8.2	7.8	7.5	
Tasa neta de migración (por 1.000) *Net migration rate (per 1,000)*	-4.1	-3.7	-3.1	-2.9	-2.9	-2.4	-2.0	-1.6	
Tasa de crecimiento total (por 1.000) *Total growth rate (per 1,000)*	23.1	19.3	16.1	15.6	13.9	12.3	10.6	9.1	

Fecundidad / *Fertility*	1980-1985	1990-1995	2000-2005	2005-2010	2010-2015	2015-2020	2020-2025	2025-2030	
Tasa global de fecundidad / *Total fertility rate*	6.21	5.15	4.00	3.55	3.13	2.76	2.45	2.20	
Edad media de la fecundidad / *Mean age of fertility*	31.4	31.0	30.5	30.3	30.2	30.1	30.0	29.9	

Mortalidad / *Mortality*	1980-1985	1990-1995	2000-2005	2005-2010	2010-2015	2015-2020	2020-2025	2025-2030	
Esperanza de vida al nacer / *Life expectancy at birth*									
Ambos sexos / *Both sexes*	51.6	55.3	58.2	60.7	62.6	64.3	65.9	67.8	
Hombres / *Males*	50.2	53.7	56.4	59.0	60.7	62.4	63.9	65.7	
Mujeres / *Females*	52.9	56.8	59.9	62.4	64.3	66.2	67.9	69.8	
Tasa de mortalidad infantil (por 1.000) *Infant mortality rate (per 1,000)*	122.1	85.3	56.1	48.6	43.5	39.0	35.0	30.7	

Cuadro 21b (conclusión) / *Table 21b (concluded)*

Estructura de la población urbana y rural *Population structure (urban and rural population)*	1980	1990	2000	2005	2010	2015	2020	2025	2030
Porcentaje de población urbana *Percentage of urban population*									
Ambos sexos / *Both sexes*	20.5	28.4	38.3	43.0	47.5	52.0	56.3	60.3	63.8
0-14 años / *years old*	19.0	26.0	35.0	39.3	43.7	48.2	52.7	57.0	61.0
15-64 años / *years old*	22.1	31.0	41.6	46.4	50.9	55.2	59.2	62.9	66.3
65 años y más / *and over*	14.8	19.8	26.5	30.0	33.9	38.0	42.2	46.3	50.3
Hombres / *Males*	18.6	26.6	36.7	41.6	46.4	51.2	55.7	59.9	63.6
0-14 años / *years old*	17.9	24.9	33.8	38.2	42.9	47.7	52.4	56.9	61.1
15-64 años / *years old*	19.5	28.8	39.9	45.0	49.8	54.4	58.7	62.7	66.2
65 años y más / *and over*	11.9	16.4	22.4	25.8	29.6	33.8	38.1	42.4	46.5
Mujeres / *Females*	22.4	30.1	39.9	44.4	48.6	52.8	56.9	60.6	64.1
0-14 años / *years old*	20.0	27.1	36.2	40.4	44.6	48.8	53.0	57.1	60.9
15-64 años / *years old*	24.5	33.0	43.2	47.8	51.9	55.9	59.7	63.2	66.5
65 años y más / *and over*	17.3	22.7	29.8	33.5	37.3	41.4	45.5	49.5	53.3
Índice de masculinidad (por 100) / *Sex ratio (per 100)*	96.7	97.2	97.6	97.7	97.9	98.1	98.4	98.5	98.6
Urbana / *Urban*	80.2	86.1	89.8	91.5	93.5	95.1	96.4	97.3	97.9
Rural	101.5	102.0	102.7	102.6	102.1	101.5	100.9	100.3	99.8

Dinámica de la población (urbana y rural) *Population dynamics (urban and rural population)*	1980-1985	1990-1995	2000-2005	2005-2010	2010-2015	2015-2020	2020-2025	2025-2030	
Tasa de crecimiento (por 1.000) / *Growth rate (per 1,000)*	22.5	20.0	16.6	15.9	14.5	13.0	11.3	9.7	
Urbana / *Urban*	24.1	54.5	42.2	36.6	33.3	29.7	25.8	22.0	
Rural	22.1	6.1	0.4	0.0	-2.8	-5.4	-7.7	-9.3	

Envejecimiento poblacional / *Population ageing*	1980	1990	2000	2005	2010	2015	2020	2025	2030
Índice de envejecimiento (por 100) / *Ageing index (per 100)*									
Total	15.3	13.9	15.3	16.6	18.0	20.7	24.2	29.4	36.2
Urbano / *Urban*	12.3	10.9	11.8	13.0	14.2	16.6	19.7	24.3	30.3
Rural	16.0	15.0	17.1	19.0	20.9	24.5	29.2	36.2	45.4
Relación de apoyo potencial / *Potential support ratio*	8.4	8.5	8.7	8.8	8.9	8.5	7.9	7.2	6.6
Relación de apoyo a los padres (por 100) *Parent support ratio (per 100)*	4.4	5.7	6.4	6.4	6.8	7.4	8.3	9.2	9.3

Población económicamente activa *Economically active population*	1980	1990	2000	2005	2010	2015	2020	2025	2030
Tasa de actividad de la población total (por 100) *Labour force participation rate of total population (per 100)*									
Ambos sexos / *Both sexes*	70.1	66.8	62.8	63.8	65.6	67.4	69.3	70.9	72.4
Hombres / *Males*	83.5	77.6	69.0	69.4	70.8	72.3	73.7	74.9	76.1
Mujeres / *Females*	57.6	56.8	56.9	58.5	60.6	62.8	65.0	67.0	68.9
Tasa de actividad de la población urbana (por 100) *Labour force participation rate of urban population (per 100)*									
Ambos sexos / *Both sexes*	66.4	63.0	58.6	60.7	63.5	66.1	68.6	70.6	72.5
Hombres / *Males*	75.7	71.2	63.7	65.3	67.8	70.2	72.3	74.0	75.6
Mujeres / *Females*	59.6	56.3	54.3	56.7	59.6	62.4	65.1	67.3	69.5
Tasa de actividad de la población rural (por 100) *Labour force participation rate of rural population (per 100)*									
Ambos sexos / *Both sexes*	71.1	68.5	65.6	66.3	67.6	69.0	70.3	71.4	72.4
Hombres / *Males*	85.4	80.0	72.4	72.7	73.7	74.6	75.6	76.3	77.0
Mujeres / *Females*	57.0	57.0	58.9	60.0	61.6	63.3	65.0	66.5	67.8

Fuente: Centro Latinoamericano y Caribeño de Demografía (CELADE)-División de Población de la CEPAL, revisión de 2015.
Source: Latin American and Caribbean Demographic Centre (CELADE)-Population Division of ECLAC, 2015 revision.

Gráfico 13 / *Figure 13*
Honduras: distribución relativa de la población por sexo y grupos quinquenales de edad, 1980 y 2015
Honduras: population distribution, by sex and five-year age groups, 1980 and 2015

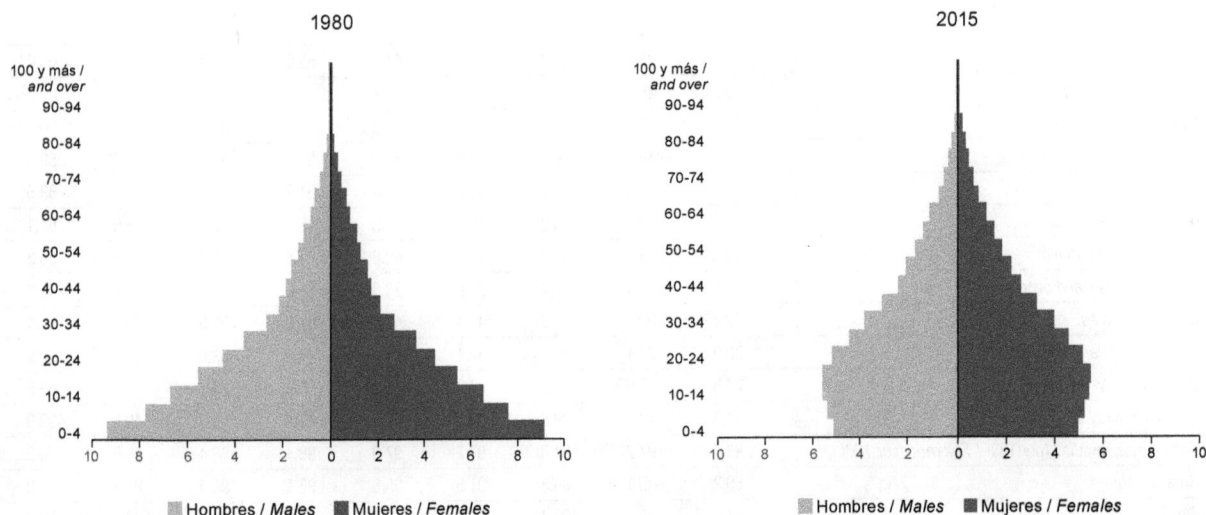

1980

2015

Cuadro 22a / *Table 22a*
Honduras: estimaciones y proyecciones de la población total, según sexo y grupos quinquenales de edad, 1980-2030
Honduras: population estimates and projections, by sex and five-year age groups, 1980-2030
(En miles de personas a mitad de año / *Thousands of persons, at mid-year*)

Sexo y grupos de edad / *Sex and age groups*	1980	1990	2000	2005	2010	2015	2020	2025	2030
Ambos sexos / *Both sexes*	3 636	4 903	6 243	6 880	7 504	8 075	8 591	9 049	9 462
0 - 4	672	845	951	920	871	816	762	710	675
5 - 9	554	746	898	930	904	857	804	752	702
10 - 14	481	638	802	878	916	892	847	796	746
15 - 19	399	530	701	777	861	901	880	838	789
20 - 24	325	455	585	673	757	843	886	867	828
25 - 29	262	370	473	556	651	737	826	871	855
30 - 34	193	296	398	445	534	631	720	811	858
35 - 39	151	237	322	376	428	518	616	706	798
40 - 44	131	175	263	308	364	416	507	605	695
45 - 49	116	138	215	253	299	354	407	497	594
50 - 54	96	119	160	207	245	290	345	397	486
55 - 59	81	104	125	153	199	236	280	334	385
60 - 64	57	84	106	118	145	189	225	268	321
65 - 69	47	66	89	97	109	134	177	211	252
70 - 74	33	43	66	78	86	97	121	159	191
75 - 79	21	31	47	55	65	72	82	103	137
80 - 84	11	17	25	34	41	49	55	64	81
85 - 89	4	7	12	14	22	26	32	37	43
90 - 94	1	2	4	5	7	11	13	17	20
95 - 99	0	0	1	1	2	2	4	5	7
100 y más / *and over*	0	0	0	0	0	0	0	1	1

Cuadro 22a (conclusión) / *Table 22a (concluded)*

Sexo y grupos de edad *Sex and age groups*	1980	1990	2000	2005	2010	2015	2020	2025	2030
Hombres / Males	1 826	2 459	3 122	3 440	3 751	4 036	4 291	4 518	4 719
0 - 4	341	430	485	469	444	416	389	362	344
5 - 9	280	378	456	473	460	437	410	383	358
10 - 14	243	322	405	445	465	453	431	405	380
15 - 19	201	266	351	390	435	456	446	425	401
20 - 24	163	227	290	334	378	424	448	439	420
25 - 29	130	183	232	273	322	367	414	439	432
30 - 34	96	146	194	217	261	311	358	406	431
35 - 39	76	117	158	184	208	253	304	350	398
40 - 44	67	88	131	153	179	203	248	298	344
45 - 49	59	70	108	128	149	174	199	243	292
50 - 54	48	61	81	104	123	144	169	193	236
55 - 59	40	53	63	77	100	118	138	163	186
60 - 64	28	41	53	59	72	94	111	131	155
65 - 69	23	32	44	48	53	66	86	103	122
70 - 74	15	20	32	38	42	47	58	76	92
75 - 79	9	14	21	25	30	34	38	48	64
80 - 84	5	7	11	15	18	22	25	28	36
85 - 89	2	3	5	6	9	11	13	16	18
90 - 94	0	1	1	2	3	4	5	7	8
95 - 99	0	0	0	0	1	1	1	2	2
100 y más / *and over*	0	0	0	0	0	0	0	0	0
Mujeres / Females	1 810	2 445	3 121	3 441	3 753	4 039	4 299	4 532	4 743
0 - 4	331	415	466	451	427	400	373	348	330
5 - 9	274	368	442	457	444	421	395	369	344
10 - 14	238	316	397	434	451	438	416	391	366
15 - 19	198	264	350	387	426	445	433	412	388
20 - 24	163	228	295	338	378	419	438	428	408
25 - 29	132	187	241	283	329	370	412	432	423
30 - 34	97	150	203	228	273	320	362	405	427
35 - 39	75	120	163	192	219	265	313	356	399
40 - 44	64	87	132	155	185	213	259	307	350
45 - 49	56	68	107	126	150	180	208	254	302
50 - 54	48	58	79	103	122	146	176	204	249
55 - 59	41	51	62	76	100	118	142	171	199
60 - 64	29	42	53	59	73	96	114	137	166
65 - 69	25	35	45	49	56	69	90	108	130
70 - 74	17	23	35	40	45	51	63	83	100
75 - 79	11	17	26	30	34	38	44	55	73
80 - 84	7	10	14	19	23	27	30	35	45
85 - 89	2	4	7	9	13	15	18	21	25
90 - 94	1	1	2	3	4	7	8	10	12
95 - 99	0	0	1	1	1	2	3	3	4
100 y más / *and over*	0	0	0	0	0	0	0	1	1

Fuente: Centro Latinoamericano y Caribeño de Demografía (CELADE)-División de Población de la CEPAL, revisión de 2015.
Source: *Latin American and Caribbean Demographic Centre (CELADE)-Population Division of ECLAC, 2015 revision.*

Cuadro 22b / *Table 22b*
Honduras: indicadores seleccionados derivados de estimaciones y proyecciones de población, 1980-2030
Honduras: selected indicators from population estimates and projections, 1980-2030

Estructura de la población / *Population structure*	1980	1990	2000	2005	2010	2015	2020	2025	2030
Población (en miles) / *Population (thousands)*									
Ambos sexos / *Both sexes*	3 636	4 903	6 243	6 880	7 504	8 075	8 591	9 049	9 462
Hombres / *Males*	1 826	2 459	3 122	3 440	3 751	4 036	4 291	4 518	4 719
Mujeres / *Females*	1 810	2 445	3 121	3 441	3 753	4 039	4 299	4 532	4 743
Índice de masculinidad (por 100) / *Sex ratio (per 100)*	100.9	100.6	100.1	100.0	100.0	99.9	99.8	99.7	99.5
Porcentaje de población / *Percentage of population*									
0-14 años / *years old*	47.0	45.5	42.5	39.7	35.9	31.8	28.1	25.0	22.4
15-59 años / *years old*	48.2	49.4	51.9	54.5	57.8	61.0	63.6	65.5	66.4
15-64 años / *years old*	49.8	51.1	53.6	56.2	59.7	63.4	66.3	68.5	69.8
60-74 años / *years old*	3.8	3.9	4.2	4.3	4.5	5.2	6.1	7.1	8.1
60 años y más / *and over*	4.8	5.1	5.6	5.9	6.3	7.2	8.3	9.6	11.1
65 años y más / *and over*	3.2	3.4	3.9	4.2	4.4	4.9	5.6	6.6	7.7
75 años y más / *and over*	1.0	1.2	1.4	1.6	1.8	2.0	2.2	2.5	3.1
80 años y más / *and over*	0.5	0.5	0.7	0.8	1.0	1.1	1.2	1.4	1.6
Relación de dependencia (por 100) / *Dependency ratio (per 100)*									
Total (población menor de 15 años y población de 65 años y más) / *Total (under 15 years of age and 65 and over)*	100.7	95.5	86.5	78.0	67.4	57.8	50.9	46.1	43.2
(Menores de 15 años)/(15-64 años) / *(Under 15 years of age)/(15-64 years old)*	94.3	88.9	79.2	70.6	60.0	50.1	42.4	36.5	32.1
(65 años y más)/(15-64 Años) / *(65 and over)/(15-64 years old)*	6.5	6.7	7.3	7.4	7.4	7.7	8.5	9.6	11.1
Edad mediana de la población / *Median age of the population*	16.4	17.1	18.4	19.6	21.3	23.4	25.7	28.2	30.8

Dinámica de la población / *Population dynamics*	1980-1985	1990-1995	2000-2005	2005-2010	2010-2015	2015-2020	2020-2025	2025-2030	
Tasa bruta de natalidad (por 1.000) / *Crude birth rate (per 1,000)*	42.3	37.1	29.2	25.2	21.7	18.9	16.6	15.0	
Tasa bruta de mortalidad (por 1.000) / *Crude death rate (per 1,000)*	9.2	6.3	5.2	5.1	5.0	5.0	5.1	5.3	
Tasa neta de migración (por 1.000) / *Net migration rate (per 1,000)*	-2.5	-4.6	-4.6	-2.8	-2.1	-1.5	-1.1	-0.8	
Tasa de crecimiento total (por 1.000) / *Total growth rate (per 1,000)*	30.6	26.3	19.4	17.4	14.7	12.4	10.4	8.9	

Fecundidad / *Fertility*	1980-1985	1990-1995	2000-2005	2005-2010	2010-2015	2015-2020	2020-2025	2025-2030	
Tasa global de fecundidad / *Total fertility rate*	6.00	4.92	3.63	2.99	2.47	2.09	1.84	1.71	
Edad media de la fecundidad / *Mean age of fertility*	29.0	28.4	28.0	27.9	27.8	27.8	27.8	27.8	

Mortalidad / *Mortality*	1980-1985	1990-1995	2000-2005	2005-2010	2010-2015	2015-2020	2020-2025	2025-2030	
Esperanza de vida al nacer / *Life expectancy at birth*									
Ambos sexos / *Both sexes*	61.6	67.7	71.0	72.0	72.9	73.8	74.7	75.5	
Hombres / *Males*	59.4	65.4	68.6	69.6	70.4	71.3	72.3	73.0	
Mujeres / *Females*	63.8	70.1	73.4	74.5	75.4	76.4	77.2	78.1	
Tasa de mortalidad infantil (por 1.000) / *Infant mortality rate (per 1,000)*	65.0	43.0	31.2	29.4	27.8	26.1	24.5	23.1	

Cuadro 22b (conclusión) / *Table 22b (concluded)*

Estructura de la población urbana y rural *Population structure (urban and rural population)*	1980	1990	2000	2005	2010	2015	2020	2025	2030
Porcentaje de población urbana *Percentage of urban population*									
Ambos sexos / *Both sexes*	34.9	40.5	45.4	48.0	50.8	53.6	56.3	59.1	61.8
0-14 años / *years old*	31.9	36.6	40.9	43.3	45.8	48.3	50.9	53.6	56.2
15-64 años / *years old*	37.7	43.8	49.0	51.4	53.8	56.3	58.8	61.3	63.7
65 años y más / *and over*	36.5	41.8	45.2	47.5	50.0	52.5	55.0	57.5	60.1
Hombres / *Males*	33.4	38.7	43.6	46.3	49.1	51.9	54.8	57.6	60.3
0-14 años / *years old*	31.3	35.9	40.3	42.7	45.3	48.0	50.6	53.4	56.1
15-64 años / *years old*	35.5	41.2	46.5	49.1	51.6	54.2	56.9	59.6	62.2
65 años y más / *and over*	31.7	36.9	40.4	42.7	45.3	48.0	50.7	53.4	56.2
Mujeres / *Females*	36.5	42.3	47.2	49.8	52.5	55.2	57.9	60.6	63.2
0-14 años / *years old*	32.4	37.2	41.5	43.8	46.3	48.7	51.2	53.8	56.3
15-64 años / *years old*	39.9	46.4	51.4	53.7	56.0	58.3	60.6	62.9	65.2
65 años y más / *and over*	40.7	46.0	49.4	51.7	54.1	56.4	58.7	61.1	63.6
Índice de masculinidad (por 100) / *Sex ratio (per 100)*	100.9	100.6	100.1	100.0	100.0	99.9	99.8	99.7	99.5
Urbana / *Urban*	92.4	92.0	92.6	93.0	93.5	94.0	94.4	94.8	95.1
Rural	105.7	106.8	106.8	106.9	107.1	107.2	107.2	107.2	107.1

Dinámica de la población (urbana y rural) *Population dynamics (urban and rural population)*	1980-1985	1990-1995	2000-2005	2005-2010	2010-2015	2015-2020	2020-2025	2025-2030	
Tasa de crecimiento (por 1.000) / *Growth rate (per 1,000)*	31.0	27.5	20.4	18.2	15.7	13.2	11.1	9.4	
Urbana / *Urban*	47.2	39.6	31.2	29.5	26.5	23.6	20.9	18.5	
Rural	22.3	19.2	11.3	7.7	4.3	1.1	-1.6	-3.9	

Envejecimiento poblacional / *Population ageing*	1980	1990	2000	2005	2010	2015	2020	2025	2030
Índice de envejecimiento (por 100) / *Ageing index (per 100)*									
Total	10.2	11.3	13.2	14.8	17.7	22.7	29.4	38.3	49.6
Urbano / *Urban*	11.5	12.6	14.5	16.1	19.2	24.4	31.5	40.9	52.7
Rural	9.6	10.5	12.3	13.8	16.4	21.0	27.2	35.3	45.5
Relación de apoyo potencial / *Potential support ratio*	10.1	9.7	9.3	9.3	9.1	8.5	7.7	6.9	6.0
Relación de apoyo a los padres (por 100) *Parent support ratio (per 100)*	7.0	8.5	10.7	11.6	12.1	12.3	12.3	12.3	12.7

Población económicamente activa *Economically active population*	1980	1990	2000	2005	2010	2015	2020	2025	2030
Tasa de actividad de la población total (por 100) *Labour force participation rate of total population (per 100)*									
Ambos sexos / *Both sexes*	52.8	57.5	58.6	60.5	62.4	64.5	66.8	68.9	70.8
Hombres / *Males*	87.6	88.4	84.5	84.2	84.0	84.0	84.3	84.5	84.4
Mujeres / *Females*	18.1	27.0	33.3	37.3	41.3	45.4	49.6	53.6	57.4
Tasa de actividad de la población urbana (por 100) *Labour force participation rate of urban population (per 100)*									
Ambos sexos / *Both sexes*	54.2	59.7	60.3	62.1	64.0	66.1	68.4	70.6	72.4
Hombres / *Males*	79.8	83.1	78.9	79.2	79.5	80.1	81.0	81.7	82.1
Mujeres / *Females*	31.7	39.3	43.9	47.0	50.1	53.4	56.9	60.2	63.3
Tasa de actividad de la población rural (por 100) *Labour force participation rate of rural population (per 100)*									
Ambos sexos / *Both sexes*	51.9	55.8	56.9	58.7	60.5	62.4	64.4	66.3	68.1
Hombres / *Males*	91.9	92.1	89.2	88.9	88.6	88.5	88.5	88.4	88.1
Mujeres / *Females*	9.1	16.3	22.1	26.0	30.1	34.2	38.4	42.5	46.5

Fuente: Centro Latinoamericano y Caribeño de Demografía (CELADE)-División de Población de la CEPAL, revisión de 2015.
Source: Latin American and Caribbean Demographic Centre (CELADE)-Population Division of ECLAC, 2015 revision.

Gráfico 14 / *Figure 14*
México: distribución relativa de la población por sexo y grupos quinquenales de edad, 1980 y 2015
Mexico: population distribution, by sex and five-year age groups, 1980 and 2015

1980   2015

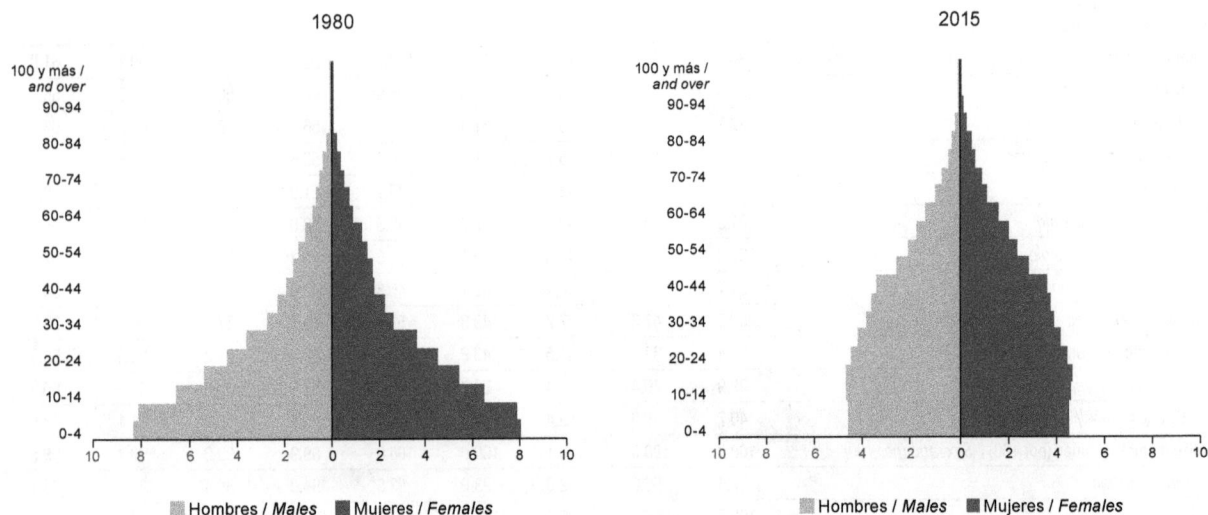

Hombres / *Males*   Mujeres / *Females*   Hombres / *Males*   Mujeres / *Females*

Cuadro 23a / *Table 23a*
México: estimaciones y proyecciones de la población total, según sexo y grupos quinquenales de edad, 1980-2030
Mexico: population estimates and projections, by sex and five-year age groups, 1980-2030
(En miles de personas a mitad de año / *Thousands of persons, at mid-year*)

Sexo y grupos de edad *Sex and age groups*	1980	1990	2000	2005	2010	2015	2020	2025	2030
Ambos sexos / *Both sexes*	69 347	85 381	100 941	107 404	116 329	124 612	132 708	140 521	147 844
0 - 4	11 310	11 536	12 018	11 737	11 466	11 452	11 606	11 721	11 664
5 - 9	11 064	11 003	11 651	11 849	11 687	11 420	11 407	11 560	11 675
10 - 14	9 022	10 837	11 113	11 377	11 813	11 636	11 367	11 352	11 503
15 - 19	7 480	10 434	10 446	10 676	11 320	11 720	11 541	11 269	11 250
20 - 24	6 202	8 195	10 047	9 862	10 595	11 189	11 584	11 402	11 127
25 - 29	5 065	6 652	9 504	9 452	9 770	10 452	11 042	11 434	11 250
30 - 34	3 698	5 587	7 379	9 029	9 358	9 640	10 319	10 905	11 296
35 - 39	3 147	4 713	6 064	7 050	8 933	9 238	9 521	10 198	10 784
40 - 44	2 558	3 509	5 178	5 819	6 961	8 808	9 115	9 399	10 075
45 - 49	2 318	2 983	4 384	4 972	5 723	6 837	8 665	8 974	9 261
50 - 54	2 007	2 393	3 228	4 197	4 858	5 586	6 686	8 487	8 799
55 - 59	1 642	2 121	2 705	3 059	4 058	4 694	5 410	6 489	8 254
60 - 64	1 173	1 771	2 109	2 524	2 907	3 857	4 477	5 175	6 225
65 - 69	985	1 372	1 793	1 912	2 335	2 690	3 591	4 186	4 858
70 - 74	712	904	1 396	1 558	1 697	2 076	2 409	3 239	3 798
75 - 79	510	674	974	1 143	1 299	1 420	1 755	2 054	2 789
80 - 84	285	400	531	708	865	993	1 099	1 376	1 630
85 - 89	120	203	281	311	463	577	675	758	965
90 - 94	39	71	103	126	164	250	320	384	440
95 - 99	9	17	29	33	48	65	103	136	168
100 y más / *and over*	2	4	8	10	8	11	15	24	33

Cuadro 23a (conclusión) / *Table 23a (concluded)*

Sexo y grupos de edad / *Sex and age groups*	1980	1990	2000	2005	2010	2015	2020	2025	2030
Hombres / *Males*	34 545	42 423	50 117	53 277	57 766	61 909	65 950	69 831	73 464
0 - 4	5 746	5 882	6 080	5 974	5 861	5 850	5 930	5 989	5 961
5 - 9	5 609	5 586	5 908	6 003	5 947	5 835	5 825	5 905	5 964
10 - 14	4 549	5 466	5 666	5 776	5 984	5 919	5 806	5 795	5 873
15 - 19	3 740	5 227	5 300	5 424	5 741	5 930	5 864	5 749	5 736
20 - 24	3 077	4 060	5 043	4 974	5 370	5 660	5 847	5 779	5 664
25 - 29	2 513	3 275	4 725	4 715	4 911	5 279	5 568	5 753	5 686
30 - 34	1 867	2 751	3 619	4 459	4 650	4 825	5 192	5 479	5 664
35 - 39	1 588	2 332	2 951	3 429	4 393	4 569	4 746	5 111	5 398
40 - 44	1 287	1 765	2 514	2 807	3 369	4 311	4 488	4 666	5 030
45 - 49	1 111	1 489	2 139	2 394	2 746	3 293	4 222	4 400	4 580
50 - 54	947	1 184	1 602	2 032	2 326	2 667	3 205	4 116	4 296
55 - 59	768	993	1 328	1 508	1 951	2 234	2 568	3 092	3 981
60 - 64	542	811	1 021	1 228	1 420	1 840	2 114	2 437	2 945
65 - 69	449	619	812	912	1 123	1 301	1 696	1 956	2 265
70 - 74	321	400	613	689	797	984	1 149	1 507	1 750
75 - 79	230	291	416	485	561	652	815	959	1 271
80 - 84	127	169	219	288	356	415	490	619	739
85 - 89	52	84	111	120	181	226	269	323	416
90 - 94	17	29	39	46	60	92	118	144	177
95 - 99	4	7	11	11	16	22	35	46	58
100 y más / *and over*	1	2	3	3	3	4	5	8	10
Mujeres / *Females*	34 802	42 957	50 824	54 127	58 563	62 703	66 757	70 690	74 380
0 - 4	5 564	5 654	5 939	5 764	5 605	5 601	5 676	5 732	5 704
5 - 9	5 455	5 418	5 743	5 846	5 740	5 585	5 581	5 656	5 711
10 - 14	4 473	5 371	5 447	5 601	5 829	5 717	5 561	5 557	5 630
15 - 19	3 739	5 207	5 146	5 252	5 579	5 791	5 677	5 520	5 514
20 - 24	3 125	4 135	5 004	4 888	5 225	5 528	5 737	5 623	5 463
25 - 29	2 552	3 377	4 779	4 737	4 859	5 173	5 474	5 681	5 564
30 - 34	1 830	2 835	3 760	4 570	4 708	4 814	5 127	5 427	5 632
35 - 39	1 558	2 381	3 113	3 622	4 541	4 669	4 775	5 087	5 385
40 - 44	1 271	1 744	2 664	3 012	3 591	4 497	4 627	4 733	5 044
45 - 49	1 207	1 494	2 245	2 578	2 976	3 544	4 443	4 574	4 681
50 - 54	1 060	1 209	1 626	2 165	2 532	2 919	3 481	4 372	4 504
55 - 59	875	1 128	1 377	1 551	2 107	2 461	2 842	3 397	4 273
60 - 64	631	960	1 088	1 296	1 487	2 017	2 363	2 737	3 279
65 - 69	536	753	980	1 000	1 212	1 389	1 895	2 230	2 592
70 - 74	391	504	784	870	900	1 092	1 260	1 732	2 048
75 - 79	280	383	558	658	738	768	941	1 095	1 518
80 - 84	158	231	312	419	510	578	610	757	891
85 - 89	67	118	170	191	282	351	406	436	549
90 - 94	22	42	64	80	104	158	202	240	263
95 - 99	5	10	19	22	32	43	68	90	110
100 y más / *and over*	1	3	5	7	6	8	10	16	23

Fuente: Centro Latinoamericano y Caribeño de Demografía (CELADE)-División de Población de la CEPAL, revisión de 2015.
Source: Latin American and Caribbean Demographic Centre (CELADE)-Population Division of ECLAC, 2015 revision.

Cuadro 23b / *Table 23b*
México: indicadores seleccionados derivados de estimaciones y proyecciones de población, 1980-2030
Mexico: selected indicators from population estimates and projections, 1980-2030

Estructura de la población / *Population structure*	1980	1990	2000	2005	2010	2015	2020	2025	2030
Población (en miles) / *Population (thousands)*									
Ambos sexos / *Both sexes*	69 347	85 381	100 941	107 404	116 329	124 612	132 708	140 521	147 844
Hombres / *Males*	34 545	42 423	50 117	53 277	57 766	61 909	65 950	69 831	73 464
Mujeres / *Females*	34 802	42 957	50 824	54 127	58 563	62 703	66 757	70 690	74 380
Índice de masculinidad (por 100) / *Sex ratio (per 100)*	99.3	98.8	98.6	98.4	98.6	98.7	98.8	98.8	98.8
Porcentaje de población / *Percentage of population*									
0-14 años / *years old*	45.3	39.1	34.5	32.6	30.1	27.7	25.9	24.6	23.6
15-59 años / *years old*	49.2	54.6	58.4	59.7	61.5	62.7	63.2	63.0	62.3
15-64 años / *years old*	50.9	56.6	60.5	62.0	64.0	65.8	66.6	66.7	66.5
60-74 años / *years old*	4.1	4.7	5.2	5.6	6.0	6.9	7.9	9.0	10.1
60 años y más / *and over*	5.5	6.3	7.2	7.8	8.4	9.6	10.9	12.3	14.1
65 años y más / *and over*	3.8	4.3	5.1	5.4	5.9	6.5	7.5	8.7	9.9
75 años y más / *and over*	1.4	1.6	1.9	2.2	2.4	2.7	3.0	3.4	4.1
80 años y más / *and over*	0.7	0.8	0.9	1.1	1.3	1.5	1.7	1.9	2.2
Relación de dependencia (por 100) *Dependency ratio (per 100)*									
Total (población menor de 15 años y población de 65 años y más) / *Total (under 15 years of age and 65 and over)*	96.5	76.6	65.4	61.2	56.2	51.9	50.2	49.9	50.4
(Menores de 15 años)/(15-64 años) *(Under 15 years of age)/(15-64 years old)*	89.0	69.0	57.0	52.5	46.9	42.1	38.9	36.9	35.4
(65 años y más)/(15-64 Años) *(65 and over)/(15-64 years old)*	7.5	7.5	8.4	8.7	9.2	9.9	11.3	13.0	14.9
Edad mediana de la población *Median age of population*	17.2	19.5	22.6	24.1	25.7	27.3	29.0	30.7	32.4
Dinámica de la población / *Population dynamics*	1980-1985	1990-1995	2000-2005	2005-2010	2010-2015	2015-2020	2020-2025	2025-2030	
Tasa bruta de natalidad (por 1.000) *Crude birth rate (per 1,000)*	32.3	27.5	23.1	21.0	19.4	18.4	17.5	16.4	
Tasa bruta de mortalidad (por 1.000) *Crude death rate (per 1,000)*	6.3	5.2	4.6	4.6	4.8	4.9	5.2	5.4	
Tasa neta de migración (por 1.000) *Net migration rate (per 1,000)*	-4.1	-4.5	-6.0	-0.4	-0.9	-0.9	-0.8	-0.8	
Tasa de crecimiento total (por 1.000) *Total growth rate (per 1,000)*	21.9	17.9	12.4	16.0	13.8	12.6	11.4	10.2	
Fecundidad / *Fertility*	1980-1985	1990-1995	2000-2005	2005-2010	2010-2015	2015-2020	2020-2025	2025-2030	
Tasa global de fecundidad / *Total fertility rate*	4.37	3.25	2.63	2.43	2.29	2.22	2.18	2.15	
Edad media de la fecundidad / *Mean age of fertility*	28.2	27.7	27.1	26.9	26.9	26.9	27.0	27.0	
Mortalidad / *Mortality*	1980-1985	1990-1995	2000-2005	2005-2010	2010-2015	2015-2020	2020-2025	2025-2030	
Esperanza de vida al nacer / *Life expectancy at birth*									
Ambos sexos / *Both sexes*	67.8	71.8	74.9	75.7	76.5	77.3	78.0	78.7	
Hombres / *Males*	64.4	69.0	72.4	73.3	74.0	74.9	75.5	76.3	
Mujeres / *Females*	71.2	74.6	77.4	78.1	78.9	79.7	80.4	81.0	
Tasa de mortalidad infantil (por 1.000) *Infant mortality rate (per 1,000)*	47.0	33.1	20.5	19.9	18.8	17.7	16.7	15.8	

Cuadro 23b (conclusión) / *Table 23b (concluded)*

Estructura de la población urbana y rural *Population structure (urban and rural population)*	1980	1990	2000	2005	2010	2015	2020	2025	2030
Porcentaje de población urbana *Percentage of urban population*									
Ambos sexos / *Both sexes*	66.1	70.9	74.7	75.6	76.5	77.3	78.2	79.0	79.8
0-14 años / *years old*	63.6	67.2	71.1	72.2	73.3	74.1	75.0	75.8	76.7
15-64 años / *years old*	68.5	73.6	77.0	77.7	78.3	79.1	79.8	80.6	81.4
65 años y más / *and over*	64.7	69.2	71.2	72.1	72.9	73.6	74.5	75.4	76.2
Hombres / *Males*	65.2	70.3	74.2	75.2	76.1	77.1	78.0	78.8	79.6
0-14 años / *years old*	63.3	67.1	71.0	72.1	73.2	74.1	75.1	76.0	77.0
15-64 años / *years old*	67.2	72.9	76.6	77.3	78.1	78.9	79.7	80.5	81.4
65 años y más / *and over*	60.1	65.7	67.9	69.0	70.1	71.1	72.1	73.1	74.0
Mujeres / *Females*	67.1	71.6	75.1	76.0	76.8	77.6	78.4	79.2	79.9
0-14 años / *years old*	63.9	67.4	71.1	72.3	73.3	74.0	74.8	75.6	76.4
15-64 años / *years old*	69.8	74.3	77.5	78.0	78.6	79.3	80.0	80.7	81.4
65 años y más / *and over*	68.5	71.9	73.8	74.4	75.1	75.8	76.6	77.3	78.0
Índice de masculinidad (por 100) / *Sex ratio (per 100)*	99.3	98.8	98.6	98.4	98.6	98.7	98.8	98.8	98.8
Urbana / *Urban*	96.5	97.0	97.4	97.4	97.8	98.0	98.2	98.3	98.4
Rural	105.0	103.2	102.3	101.7	101.5	101.2	100.9	100.5	100.1

Dinámica de la población (urbana y rural) *Population dynamics (urban and rural population)*	1980-1985	1990-1995	2000-2005	2005-2010	2010-2015	2015-2020	2020-2025	2025-2030	
Tasa de crecimiento (por 1.000) / *Growth rate (per 1,000)*	23.3	18.6	13.0	15.1	14.5	13.0	11.9	10.7	
Urbana / *Urban*	30.5	24.0	15.4	17.5	16.8	15.2	14.0	12.7	
Rural	9.0	5.3	5.9	7.8	7.1	5.6	4.4	3.1	

Envejecimiento poblacional / *Population ageing*	1980	1990	2000	2005	2010	2015	2020	2025	2030
Índice de envejecimiento (por 100) / *Ageing index (per 100)*									
Total	12.2	16.2	20.8	23.8	28.0	34.6	42.0	50.0	60.0
Urbano / *Urban*	12.5	16.8	20.9	24.0	28.2	34.9	42.4	50.4	60.4
Rural	11.7	15.1	20.4	23.3	27.3	33.7	41.0	48.9	58.7
Relación de apoyo potencial / *Potential support ratio*	8.9	8.6	8.2	7.7	7.3	6.5	5.8	5.1	4.4
Relación de apoyo a los padres (por 100) *Parent support ratio (per 100)*	9.4	11.1	11.8	12.2	13.1	13.4	13.4	13.3	13.9

Población económicamente activa *Economically active population*	1980	1990	2000	2005	2010	2015	2020	2025	2030
Tasa de actividad de la población total (por 100) *Labour force participation rate of total population (per 100)*									
Ambos sexos / *Both sexes*	56.1	50.9	58.3	60.2	61.9	63.5	65.1	66.4	67.4
Hombres / *Males*	84.3	76.9	80.0	80.4	80.4	80.4	80.3	80.0	79.4
Mujeres / *Females*	28.9	25.8	37.4	40.8	44.0	47.2	50.3	53.2	55.8
Tasa de actividad de la población urbana (por 100) *Labour force participation rate of urban population (per 100)*									
Ambos sexos / *Both sexes*	57.4	51.7	59.3	61.2	62.9	64.5	66.0	67.3	68.2
Hombres / *Males*	83.2	75.5	79.5	79.9	80.0	80.0	80.0	79.7	79.0
Mujeres / *Females*	33.5	29.3	40.1	43.4	46.5	49.6	52.5	55.3	57.7
Tasa de actividad de la población rural (por 100) *Labour force participation rate of rural population (per 100)*									
Ambos sexos / *Both sexes*	53.4	48.5	55.2	56.9	58.5	60.0	61.6	63.0	64.1
Hombres / *Males*	86.5	80.5	81.8	81.9	81.9	81.8	81.6	81.4	80.8
Mujeres / *Females*	18.4	15.8	28.3	31.7	35.1	38.3	41.5	44.6	47.5

Fuente: Centro Latinoamericano y Caribeño de Demografía (CELADE)-División de Población de la CEPAL, revisión de 2015.
Source: Latin American and Caribbean Demographic Centre (CELADE)-Population Division of ECLAC, 2015 revision.

Gráfico 15 / *Figure 15*
Nicaragua: distribución relativa de la población por sexo y grupos quinquenales de edad, 1980 y 2015
Nicaragua: population distribution, by sex and five-year age groups, 1980 and 2015

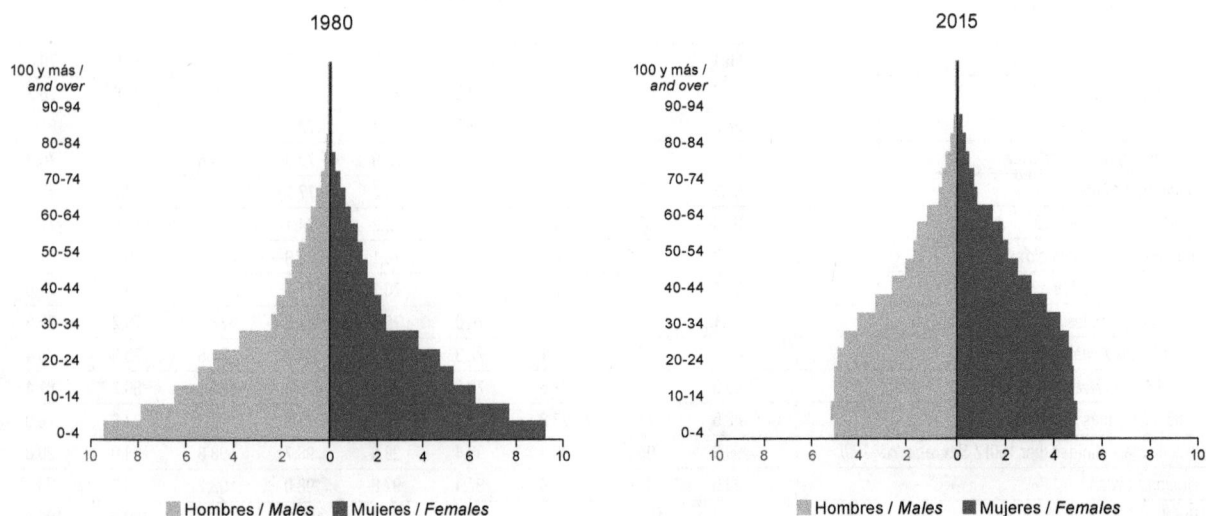

Cuadro 24a / *Table 24a*
Nicaragua: estimaciones y proyecciones de la población total, según sexo y grupos quinquenales de edad, 1980-2030
Nicaragua: population estimates and projections, by sex and five-year age groups, 1980-2030
(En miles de personas a mitad de año / *Thousands of persons, at mid-year*)

Sexo y grupos de edad *Sex and age groups*	1980	1990	2000	2005	2010	2015	2020	2025	2030
Ambos sexos / *Both sexes*	3 250	4 145	5 027	5 380	5 739	6 086	6 410	6 707	6 969
0 - 4	607	694	666	637	632	607	569	530	495
5 - 9	504	647	671	650	623	619	596	561	524
10 - 14	413	555	655	648	628	604	604	585	553
15 - 19	350	457	598	623	619	603	584	589	573
20 - 24	310	362	499	562	590	591	581	567	576
25 - 29	245	301	405	466	532	565	571	565	555
30 - 34	156	268	322	380	443	512	548	557	555
35 - 39	142	211	271	305	363	428	499	537	548
40 - 44	121	131	243	258	292	351	417	489	528
45 - 49	102	122	190	231	247	282	342	408	479
50 - 54	87	104	116	181	222	238	273	333	398
55 - 59	70	87	108	110	172	213	230	264	322
60 - 64	52	72	89	101	103	163	203	219	252
65 - 69	38	56	71	81	92	95	152	189	205
70 - 74	26	37	54	62	71	82	85	137	171
75 - 79	15	23	37	44	51	60	70	73	118
80 - 84	7	11	20	27	33	39	46	54	57
85 - 89	3	4	8	12	17	21	25	30	36
90 - 94	1	1	2	4	6	9	11	14	16
95 - 99	0	0	0	1	2	2	4	5	6
100 y más / *and over*	0	0	0	0	0	1	1	2	3

Cuadro 24a (conclusión) / *Table 24a (concluded)*

Sexo y grupos de edad *Sex and age groups*	1980	1990	2000	2005	2010	2015	2020	2025	2030
Hombres / *Males*	1 627	2 055	2 487	2 655	2 828	3 000	3 160	3 307	3 435
0 - 4	308	353	340	325	323	310	291	271	253
5 - 9	256	329	343	333	319	318	306	288	269
10 - 14	210	282	335	331	323	312	312	301	284
15 - 19	177	230	304	318	316	311	302	305	296
20 - 24	156	179	249	282	298	301	299	293	297
25 - 29	122	147	197	229	264	284	289	290	286
30 - 34	79	130	154	182	214	251	273	281	283
35 - 39	72	101	129	143	171	204	243	266	275
40 - 44	60	63	116	121	136	164	198	237	260
45 - 49	50	59	89	109	115	130	158	192	230
50 - 54	41	51	54	83	103	109	124	152	185
55 - 59	32	42	51	50	78	98	104	119	146
60 - 64	24	33	42	47	47	73	92	98	112
65 - 69	17	25	33	38	42	43	67	84	90
70 - 74	11	16	24	28	33	37	37	59	74
75 - 79	6	9	16	19	23	27	30	31	49
80 - 84	3	4	8	11	14	17	20	22	23
85 - 89	1	2	3	5	6	8	10	12	14
90 - 94	0	0	1	1	2	3	4	5	6
95 - 99	0	0	0	0	0	1	1	1	2
100 y más / *and over*	0	0	0	0	0	0	0	0	1
Mujeres / *Females*	1 623	2 089	2 540	2 724	2 912	3 086	3 250	3 400	3 534
0 - 4	299	341	326	312	309	297	278	259	242
5 - 9	248	318	328	317	304	301	290	273	255
10 - 14	203	273	320	316	306	292	292	283	268
15 - 19	173	228	294	305	303	292	282	284	277
20 - 24	154	183	250	279	292	290	282	274	278
25 - 29	123	154	208	238	268	281	281	275	269
30 - 34	77	138	168	199	229	261	275	277	272
35 - 39	70	110	142	161	192	224	256	271	273
40 - 44	60	68	127	137	156	188	220	252	268
45 - 49	52	63	101	123	132	152	184	216	249
50 - 54	46	53	62	98	119	129	149	181	213
55 - 59	38	46	57	59	94	116	126	145	176
60 - 64	28	39	47	54	56	90	111	121	140
65 - 69	21	31	38	43	50	53	85	105	115
70 - 74	15	21	30	33	38	45	48	78	97
75 - 79	9	13	21	25	28	33	39	42	69
80 - 84	4	7	12	16	19	22	26	32	34
85 - 89	2	3	5	7	10	13	15	18	22
90 - 94	1	1	1	2	4	6	7	9	11
95 - 99	0	0	0	1	1	2	2	3	4
100 y más / *and over*	0	0	0	0	0	1	1	1	2

Fuente: Centro Latinoamericano y Caribeño de Demografía (CELADE)-División de Población de la CEPAL, revisión de 2015.
Source: Latin American and Caribbean Demographic Centre (CELADE)-Population Division of ECLAC, 2015 revision.

ECLAC • Latin America and the Caribbean. Demographic Observatory 2015

Population projections

Cuadro 24b / Table 24b
Nicaragua: indicadores seleccionados derivados de estimaciones y proyecciones de población, 1980-2030
Nicaragua: selected indicators from population estimates and projections, 1980-2030

Estructura de la población / Population structure	1980	1990	2000	2005	2010	2015	2020	2025	2030
Población (en miles) / Population (thousands)									
Ambos sexos / Both sexes	3 250	4 145	5 027	5 380	5 739	6 086	6 410	6 707	6 969
Hombres / Males	1 627	2 055	2 487	2 655	2 828	3 000	3 160	3 307	3 435
Mujeres / Females	1 623	2 089	2 540	2 724	2 912	3 086	3 250	3 400	3 534
Índice de masculinidad (por 100) / Sex ratio (per 100)	100.2	98.4	97.9	97.5	97.1	97.2	97.2	97.2	97.2
Porcentaje de población / Percentage of population									
0-14 años / years old	46.9	45.7	39.6	36.0	32.8	30.1	27.6	25.0	22.5
15-59 años / years old	48.7	49.3	54.8	57.9	60.7	62.2	63.1	64.2	65.0
15-64 años / years old	50.3	51.1	56.5	59.8	62.5	64.9	66.3	67.5	68.7
60-74 años / years old	3.6	4.0	4.3	4.5	4.6	5.6	6.9	8.1	9.0
60 años y más / and over	4.4	5.0	5.6	6.1	6.5	7.8	9.3	10.8	12.4
65 años y más / and over	2.8	3.2	3.8	4.3	4.7	5.1	6.1	7.5	8.8
75 años y más / and over	0.8	1.0	1.3	1.6	1.9	2.2	2.4	2.7	3.4
80 años y más / and over	0.3	0.4	0.6	0.8	1.0	1.2	1.4	1.6	1.7
Relación de dependencia (por 100) Dependency ratio (per 100)									
Total (población menor de 15 años y población de 65 años y más) / Total (under 15 years of age and 65 and over)	98.7	95.9	76.9	67.3	60.1	54.2	50.9	48.1	45.6
(Menores de 15 años)/(15-64 años) (Under 15 years of age)/(15-64 years old)	93.2	89.6	70.1	60.2	52.5	46.4	41.7	37.0	32.8
(65 años y más)/(15-64 Años) (65 and over)/(15-64 years old)	5.5	6.3	6.8	7.2	7.6	7.8	9.3	11.1	12.8
Edad mediana de la población Median age of the population	16.4	16.9	19.4	21.2	23.1	25.2	27.4	29.6	31.9

Dinámica de la población / Population dynamics	1980-1985	1990-1995	2000-2005	2005-2010	2010-2015	2015-2020	2020-2025	2025-2030	
Tasa bruta de natalidad (por 1.000) Crude birth rate (per 1,000)	42.9	33.3	25.3	23.3	21.0	18.6	16.4	14.7	
Tasa bruta de mortalidad (por 1.000) Crude death rate (per 1,000)	10.2	6.5	5.1	4.8	4.7	4.8	4.9	5.3	
Tasa neta de migración (por 1.000) Net migration rate (per 1,000)	-6.3	-5.5	-6.7	-5.6	-4.6	-3.4	-2.4	-1.7	
Tasa de crecimiento total (por 1.000) Total growth rate (per 1,000)	26.4	21.4	13.6	13.0	11.7	10.4	9.0	7.7	

Fecundidad / Fertility	1980-1985	1990-1995	2000-2005	2005-2010	2010-2015	2015-2020	2020-2025	2025-2030	
Tasa global de fecundidad / Total fertility rate	5.85	4.20	2.84	2.56	2.32	2.12	1.96	1.83	
Edad media de la fecundidad / Mean age of fertility	28.1	27.6	26.7	26.6	26.6	26.7	26.7	26.7	

Mortalidad / Mortality	1980-1985	1990-1995	2000-2005	2005-2010	2010-2015	2015-2020	2020-2025	2025-2030	
Esperanza de vida al nacer / Life expectancy at birth									
Ambos sexos / Both sexes	59.5	66.1	70.9	73.0	74.6	75.8	76.8	77.3	
Hombres / Males	56.5	63.5	68.0	69.9	71.5	72.6	73.7	74.2	
Mujeres / Females	62.6	68.7	73.8	76.0	77.7	78.9	79.8	80.4	
Tasa de mortalidad infantil (por 1.000) Infant mortality rate (per 1,000)	79.8	48.0	26.4	21.5	18.1	15.9	13.9	12.9	

Cuadro 24b (conclusión) / *Table 24b (concluded)*

Estructura de la población urbana y rural *Population structure (urban and rural population)*	1980	1990	2000	2005	2010	2015	2020	2025	2030
Porcentaje de población urbana *Percentage of urban population*									
Ambos sexos / *Both sexes*	50.2	53.0	55.2	56.0	56.8	57.6	58.4	59.2	60.0
0-14 años / *years old*	47.3	49.2	50.3	50.5	51.0	51.6	52.1	52.7	53.3
15-64 años / *years old*	52.5	56.1	58.3	59.0	59.6	60.2	60.8	61.3	61.9
65 años y más / *and over*	56.8	58.1	59.7	60.6	61.0	61.5	61.9	62.4	62.9
Hombres / *Males*	47.9	51.0	53.3	54.1	54.9	55.7	56.4	57.2	58.0
0-14 años / *years old*	46.5	48.5	49.8	50.1	50.7	51.2	51.8	52.4	53.0
15-64 años / *years old*	49.2	53.3	55.9	56.6	57.2	57.8	58.5	59.1	59.7
65 años y más / *and over*	48.5	50.7	53.3	54.6	55.1	55.7	56.2	56.7	57.3
Mujeres / *Females*	52.6	55.0	57.0	57.9	58.7	59.6	60.4	61.2	62.0
0-14 años / *years old*	48.2	49.9	50.8	51.0	51.4	51.9	52.5	53.0	53.6
15-64 años / *years old*	55.9	58.8	60.6	61.3	61.8	62.4	62.9	63.5	64.0
65 años y más / *and over*	63.1	63.6	64.7	65.4	65.8	66.1	66.3	66.6	67.0
Índice de masculinidad (por 100) / *Sex ratio (per 100)*	100.2	98.4	97.9	97.5	97.1	97.2	97.2	97.2	97.2
Urbana / *Urban*	91.3	91.2	91.5	91.1	90.7	90.8	90.9	90.9	90.8
Rural	110.2	107.1	106.4	106.3	106.2	106.6	107.0	107.3	107.6

Dinámica de la población (urbana y rural) *Population dynamics (urban and rural population)*	1980-1985	1990-1995	2000-2005	2005-2010	2010-2015	2015-2020	2020-2025	2025-2030	
Tasa de crecimiento (por 1.000) / *Growth rate (per 1,000)*	27.9	22.0	14.7	13.2	12.2	10.9	9.6	8.2	
Urbana / *Urban*	33.4	27.2	17.7	16.2	15.1	13.7	12.3	10.9	
Rural	22.3	16.1	11.0	9.5	8.4	7.1	5.7	4.3	

Envejecimiento poblacional / *Population ageing*	1980	1990	2000	2005	2010	2015	2020	2025	2030
Índice de envejecimiento (por 100) / *Ageing index (per 100)*									
Total	9.3	10.8	14.2	17.1	19.9	25.8	33.7	43.1	55.1
Urbano / *Urban*	11.1	12.7	16.7	20.4	23.7	30.6	39.8	50.8	64.7
Rural	7.8	9.0	11.6	13.7	15.9	20.7	27.1	34.6	44.1
Relación de apoyo potencial / *Potential support ratio*	11.1	10.0	9.8	9.4	9.3	8.0	6.8	6.0	5.2
Relación de apoyo a los padres (por 100) *Parent support ratio (per 100)*	5.3	6.5	9.7	11.1	11.5	11.7	12.4	12.8	12.2

Población económicamente activa *Economically active population*	1980	1990	2000	2005	2010	2015	2020	2025	2030
Tasa de actividad de la población total (por 100) *Labour force participation rate of total population (per 100)*									
Ambos sexos / *Both sexes*	57.7	57.7	63.7	65.2	67.0	68.8	70.4	71.7	72.8
Hombres / *Males*	83.5	82.5	86.1	85.9	86.0	86.1	86.1	85.8	85.5
Mujeres / *Females*	32.4	34.2	42.6	45.8	49.2	52.5	55.6	58.2	60.7
Tasa de actividad de la población urbana (por 100) *Labour force participation rate of urban population (per 100)*									
Ambos sexos / Both sexes	57.7	57.6	64.0	65.7	67.6	69.5	71.1	72.3	73.3
Hombres / *Males*	77.4	76.6	82.0	82.2	82.7	83.1	83.4	83.2	83.0
Mujeres / *Females*	40.9	41.5	48.5	51.5	54.6	57.6	60.4	62.7	64.8
Tasa de actividad de la población rural (por 100) *Labour force participation rate of rural population (per 100)*									
Ambos sexos / *Both sexes*	57.6	57.7	63.1	64.6	66.1	67.8	69.4	70.7	71.9
Hombres / *Males*	89.3	89.1	91.1	90.7	90.5	90.3	90.0	89.6	89.0
Mujeres / *Females*	21.4	23.8	33.4	36.8	40.4	43.9	47.3	50.4	53.4

Fuente: Centro Latinoamericano y Caribeño de Demografía (CELADE)-División de Población de la CEPAL, revisión de 2015.
Source: Latin American and Caribbean Demographic Centre (CELADE)-Population Division of ECLAC, 2015 revision.

Gráfico 16 / *Figure 16*
Panamá: distribución relativa de la población por sexo y grupos quinquenales de edad, 1980 y 2015
Panama: population distribution, by sex and five-year age groups, 1980 and 2015

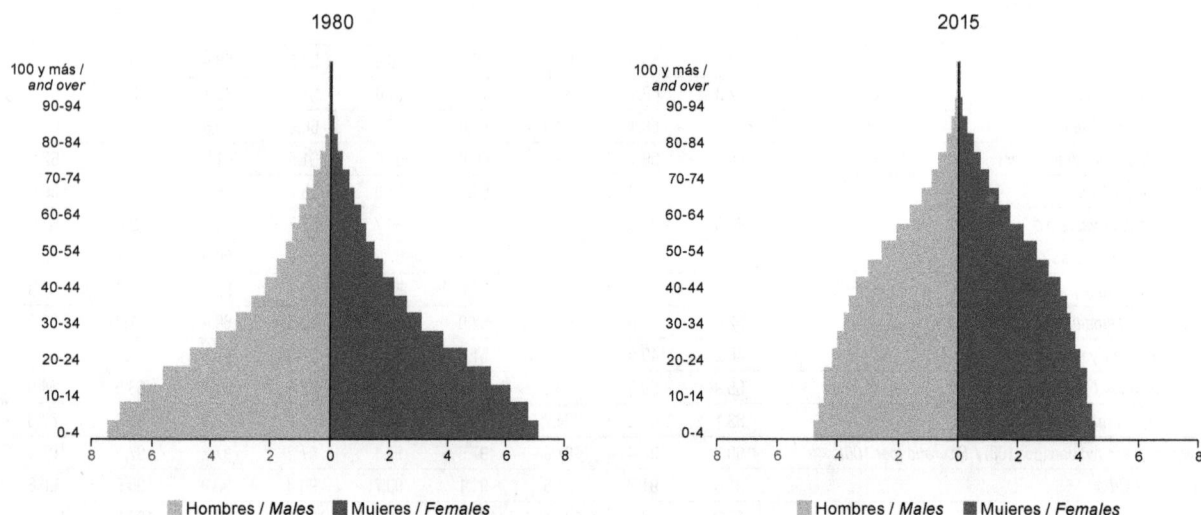

Cuadro 25a / *Table 25a*
Panamá: estimaciones y proyecciones de la población total, según sexo y grupos quinquenales de edad, 1980-2030
Panama: population estimates and projections, by sex and five-year age groups, 1980-2030
(En miles de personas a mitad de año / *Thousands of persons, at mid-year*)

Sexo y grupos de edad *Sex and age groups*	1980	1990	2000	2005	2010	2015	2020	2025	2030
Ambos sexos / *Both sexes*	1 979	2 471	3 029	3 319	3 620	3 929	4 240	4 545	4 834
0 - 4	288	310	342	343	357	368	379	387	392
5 - 9	273	294	318	341	342	356	367	378	386
10 - 14	247	283	308	319	341	343	357	368	378
15 - 19	219	269	294	309	320	343	345	359	370
20 - 24	185	242	282	294	310	322	346	347	360
25 - 29	152	212	267	282	295	311	324	347	348
30 - 34	125	179	239	267	283	296	313	326	348
35 - 39	103	146	209	239	267	284	298	315	326
40 - 44	85	119	176	209	239	268	285	299	315
45 - 49	70	99	143	174	207	238	267	284	297
50 - 54	59	81	115	140	171	204	234	263	280
55 - 59	49	66	94	112	136	166	198	228	257
60 - 64	40	53	75	90	107	130	160	191	221
65 - 69	31	42	58	70	84	100	123	151	181
70 - 74	23	32	44	52	63	76	92	113	139
75 - 79	15	22	31	37	45	54	66	80	100
80 - 84	8	13	19	24	29	36	44	54	66
85 - 89	4	6	10	13	16	20	26	32	40
90 - 94	1	2	4	5	7	10	12	16	20
95 - 99	0	0	1	1	2	3	4	6	8
100 y más / *and over*	0	0	0	0	0	1	1	1	2

Cuadro 25a (conclusión) / Table 25a (concluded)

Sexo y grupos de edad Sex and age groups	1980	1990	2000	2005	2010	2015	2020	2025	2030
Hombres / Males	1 002	1 249	1 526	1 670	1 819	1 970	2 122	2 270	2 410
0 - 4	147	158	174	175	182	188	194	198	200
5 - 9	139	150	162	173	174	182	187	193	197
10 - 14	126	144	157	162	174	175	182	188	193
15 - 19	111	137	150	157	163	175	176	183	188
20 - 24	94	123	143	150	157	163	175	176	183
25 - 29	77	107	135	143	149	157	163	175	176
30 - 34	63	90	120	134	142	149	158	163	175
35 - 39	52	73	105	120	134	143	150	158	163
40 - 44	43	60	88	104	119	134	143	150	157
45 - 49	36	50	71	86	103	118	133	142	148
50 - 54	30	41	57	69	84	101	116	130	139
55 - 59	25	33	46	55	67	82	98	113	127
60 - 64	21	27	37	44	52	63	78	93	108
65 - 69	16	21	29	34	41	48	59	72	87
70 - 74	11	16	21	25	30	36	43	53	65
75 - 79	7	10	15	17	21	25	30	37	45
80 - 84	4	6	9	11	13	16	20	24	29
85 - 89	2	3	4	6	7	9	11	14	17
90 - 94	0	1	2	2	3	4	5	6	8
95 - 99	0	0	0	1	1	1	2	2	3
100 y más / and over	0	0	0	0	0	0	0	0	1
Mujeres / Females	976	1 222	1 503	1 649	1 802	1 959	2 119	2 275	2 424
0 - 4	141	152	168	168	175	180	185	189	192
5 - 9	134	143	156	167	168	174	180	185	189
10 - 14	122	139	151	156	168	168	175	180	185
15 - 19	108	132	143	151	157	169	170	176	181
20 - 24	92	119	139	144	153	159	171	171	177
25 - 29	76	105	132	139	145	154	161	172	173
30 - 34	62	89	119	132	140	147	156	162	174
35 - 39	51	73	105	119	133	141	148	157	163
40 - 44	42	60	88	104	119	134	142	149	158
45 - 49	35	49	72	87	104	119	134	142	149
50 - 54	29	41	58	71	86	103	118	132	141
55 - 59	24	33	47	57	69	84	101	116	130
60 - 64	20	26	38	46	55	67	82	98	113
65 - 69	16	21	30	36	43	52	64	79	94
70 - 74	11	16	22	27	33	40	48	60	74
75 - 79	8	12	16	19	24	29	36	43	54
80 - 84	4	7	10	13	16	20	24	30	37
85 - 89	2	3	6	7	9	11	14	18	23
90 - 94	1	1	2	3	4	5	7	9	12
95 - 99	0	0	1	1	1	2	3	3	5
100 y más / and over	0	0	0	0	0	0	0	1	1

Fuente: Centro Latinoamericano y Caribeño de Demografía (CELADE)-División de Población de la CEPAL, revisión de 2015.
Source: Latin American and Caribbean Demographic Centre (CELADE)-Population Division of ECLAC, 2015 revision.

Cuadro 25b / *Table 25b*
Panamá: indicadores seleccionados derivados de estimaciones y proyecciones de población, 1980-2030
Panama: selected indicators from population estimates and projections, 1980-2030

Estructura de la población / *Population structure*	1980	1990	2000	2005	2010	2015	2020	2025	2030
Población (en miles) / *Population (thousands)*									
Ambos sexos / *Both sexes*	1 979	2 471	3 029	3 319	3 620	3 929	4 240	4 545	4 834
Hombres / *Males*	1 002	1 249	1 526	1 670	1 819	1 970	2 122	2 270	2 410
Mujeres / *Females*	976	1 222	1 503	1 649	1 802	1 959	2 119	2 275	2 424
Índice de masculinidad (por 100) *Sex ratio (per 100)*	102.7	102.2	101.6	101.3	100.9	100.5	100.1	99.8	99.4
Porcentaje de población / *Percentage of population*									
0-14 años / *years old*	40.9	35.9	31.9	30.2	28.7	27.2	26.0	24.9	23.9
15-59 años / *years old*	52.9	57.2	60.0	61.0	61.5	61.9	61.6	60.9	60.0
15-64 años / *years old*	55.0	59.4	62.5	63.7	64.5	65.2	65.3	65.1	64.6
60-74 años / *years old*	4.8	5.2	5.9	6.4	7.0	7.8	8.8	10.0	11.2
60 años y más / *and over*	6.2	6.9	8.0	8.8	9.8	10.9	12.4	14.2	16.1
65 años y más / *and over*	4.2	4.8	5.5	6.1	6.8	7.6	8.7	10.0	11.5
75 años y más / *and over*	1.4	1.8	2.1	2.4	2.7	3.1	3.6	4.2	4.9
80 años y más / *and over*	0.7	0.9	1.1	1.3	1.5	1.8	2.0	2.4	2.8
Relación de dependencia (por 100) *Dependency ratio (per 100)*									
Total (población menor de 15 años y población de 65 años y más) / *Total (under 15 years of age and 65 and over)*	82.0	68.4	59.9	57.0	55.1	53.4	53.1	53.6	54.8
(Menores de 15 años)/(15-64 años) *(Under 15 years of age)/(15-64 years old)*	74.4	60.4	51.1	47.4	44.6	41.7	39.8	38.3	37.0
(65 años y más)/(15-64 Años) *(65 and over)/(15-64 years old)*	7.6	8.0	8.8	9.6	10.6	11.7	13.3	15.3	17.8
Edad mediana de la población *Median age of the population*	19.1	21.7	24.5	26.0	27.4	28.7	30.0	31.3	32.6
Dinámica de la población / *Population dynamics*	1980-1985	1990-1995	2000-2005	2005-2010	2010-2015	2015-2020	2020-2025	2025-2030	
Tasa bruta de natalidad (por 1.000) *Crude birth rate (per 1,000)*	29.5	25.2	22.1	21.0	19.8	18.8	17.9	16.9	
Tasa bruta de mortalidad (por 1.000) *Crude death rate (per 1,000)*	5.4	4.9	4.8	4.9	5.0	5.1	5.3	5.6	
Tasa neta de migración (por 1.000) *Net migration rate (per 1,000)*	-1.2	0.2	1.0	1.3	1.5	1.5	1.3	1.0	
Tasa de crecimiento total (por 1.000) *Total growth rate (per 1,000)*	23.0	20.5	18.3	17.4	16.4	15.2	13.9	12.3	
Fecundidad / *Fertility*	1980-1985	1990-1995	2000-2005	2005-2010	2010-2015	2015-2020	2020-2025	2025-2030	
Tasa global de fecundidad / *Total fertility rate*	3.63	2.92	2.61	2.54	2.48	2.42	2.36	2.31	
Edad media de la fecundidad / *Mean age of fertility*	27.1	26.8	26.5	26.3	26.4	26.4	26.5	26.5	
Mortalidad / *Mortality*	1980-1985	1990-1995	2000-2005	2005-2010	2010-2015	2015-2020	2020-2025	2025-2030	
Esperanza de vida al nacer / *Life expectancy at birth*									
Ambos sexos / *Both sexes*	71.1	73.6	75.6	76.4	77.4	78.2	79.1	79.9	
Hombres / *Males*	68.6	70.8	73.0	73.5	74.3	75.1	75.9	76.6	
Mujeres / *Females*	73.7	76.5	78.2	79.4	80.5	81.4	82.3	83.1	
Tasa de mortalidad infantil (por 1.000) *Infant mortality rate (per 1,000)*	34.1	26.3	19.8	16.8	15.2	14.2	13.3	12.5	

Cuadro 25b (conclusión) / *Table 25b (concluded)*

Estructura de la población urbana y rural *Population structure (urban and rural population)*	1980	1990	2000	2005	2010	2015	2020	2025	2030
Porcentaje de población urbana *Percentage of urban population*									
Ambos sexos / *Both sexes*	49.8	53.9	62.3	63.7	65.2	66.6	67.9	69.3	70.5
0-14 años / *years old*	45.2	48.5	56.3	57.5	58.7	60.1	61.5	62.9	64.3
15-64 años / *years old*	53.1	57.1	65.4	66.8	68.2	69.4	70.7	71.9	73.1
65 años y más / *and over*	52.6	55.7	60.9	62.3	63.7	65.0	66.4	67.7	69.0
Hombres / *Males*	47.5	51.7	60.5	62.0	63.6	65.1	66.5	68.0	69.3
0-14 años / *years old*	44.5	47.9	55.8	57.1	58.4	59.9	61.5	63.0	64.6
15-64 años / *years old*	49.8	54.2	63.4	64.9	66.5	67.9	69.3	70.6	72.0
65 años y más / *and over*	46.8	49.7	54.9	56.5	58.1	59.6	61.2	62.7	64.2
Mujeres / *Females*	52.2	56.2	64.0	65.4	66.8	68.1	69.3	70.6	71.8
0-14 años / *years old*	46.0	49.1	56.7	57.9	59.0	60.3	61.6	62.9	64.1
15-64 años / *years old*	56.4	60.0	67.5	68.7	69.9	71.0	72.2	73.2	74.3
65 años y más / *and over*	58.3	61.2	66.4	67.6	68.7	69.8	70.9	72.0	73.1
Índice de masculinidad (por 100) / *Sex ratio (per 100)*	102.7	102.2	101.6	101.3	100.9	100.5	100.1	99.8	99.4
Urbana / *Urban*	93.3	94.0	96.0	96.1	96.1	96.1	96.1	96.1	96.1
Rural	112.9	112.7	111.6	111.1	110.5	109.9	109.3	108.7	108.0

Dinámica de la población (urbana y rural) *Population dynamics (urban and rural population)*	1980-1985	1990-1995	2000-2005	2005-2010	2010-2015	2015-2020	2020-2025	2025-2030	
Tasa de crecimiento (por 1.000) / *Growth rate (per 1,000)*	23.7	20.9	19.0	17.7	16.8	15.7	14.4	12.9	
Urbana / *Urban*	31.8	36.3	23.6	22.3	21.1	19.9	18.4	16.7	
Rural	15.6	2.5	11.2	9.7	8.6	7.4	6.0	4.4	

Envejecimiento poblacional / *Population ageing*	1980	1990	2000	2005	2010	2015	2020	2025	2030
Índice de envejecimiento (por 100) / *Ageing index (per 100)*									
Total	15.1	19.3	25.1	29.1	33.9	40.3	47.7	56.8	67.1
Urbano / *Urban*	17.6	22.0	27.0	31.8	37.3	44.1	52.1	61.7	72.7
Rural	13.1	16.7	22.5	25.6	29.2	34.5	40.8	48.4	57.1
Relación de apoyo potencial / *Potential support ratio*	8.5	8.3	7.5	6.9	6.3	5.7	5.0	4.3	3.7
Relación de apoyo a los padres (por 100) *Parent support ratio (per 100)*	9.0	10.7	12.1	12.7	13.3	13.9	14.7	15.9	17.9

Población económicamente activa *Economically active population*	1980	1990	2000	2005	2010	2015	2020	2025	2030
Tasa de actividad de la población total (por 100) *Labour force participation rate of total population (per 100)*									
Ambos sexos / *Both sexes*	55.2	57.7	61.3	62.6	63.7	64.4	65.1	65.5	65.7
Hombres / *Males*	78.7	79.3	80.4	80.3	80.1	79.4	78.8	77.8	76.6
Mujeres / *Females*	31.3	35.9	42.2	44.9	47.4	49.5	51.6	53.4	55.0
Tasa de actividad de la población urbana (por 100) *Labour force participation rate of urban population (per 100)*									
Ambos sexos / *Both sexes*	57.2	59.0	62.9	64.1	64.9	65.4	65.8	65.8	65.7
Hombres / *Males*	73.9	75.0	77.9	78.0	77.8	77.2	76.5	75.4	74.2
Mujeres / *Females*	42.3	44.5	49.0	51.0	52.8	54.3	55.7	56.8	57.8
Tasa de actividad de la población rural (por 100) *Labour force participation rate of rural population (per 100)*									
Ambos sexos / *Both sexes*	53.0	56.0	58.3	59.8	61.1	62.3	63.6	64.7	65.7
Hombres / *Males*	83.3	84.3	84.6	84.5	84.3	84.0	83.7	83.2	82.5
Mujeres / *Females*	17.0	22.9	28.1	31.6	34.9	38.0	41.1	44.2	47.1

Fuente: Centro Latinoamericano y Caribeño de Demografía (CELADE)-División de Población de la CEPAL, revisión de 2015.
Source: *Latin American and Caribbean Demographic Centre (CELADE)-Population Division of ECLAC, 2015 revision.*

Gráfico 17 / *Figure 17*
Paraguay: distribución relativa de la población por sexo y grupos quinquenales de edad, 1980 y 2015
Paraguay: population distribution, by sex and five-year age groups, 1980 and 2015

1980

2015

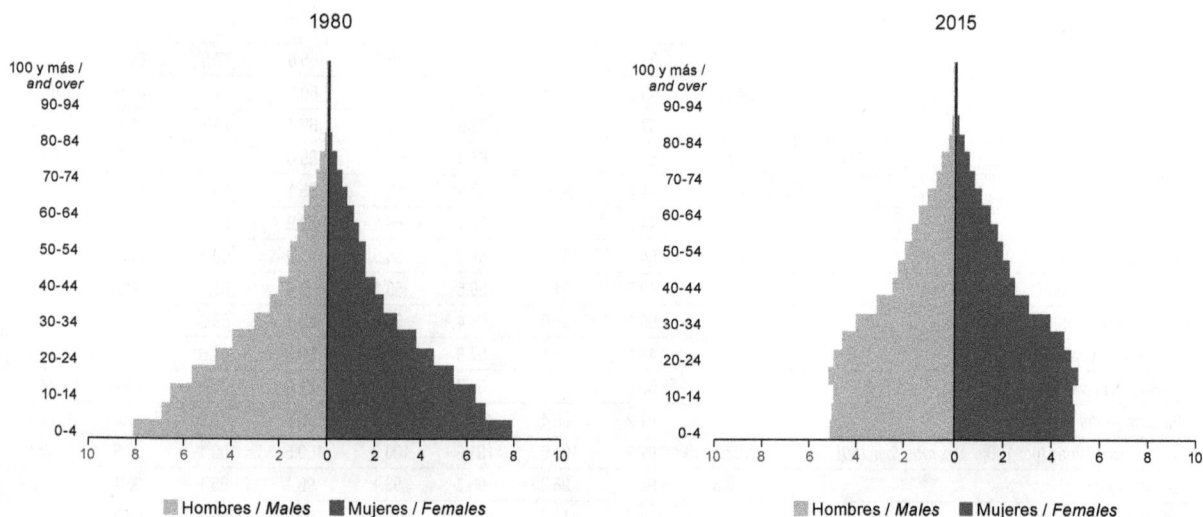

Hombres / *Males*   Mujeres / *Females*

Hombres / *Males*   Mujeres / *Females*

Cuadro 26a / Table 26a
Paraguay: estimaciones y proyecciones de la población total, según sexo y grupos quinquenales de edad, 1980-2030
Paraguay: population estimates and projections, by sex and five-year age groups, 1980-2030
(En miles de personas a mitad de año / *Thousands of persons, at mid-year*)

Sexo y grupos de edad / *Sex and age groups*	1980	1990	2000	2005	2010	2015	2020	2025	2030
Ambos sexos / *Both sexes*	3 181	4 214	5 303	5 795	6 210	6 639	7 046	7 416	7 741
0 - 4	508	653	705	669	675	674	664	640	610
5 - 9	434	588	678	700	663	670	669	659	636
10 - 14	410	497	644	676	693	657	665	664	655
15 - 19	352	421	580	639	665	685	649	657	657
20 - 24	293	387	480	568	622	652	672	638	647
25 - 29	246	331	392	461	547	605	636	657	625
30 - 34	189	281	351	372	439	530	588	619	642
35 - 39	151	239	309	339	350	421	511	570	603
40 - 44	130	187	270	303	321	336	407	497	557
45 - 49	103	148	231	264	286	307	322	393	482
50 - 54	99	125	178	224	247	271	292	307	378
55 - 59	81	96	138	171	211	234	258	280	295
60 - 64	65	88	112	130	159	198	221	244	265
65 - 69	49	67	81	102	118	145	182	204	226
70 - 74	35	49	68	70	89	104	129	162	182
75 - 79	22	31	46	56	58	74	87	109	138
80 - 84	11	17	26	33	40	43	55	66	83
85 - 89	4	6	11	14	18	23	25	33	40
90 - 94	1	2	3	4	6	8	10	12	16
95 - 99	0	0	1	1	1	2	3	3	4
100 y más / *and over*	0	0	0	0	0	0	1	1	1

Cuadro 26a (conclusión) / *Table 26a (concluded)*

Sexo y grupos de edad *Sex and age groups*	1980	1990	2000	2005	2010	2015	2020	2025	2030
Hombres / *Males*	1 604	2 130	2 683	2 935	3 150	3 369	3 570	3 752	3 910
0 - 4	258	332	359	341	344	344	338	327	311
5 - 9	220	298	345	356	337	341	341	336	324
10 - 14	209	252	327	344	353	335	339	338	334
15 - 19	179	213	294	324	339	349	331	335	335
20 - 24	149	196	243	288	316	332	342	325	329
25 - 29	125	168	198	234	279	308	323	334	318
30 - 34	97	143	177	188	224	270	299	315	326
35 - 39	77	123	157	171	178	215	260	289	306
40 - 44	65	96	138	154	163	171	208	252	282
45 - 49	51	76	119	135	145	156	163	200	244
50 - 54	48	63	91	115	126	137	148	155	192
55 - 59	40	48	70	87	108	119	130	140	148
60 - 64	31	43	56	65	81	101	111	122	132
65 - 69	23	32	39	50	59	73	91	102	112
70 - 74	16	22	32	34	43	51	63	80	89
75 - 79	9	14	21	25	27	35	41	52	66
80 - 84	4	7	11	14	18	19	25	30	38
85 - 89	1	2	4	6	8	10	11	14	17
90 - 94	0	1	1	2	2	3	4	5	6
95 - 99	0	0	0	0	0	1	1	1	1
100 y más / *and over*	0	0	0	0	0	0	0	0	0
Mujeres / *Females*	1 576	2 084	2 619	2 861	3 059	3 270	3 476	3 664	3 831
0 - 4	250	321	346	328	331	330	325	314	299
5 - 9	214	289	333	344	325	329	328	323	312
10 - 14	201	245	317	332	340	322	326	326	321
15 - 19	173	207	285	315	327	336	319	323	323
20 - 24	144	191	236	280	306	320	330	313	318
25 - 29	120	163	195	227	269	297	312	323	307
30 - 34	93	138	174	184	215	260	289	305	316
35 - 39	74	116	152	168	172	206	251	281	297
40 - 44	64	91	132	149	158	165	199	245	275
45 - 49	51	73	112	129	140	151	158	193	238
50 - 54	50	62	87	109	121	133	145	152	186
55 - 59	41	48	68	83	103	115	128	139	147
60 - 64	34	45	56	64	78	98	109	122	133
65 - 69	26	35	41	51	59	72	91	102	114
70 - 74	19	26	36	37	46	53	66	83	94
75 - 79	12	17	25	30	31	39	46	57	72
80 - 84	6	10	15	18	23	24	30	36	45
85 - 89	2	4	6	8	11	14	15	19	23
90 - 94	1	1	2	3	4	5	6	7	9
95 - 99	0	0	0	1	1	1	2	2	3
100 y más / *and over*	0	0	0	0	0	0	0	1	1

Fuente: Centro Latinoamericano y Caribeño de Demografía (CELADE)-División de Población de la CEPAL, revisión de 2015.
Source: Latin American and Caribbean Demographic Centre (CELADE)-Population Division of ECLAC, 2015 revision.

Cuadro 26b / *Table 26b*
Paraguay: indicadores seleccionados derivados de estimaciones y proyecciones de población, 1980-2030
Paraguay: selected indicators from population estimates and projections, 1980-2030

Estructura de la población / *Population structure*	1980	1990	2000	2005	2010	2015	2020	2025	2030
Población (en miles) / *Population (thousands)*									
Ambos sexos / *Both sexes*	3 181	4 214	5 303	5 795	6 210	6 639	7 046	7 416	7 741
Hombres / *Males*	1 604	2 130	2 683	2 935	3 150	3 369	3 570	3 752	3 910
Mujeres / *Females*	1 576	2 084	2 619	2 861	3 059	3 270	3 476	3 664	3 831
Índice de masculinidad (por 100) / *Sex ratio (per 100)*	101.8	102.2	102.5	102.6	103.0	103.0	102.7	102.4	102.1
Porcentaje de población / *Percentage of population*									
0-14 años / *years old*	42.5	41.3	38.2	35.3	32.7	30.1	28.3	26.5	24.6
15-59 años / *years old*	51.6	52.6	55.2	57.7	59.4	60.9	61.5	62.3	63.1
15-64 años / *years old*	53.7	54.7	57.3	59.9	62.0	63.8	64.7	65.6	66.5
60-74 años / *years old*	4.7	4.8	4.9	5.2	5.9	6.7	7.5	8.2	8.7
60 años y más / *and over*	5.9	6.2	6.5	7.1	7.9	9.0	10.1	11.2	12.3
65 años y más / *and over*	3.8	4.1	4.4	4.8	5.3	6.0	7.0	8.0	8.9
75 años y más / *and over*	1.2	1.3	1.6	1.9	2.0	2.3	2.6	3.0	3.6
80 años y más / *and over*	0.5	0.6	0.8	0.9	1.1	1.2	1.3	1.5	1.9
Relación de dependencia (por 100) *Dependency ratio (per 100)*									
Total (población menor de 15 años y población de 65 años y más) / *Total (under 15 years of age and 65 and over)*	86.3	83.0	74.4	67.0	61.4	56.6	54.6	52.5	50.3
(Menores de 15 años)/(15-64 años) *Under 15 years of age)/(15-64 years old)*	79.2	75.5	66.7	58.9	52.8	47.2	43.8	40.4	36.9
(65 años y más)/(15-64 Años) *(65 and over)/(15-64 years old)*	7.1	7.5	7.7	8.1	8.6	9.4	10.8	12.1	13.4
Edad mediana de la población *Median age of the population*	18.4	19.4	20.5	21.9	23.3	24.9	26.6	28.4	30.3

Dinámica de la población / *Population dynamics*	1980-1985	1990-1995	2000-2005	2005-2010	2010-2015	2015-2020	2020-2025	2025-2030	
Tasa bruta de natalidad (por 1.000) *Crude birth rate (per 1,000)*	36.7	32.0	25.1	23.3	21.7	20.0	18.2	16.5	
Tasa bruta de mortalidad (por 1.000) *Crude death rate (per 1,000)*	6.8	6.2	5.6	5.6	5.6	5.7	5.8	6.0	
Tasa neta de migración (por 1.000) *Net migration rate (per 1,000)*	-1.2	-1.4	-1.7	-3.9	-2.7	-2.4	-2.1	-1.8	
Tasa de crecimiento total (por 1.000) *Total growth rate (per 1,000)*	28.7	24.4	17.8	13.8	13.4	11.9	10.2	8.6	

Fecundidad / *Fertility*	1980-1985	1990-1995	2000-2005	2005-2010	2010-2015	2015-2020	2020-2025	2025-2030	
Tasa global de fecundidad / *Total fertility rate*	5.12	4.31	3.24	2.89	2.60	2.36	2.17	2.02	
Edad media de la fecundidad / *Mean age of fertility*	29.5	28.9	28.5	28.3	28.3	28.3	28.2	28.2	

Mortalidad / *Mortality*	1980-1985	1990-1995	2000-2005	2005-2010	2010-2015	2015-2020	2020-2025	2025-2030	
Esperanza de vida al nacer / *Life expectancy at birth*									
Ambos sexos / *Both sexes*	67.1	68.5	70.8	71.8	72.8	73.7	74.5	75.3	
Hombres / *Males*	64.9	66.3	68.7	69.7	70.7	71.5	72.3	73.1	
Mujeres / *Females*	69.3	70.8	72.9	73.9	74.9	75.9	76.7	77.5	
Tasa de mortalidad infantil (por 1.000) *Infant mortality rate (per 1,000)*	48.9	42.9	35.5	32.0	28.8	25.8	23.2	20.9	

Cuadro 26b (conclusión) / _Table 26b (concluded)_

Estructura de la población urbana y rural _Population structure (urban and rural population)_	1980	1990	2000	2005	2010	2015	2020	2025	2030
Porcentaje de población urbana _Percentage of urban population_									
Ambos sexos / _Both sexes_	41.8	50.1	57.0	60.2	63.4	66.4	69.2	71.8	74.3
0-14 años / _years old_	36.4	45.1	52.8	56.0	59.1	62.1	65.1	67.8	70.4
15-64 años / _years old_	45.6	53.5	59.8	62.7	65.6	68.4	71.1	73.5	75.8
65 años y más / _and over_	47.7	53.6	57.6	60.2	63.1	65.9	68.6	71.2	73.6
Hombres / _Males_	40.1	48.2	55.0	58.2	61.3	64.4	67.3	70.0	72.5
0-14 años / _years old_	35.8	44.4	52.1	55.3	58.4	61.4	64.3	67.1	69.8
15-64 años / _years old_	43.3	51.0	57.1	60.1	63.1	66.0	68.8	71.4	73.8
65 años y más / _and over_	43.8	49.1	52.8	55.6	58.7	61.7	64.7	67.4	70.0
Mujeres / _Females_	43.4	52.0	59.1	62.3	65.5	68.4	71.2	73.7	76.1
0-14 años / _years old_	37.0	45.9	53.6	56.8	59.9	62.9	65.8	68.5	71.1
15-64 años / _years old_	47.8	56.2	62.6	65.4	68.2	70.9	73.4	75.7	77.8
65 años y más / _and over_	50.9	57.4	61.7	64.2	67.0	69.7	72.2	74.6	76.8
Índice de masculinidad (por 100) / _Sex ratio (per 100)_	101.8	102.2	102.5	102.6	103.0	103.0	102.7	102.4	102.1
Urbana / _Urban_	94.1	94.6	95.3	95.7	96.5	96.9	97.1	97.2	97.3
Rural	107.6	110.4	112.8	113.9	115.3	116.2	116.7	117.1	117.3

Dinámica de la población (urbana y rural) _Population dynamics (urban and rural population)_	1980-1985	1990-1995	2000-2005	2005-2010	2010-2015	2015-2020	2020-2025	2025-2030
Tasa de crecimiento (por 1.000) / _Growth rate (per 1,000)_	28.2	25.6	19.2	15.0	13.6	12.5	10.9	9.2
Urbana / _Urban_	41.3	43.4	30.4	25.4	23.2	21.2	18.7	16.2
Rural	18.7	7.4	4.2	-1.0	-3.2	-4.9	-6.9	-8.8

Envejecimiento poblacional / _Population ageing_	1980	1990	2000	2005	2010	2015	2020	2025	2030
Índice de envejecimiento (por 100) / _Ageing index (per 100)_									
Total	13.8	15.0	17.1	20.0	24.1	29.9	35.7	42.5	50.2
Urbano / _Urban_	18.0	17.7	18.6	21.5	25.7	31.7	37.6	44.6	52.5
Rural	11.4	12.8	15.4	18.2	21.8	27.0	32.1	38.0	44.8
Relación de apoyo potencial / _Potential support ratio_	8.8	8.5	8.4	8.2	7.5	6.8	6.1	5.5	5.1
Relación de apoyo a los padres (por 100) _Parent support ratio (per 100)_	6.5	8.1	9.6	10.0	10.7	10.9	12.2	13.8	15.3

Población económicamente activa _Economically active population_	1980	1990	2000	2005	2010	2015	2020	2025	2030
Tasa de actividad de la población total (por 100) _Labour force participation rate of total population (per 100)_									
Ambos sexos / _Both sexes_	55.4	64.3	64.3	65.7	67.2	68.7	70.4	71.7	72.8
Hombres / _Males_	88.8	88.8	82.3	82.0	81.9	82.0	82.3	82.2	82.0
Mujeres / _Females_	21.8	39.4	46.0	49.0	52.1	55.1	58.2	60.9	63.5
Tasa de actividad de la población urbana (por 100) _Labour force participation rate of urban population (per 100)_									
Ambos sexos / _Both sexes_	56.7	64.4	65.3	66.6	68.0	69.4	71.0	72.2	73.3
Hombres / _Males_	84.3	85.1	78.7	78.8	79.1	79.5	80.2	80.4	80.4
Mujeres / _Females_	31.7	45.4	53.0	55.2	57.4	59.7	62.2	64.4	66.4
Tasa de actividad de la población rural (por 100) _Labour force participation rate of rural population (per 100)_									
Ambos sexos / _Both sexes_	54.3	64.2	62.7	64.2	65.7	67.3	68.9	70.2	71.4
Hombres / _Males_	92.3	92.6	87.0	86.8	86.7	86.7	86.8	86.6	86.2
Mujeres / _Females_	12.6	31.8	34.3	37.4	40.6	43.9	47.2	50.4	53.4

Fuente: Centro Latinoamericano y Caribeño de Demografía (CELADE)-División de Población de la CEPAL, revisión de 2015.
**Source**: Latin American and Caribbean Demographic Centre (CELADE)-Population Division of ECLAC, 2015 revision.

Gráfico 18 / Figure 18
Perú: distribución relativa de la población por sexo y grupos quinquenales de edad, 1980 y 2015
Peru: population distribution, by sex and five-year age groups, 1980 and 2015

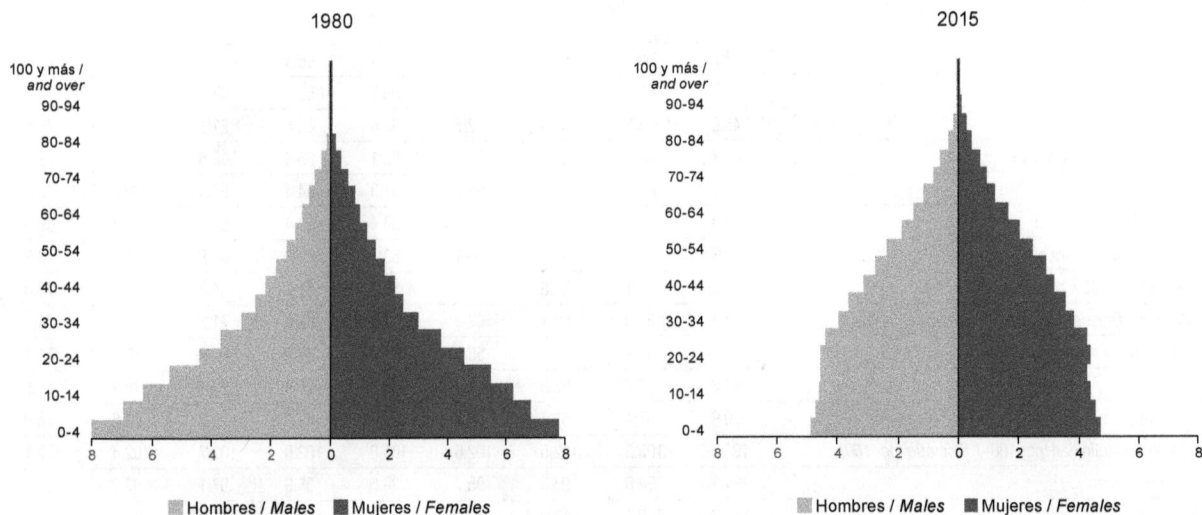

1980

2015

Hombres / Males   Mujeres / Females

Hombres / Males   Mujeres / Females

Cuadro 27a / Table 27a
Perú: estimaciones y proyecciones de la población total, según sexo y grupos quinquenales de edad, 1980-2030
Peru: population estimates and projections, by sex and five-year age groups, 1980-2030
(En miles de personas a mitad de año / Thousands of persons, at mid-year)

Sexo y grupos de edad / Sex and age groups	1980	1990	2000	2005	2010	2015	2020	2025	2030
Ambos sexos / Both sexes	17 359	21 831	25 919	27 615	29 379	31 383	33 315	35 130	36 794
0 - 4	2 753	3 013	3 009	2 961	2 951	3 021	2 972	2 898	2 816
5 - 9	2 404	2 762	3 004	2 890	2 866	2 905	2 990	2 946	2 877
10 - 14	2 185	2 635	2 893	2 899	2 808	2 829	2 881	2 971	2 931
15 - 19	1 902	2 347	2 666	2 833	2 853	2 777	2 801	2 859	2 954
20 - 24	1 568	2 117	2 497	2 576	2 765	2 810	2 741	2 772	2 836
25 - 29	1 303	1 815	2 168	2 385	2 492	2 714	2 768	2 708	2 746
30 - 34	1 052	1 486	1 939	2 076	2 312	2 444	2 671	2 733	2 680
35 - 39	871	1 232	1 681	1 867	2 020	2 269	2 404	2 636	2 703
40 - 44	758	991	1 384	1 614	1 813	1 979	2 230	2 369	2 604
45 - 49	648	817	1 146	1 320	1 561	1 771	1 939	2 191	2 332
50 - 54	526	704	915	1 090	1 268	1 516	1 726	1 895	2 145
55 - 59	421	586	736	860	1 041	1 220	1 464	1 671	1 838
60 - 64	335	456	614	679	807	986	1 159	1 396	1 597
65 - 69	268	340	485	555	622	744	913	1 079	1 303
70 - 74	190	243	345	427	486	548	660	816	969
75 - 79	108	162	226	318	348	400	457	555	692
80 - 84	50	85	130	161	229	255	298	344	423
85 - 89	14	30	58	72	93	138	156	185	217
90 - 94	3	7	18	25	33	43	66	76	92
95 - 99	0	1	4	6	8	11	15	24	28
100 y más / and over	0	0	1	1	2	3	4	6	10

Cuadro 27a (conclusión) / *Table 27a (concluded)*

Sexo y grupos de edad *Sex and age groups*	1980	1990	2000	2005	2010	2015	2020	2025	2030
Hombres / *Males*	**8 690**	**10 908**	**12 953**	**13 799**	**14 679**	**15 677**	**16 635**	**17 533**	**18 350**
0 - 4	1 400	1 531	1 532	1 509	1 505	1 542	1 517	1 480	1 439
5 - 9	1 220	1 402	1 527	1 480	1 465	1 481	1 524	1 503	1 468
10 - 14	1 103	1 335	1 469	1 478	1 441	1 447	1 469	1 514	1 495
15 - 19	953	1 186	1 347	1 438	1 455	1 425	1 432	1 457	1 505
20 - 24	776	1 064	1 261	1 302	1 400	1 431	1 405	1 416	1 445
25 - 29	646	902	1 092	1 206	1 258	1 372	1 408	1 386	1 401
30 - 34	529	727	967	1 046	1 168	1 232	1 348	1 388	1 370
35 - 39	439	605	830	921	1 009	1 142	1 209	1 328	1 370
40 - 44	381	494	669	791	889	985	1 120	1 189	1 308
45 - 49	324	408	559	636	762	865	962	1 096	1 166
50 - 54	260	350	452	528	606	736	838	935	1 068
55 - 59	207	288	362	423	499	578	704	805	900
60 - 64	162	220	301	334	393	467	542	663	760
65 - 69	127	162	235	270	300	356	424	495	608
70 - 74	87	112	162	199	230	258	308	369	433
75 - 79	48	72	102	127	156	182	207	249	301
80 - 84	21	36	56	70	86	108	128	147	179
85 - 89	6	12	23	30	38	48	62	74	87
90 - 94	1	3	7	9	12	17	21	28	34
95 - 99	0	0	1	2	3	4	5	7	10
100 y más / *and over*	0	0	0	0	1	1	1	2	3
Mujeres / *Females*	**8 669**	**10 923**	**12 966**	**13 816**	**14 700**	**15 707**	**16 679**	**17 597**	**18 445**
0 - 4	1 352	1 481	1 477	1 453	1 446	1 479	1 454	1 418	1 377
5 - 9	1 184	1 361	1 477	1 410	1 401	1 423	1 465	1 443	1 409
10 - 14	1 082	1 300	1 425	1 421	1 367	1 382	1 412	1 457	1 436
15 - 19	949	1 161	1 318	1 395	1 398	1 352	1 369	1 402	1 449
20 - 24	792	1 054	1 236	1 274	1 365	1 379	1 336	1 356	1 392
25 - 29	657	913	1 076	1 178	1 234	1 342	1 360	1 321	1 345
30 - 34	523	759	973	1 031	1 144	1 212	1 323	1 345	1 310
35 - 39	432	627	851	946	1 011	1 127	1 195	1 308	1 333
40 - 44	377	497	715	823	924	994	1 111	1 181	1 295
45 - 49	324	410	588	685	799	906	978	1 095	1 166
50 - 54	265	354	462	562	661	780	888	960	1 077
55 - 59	214	298	374	437	542	642	759	866	938
60 - 64	174	236	313	345	414	519	617	732	837
65 - 69	142	178	250	286	322	388	489	583	694
70 - 74	103	131	183	228	256	291	353	447	536
75 - 79	60	90	124	191	192	218	250	306	391
80 - 84	29	49	73	90	143	147	169	197	244
85 - 89	9	18	35	43	55	89	94	110	130
90 - 94	2	5	11	15	20	27	45	48	58
95 - 99	0	1	2	4	5	7	10	17	19
100 y más / *and over*	0	0	0	1	1	2	3	4	7

Fuente: Centro Latinoamericano y Caribeño de Demografía (CELADE)-División de Población de la CEPAL, revisión de 2015.
Source: *Latin American and Caribbean Demographic Centre (CELADE)-Population Division of ECLAC, 2015 revision.*

Cuadro 27b / *Table 27b*
Perú: indicadores seleccionados derivados de estimaciones y proyecciones de población, 1980-2030
Peru: selected indicators from population estimates and projections, 1980-2030

Estructura de la población / Population structure	1980	1990	2000	2005	2010	2015	2020	2025	2030
Población (en miles) / *Population (thousands)*									
Ambos sexos / *Both sexes*	17 359	21 831	25 919	27 615	29 379	31 383	33 315	35 130	36 794
Hombres / *Males*	8 690	10 908	12 953	13 799	14 679	15 677	16 635	17 533	18 350
Mujeres / *Females*	8 669	10 923	12 966	13 816	14 700	15 707	16 679	17 597	18 445
Índice de masculinidad (por 100) / *Sex ratio (per 100)*	100.2	99.9	99.9	99.9	99.9	99.8	99.7	99.6	99.5
Porcentaje de población / *Percentage of population*									
0-14 años / *years old*	42.3	38.5	34.4	31.7	29.4	27.9	26.5	25.1	23.4
15-59 años / *years old*	52.1	55.4	58.4	60.2	61.7	62.1	62.3	62.2	62.1
15-64 años / *years old*	54.1	57.5	60.8	62.6	64.4	65.3	65.7	66.1	66.4
60-74 años / *years old*	4.6	4.8	5.6	6.0	6.5	7.3	8.2	9.4	10.5
60 años y más / *and over*	5.6	6.1	7.3	8.1	8.9	10.0	11.2	12.8	14.5
65 años y más / *and over*	3.6	4.0	4.9	5.7	6.2	6.8	7.7	8.8	10.1
75 años y más / *and over*	1.0	1.3	1.7	2.1	2.4	2.7	3.0	3.4	4.0
80 años y más / *and over*	0.4	0.6	0.8	1.0	1.2	1.4	1.6	1.8	2.1
Relación de dependencia (por 100) *Dependency ratio (per 100)*									
Total (población menor de 15 años y población de 65 años y más) / *Total (under 15 years of age and 65 and over)*	85.0	73.9	64.6	59.6	55.2	53.2	52.1	51.2	50.6
(Menores de 15 años)/(15-64 años) *(Under 15 years of age)/(15-64 years old)*	78.2	67.0	56.6	50.6	45.6	42.7	40.4	37.9	35.3
(65 años y más)/(15-64 Años) *(65 and over)/(15-64 years old)*	6.8	6.9	8.0	9.0	9.6	10.5	11.7	13.3	15.3
Edad mediana de la población *Median age of the population*	18.5	20.4	22.8	24.3	25.9	27.5	29.1	30.8	32.3
Dinámica de la población / *Population dynamics*	1980-1985	1990-1995	2000-2005	2005-2010	2010-2015	2015-2020	2020-2025	2025-2030	
Tasa bruta de natalidad (por 1.000) *Crude birth rate (per 1,000)*	34.0	28.7	23.0	21.4	20.4	18.8	17.3	15.9	
Tasa bruta de mortalidad (por 1.000) *Crude death rate (per 1,000)*	9.0	6.9	5.6	5.5	5.6	5.7	5.9	6.2	
Tasa neta de migración (por 1.000) *Net migration rate (per 1,000)*	-1.3	-2.6	-4.7	-3.4	-1.6	-1.1	-0.8	-0.5	
Tasa de crecimiento total (por 1.000) *Total growth rate (per 1,000)*	23.7	19.3	12.7	12.4	13.2	11.9	10.6	9.3	
Fecundidad / *Fertility*	1980-1985	1990-1995	2000-2005	2005-2010	2010-2015	2015-2020	2020-2025	2025-2030	
Tasa global de fecundidad / *Total fertility rate*	4.65	3.57	2.80	2.60	2.50	2.36	2.24	2.14	
Edad media de la fecundidad / *Mean age of fertility*	29.7	28.9	28.7	28.8	28.8	28.7	28.7	28.6	
Mortalidad / *Mortality*	1980-1985	1990-1995	2000-2005	2005-2010	2010-2015	2015-2020	2020-2025	2025-2030	
Esperanza de vida al nacer / *Life expectancy at birth*									
Ambos sexos / *Both sexes*	61.6	66.8	71.7	73.2	74.2	75.1	76.0	76.7	
Hombres / *Males*	59.5	64.4	69.0	70.5	71.5	72.5	73.4	74.1	
Mujeres / *Females*	63.8	69.2	74.3	75.9	76.8	77.8	78.6	79.3	
Tasa de mortalidad infantil (por 1.000) *Infant mortality rate (per 1,000)*	81.6	55.4	27.4	21.0	18.6	16.6	14.9	13.5	

Cuadro 27b (conclusión) / *Table 27b (concluded)*

Estructura de la población urbana y rural *Population structure (urban and rural population)*	1980	1990	2000	2005	2010	2015	2020	2025	2030
Porcentaje de población urbana *Percentage of urban population*									
Ambos sexos / *Both sexes*	64.6	68.9	72.9	75.0	76.9	78.7	80.3	81.9	83.3
0-14 años / *years old*	61.1	64.1	67.9	69.9	71.9	73.8	75.7	77.5	79.1
15-64 años / *years old*	67.6	72.3	75.9	77.6	79.3	80.9	82.3	83.7	84.9
65 años y más / *and over*	59.2	66.0	71.5	74.0	76.1	77.8	79.4	81.0	82.4
Hombres / *Males*	64.3	68.3	72.2	74.2	76.1	77.8	79.4	80.9	82.3
0-14 años / *years old*	60.9	63.8	67.6	69.7	71.7	73.5	75.3	77.0	78.6
15-64 años / *years old*	67.5	71.6	75.0	76.6	78.2	79.8	81.2	82.6	83.8
65 años y más / *and over*	58.2	64.7	70.3	72.9	75.0	76.7	78.3	79.8	81.2
Mujeres / *Females*	64.8	69.4	73.7	75.8	77.8	79.6	81.3	82.8	84.2
0-14 años / *years old*	61.3	64.4	68.1	70.1	72.1	74.2	76.1	77.9	79.6
15-64 años / *years old*	67.8	72.9	76.9	78.7	80.4	82.0	83.4	84.8	86.0
65 años y más / *and over*	60.1	67.1	72.5	74.9	77.0	78.7	80.4	81.9	83.3
Índice de masculinidad (por 100) / *Sex ratio (per 100)*	100.2	99.9	99.9	99.9	99.9	99.8	99.7	99.6	99.5
Urbana / *Urban*	99.6	98.2	97.8	97.7	97.6	97.6	97.5	97.4	97.3
Rural	101.4	103.6	105.7	106.6	107.6	108.5	109.5	110.5	111.4

Dinámica de la población (urbana y rural) *Population dynamics (urban and rural population)*	1980-1985	1990-1995	2000-2005	2005-2010	2010-2015	2015-2020	2020-2025	2025-2030	
Tasa de crecimiento (por 1.000) / *Growth rate (per 1,000)*	24.6	20.5	13.4	12.4	13.1	12.4	11.1	9.8	
Urbana / *Urban*	34.4	26.4	19.0	17.8	17.8	16.8	15.1	13.3	
Rural	6.4	7.3	-1.7	-4.0	-2.8	-3.7	-5.1	-6.5	

Envejecimiento poblacional / *Population ageing*	1980	1990	2000	2005	2010	2015	2020	2025	2030
Índice de envejecimiento (por 100) / *Ageing index (per 100)*									
Total	13.2	15.8	21.1	25.6	30.5	35.7	42.2	50.8	61.8
Urbano / *Urban*	13.0	16.3	22.4	27.3	32.5	37.9	44.5	53.4	64.7
Rural	13.6	14.7	18.4	21.7	25.4	29.7	34.9	42.0	50.9
Relación de apoyo potencial / *Potential support ratio*	9.3	9.1	8.0	7.4	6.9	6.2	5.6	4.9	4.3
Relación de apoyo a los padres (por 100) *Parent support ratio (per 100)*	5.2	7.1	9.3	10.1	11.7	12.1	12.4	12.8	13.8

Población económicamente activa *Economically active population*	1980	1990	2000	2005	2010	2015	2020	2025	2030
Tasa de actividad de la población total (por 100) *Labour force participation rate of total population (per 100)*									
Ambos sexos / *Both sexes*	56.8	58.5	68.7	69.4	70.2	71.2	71.9	72.3	72.4
Hombres / *Males*	79.9	79.1	80.1	80.0	80.2	80.5	80.4	80.1	79.4
Mujeres / *Females*	34.2	38.2	57.6	58.9	60.5	62.2	63.5	64.7	65.6
Tasa de actividad de la población urbana (por 100) *Labour force participation rate of urban population (per 100)*									
Ambos sexos / *Both sexes*	54.8	56.5	65.4	66.4	67.6	68.9	69.8	70.4	70.8
Hombres / *Males*	76.3	75.9	76.9	77.2	77.6	78.2	78.4	78.2	77.7
Mujeres / *Females*	33.7	37.9	54.4	56.1	58.1	60.0	61.7	63.0	64.1
Tasa de actividad de la población rural (por 100) *Labour force participation rate of rural population (per 100)*									
Ambos sexos / *Both sexes*	61.0	63.5	78.9	79.4	80.1	80.8	81.4	81.7	81.7
Hombres / *Males*	87.0	87.2	89.5	89.3	89.3	89.3	89.2	88.8	88.2
Mujeres / *Females*	35.2	39.1	67.8	68.8	70.1	71.6	72.8	73.7	74.4

Fuente: Centro Latinoamericano y Caribeño de Demografía (CELADE)-División de Población de la CEPAL, revisión de 2015.
***Source**: Latin American and Caribbean Demographic Centre (CELADE)-Population Division of ECLAC, 2015 revision.*

Gráfico 19 / *Figure 19*
República Dominicana: distribución relativa de la población por sexo y grupos quinquenales de edad, 1980 y 2015
Dominican Republic: population distribution, by sex and five-year age groups, 1980 and 2015

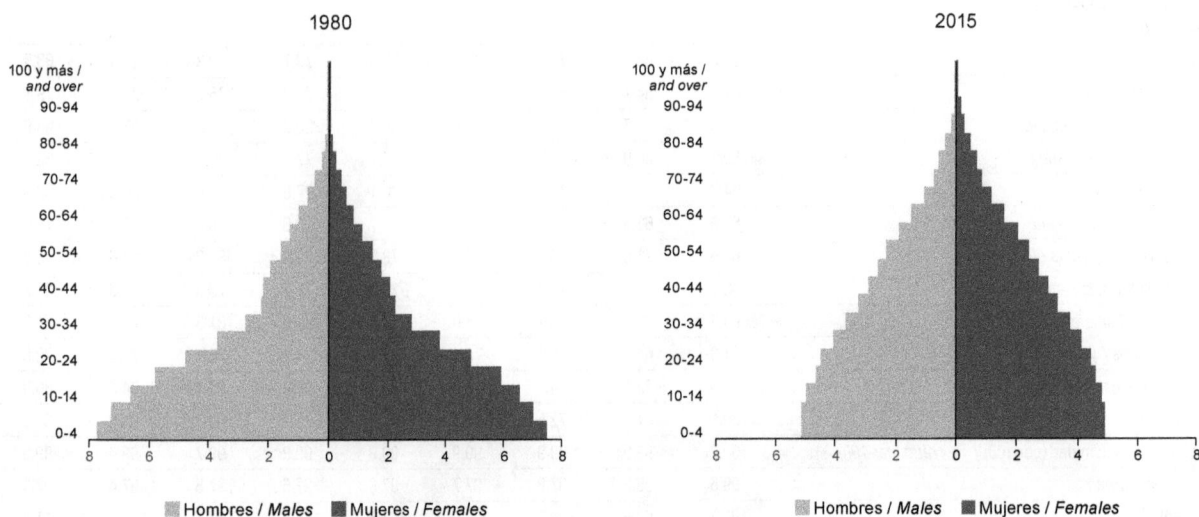

Cuadro 28a / *Table 28a*
República Dominicana: estimaciones y proyecciones de la población total, según sexo y grupos quinquenales de edad, 1980-2030
Dominican Republic: population estimates and projections, by sex and five-year age groups, 1980-2030
(En miles de personas a mitad de año / *Thousands of persons, at mid-year*)

Sexo y grupos de edad / *Sex and age groups*	1980	1990	2000	2005	2010	2015	2020	2025	2030
Ambos sexos / *Both sexes*	5 809	7 184	8 563	9 239	9 900	10 531	11 119	11 659	12 148
0 - 4	885	988	1 020	1 054	1 066	1 062	1 047	1 027	1 005
5 - 9	831	936	1 018	1 013	1 047	1 059	1 056	1 041	1 022
10 - 14	766	855	963	1 003	998	1 033	1 045	1 042	1 028
15 - 19	678	782	894	939	979	975	1 009	1 022	1 021
20 - 24	561	696	790	858	903	943	940	975	990
25 - 29	436	605	706	752	820	865	906	904	941
30 - 34	326	503	626	671	717	785	831	873	872
35 - 39	262	398	551	599	644	690	758	804	847
40 - 44	246	307	464	529	577	622	669	736	783
45 - 49	216	249	371	448	512	559	604	650	718
50 - 54	178	231	288	358	433	496	543	588	633
55 - 59	141	196	229	275	343	415	477	523	567
60 - 64	106	154	204	214	258	322	392	451	496
65 - 69	76	115	164	184	194	235	296	361	416
70 - 74	51	78	118	141	160	170	207	261	320
75 - 79	31	48	77	95	114	131	140	172	219
80 - 84	15	26	45	57	70	86	99	107	132
85 - 89	5	11	23	29	37	47	57	67	72
90 - 94	1	3	10	13	17	21	27	33	38
95 - 99	0	1	3	5	6	8	10	13	16
100 y más / *and over*	0	0	1	2	4	5	7	9	11

Cuadro 28a (conclusión) / *Table 28a (concluded)*

Sexo y grupos de edad *Sex and age groups*	1980	1990	2000	2005	2010	2015	2020	2025	2030
Hombres / *Males*	2 928	3 614	4 292	4 620	4 941	5 247	5 531	5 790	6 022
0 - 4	450	503	520	537	544	542	535	525	514
5 - 9	421	476	518	515	533	540	538	531	522
10 - 14	384	430	487	509	507	524	531	530	523
15 - 19	337	388	447	472	495	492	510	517	517
20 - 24	277	344	391	426	451	474	472	490	499
25 - 29	214	299	347	370	405	431	453	452	472
30 - 34	161	250	308	329	352	387	412	435	435
35 - 39	131	200	273	295	316	338	373	399	422
40 - 44	125	155	233	263	285	305	328	363	389
45 - 49	112	127	187	224	254	275	296	318	353
50 - 54	93	118	145	179	215	244	265	286	308
55 - 59	75	102	115	137	170	204	233	253	273
60 - 64	57	80	103	107	127	158	190	217	237
65 - 69	40	60	82	91	95	114	142	172	197
70 - 74	26	40	59	69	78	81	98	123	149
75 - 79	15	24	38	46	55	62	65	79	99
80 - 84	7	13	21	27	33	39	45	48	58
85 - 89	2	5	11	14	17	21	25	29	30
90 - 94	0	1	5	6	7	9	11	14	16
95 - 99	0	0	1	2	3	3	4	5	6
100 y más / *and over*	0	0	1	1	2	2	3	3	4
Mujeres / *Females*	2 881	3 569	4 272	4 618	4 958	5 284	5 589	5 870	6 126
0 - 4	435	485	500	517	522	520	513	503	492
5 - 9	409	461	500	497	514	520	518	510	500
10 - 14	382	426	476	494	492	508	514	512	505
15 - 19	342	394	447	467	485	482	499	505	504
20 - 24	285	352	399	432	452	470	468	485	491
25 - 29	221	306	358	382	415	435	453	451	469
30 - 34	164	253	318	342	366	399	419	437	437
35 - 39	130	198	278	304	328	352	385	405	424
40 - 44	121	152	232	266	293	317	340	373	394
45 - 49	104	122	184	224	258	284	309	332	365
50 - 54	84	113	143	179	218	252	278	302	325
55 - 59	66	95	113	138	173	211	244	270	294
60 - 64	49	74	101	107	131	164	201	234	259
65 - 69	36	55	81	93	99	121	153	188	220
70 - 74	25	38	59	72	82	88	109	139	171
75 - 79	15	24	39	49	60	69	75	93	119
80 - 84	8	13	23	30	37	46	54	59	74
85 - 89	3	6	12	16	20	26	32	38	42
90 - 94	1	2	5	7	9	12	15	19	23
95 - 99	0	0	2	2	3	5	6	8	10
100 y más / *and over*	0	0	0	1	2	3	4	6	7

Fuente: Centro Latinoamericano y Caribeño de Demografía (CELADE)-División de Población de la CEPAL, revisión de 2015.
Source: Latin American and Caribbean Demographic Centre (CELADE)-Population Division of ECLAC, 2015 revision.

Cuadro 28b / *Table 28b*
República Dominicana: indicadores seleccionados derivados de estimaciones y proyecciones de población, 1980-2030
Dominican Republic: selected indicators from population estimates and projections, 1980-2030

Estructura de la población / *Population structure*	1980	1990	2000	2005	2010	2015	2020	2025	2030
Población (en miles) / *Population (thousands)*									
Ambos sexos / *Both sexes*	5 809	7 184	8 563	9 239	9 900	10 531	11 119	11 659	12 148
Hombres / *Males*	2 928	3 614	4 292	4 620	4 941	5 247	5 531	5 790	6 022
Mujeres / *Females*	2 881	3 569	4 272	4 618	4 958	5 284	5 589	5 870	6 126
Índice de masculinidad (por 100) / *Sex ratio (per 100)*	101.6	101.3	100.5	100.0	99.7	99.3	99.0	98.6	98.3
Porcentaje de población / *Percentage of population*									
0-14 años / *years old*	42.7	38.7	35.0	33.2	31.4	30.0	28.3	26.7	25.2
15-59 años / *years old*	52.4	55.2	57.4	58.8	59.9	60.3	60.6	60.7	60.7
15-64 años / *years old*	54.2	57.4	59.8	61.1	62.5	63.4	64.1	64.5	64.8
60-74 años / *years old*	4.0	4.8	5.7	5.8	6.2	6.9	8.0	9.2	10.1
60 años y más / *and over*	4.9	6.1	7.5	8.0	8.7	9.7	11.1	12.6	14.2
65 años y más / *and over*	3.1	3.9	5.1	5.7	6.1	6.7	7.6	8.8	10.1
75 años y más / *and over*	0.9	1.2	1.8	2.2	2.5	2.8	3.1	3.4	4.0
80 años y más / *and over*	0.4	0.6	0.9	1.1	1.4	1.6	1.8	2.0	2.2
Relación de dependencia (por 100) *Dependency ratio (per 100)*									
Total (población menor de 15 años y población de 65 años y más) / *Total (under 15 years of age and 65 and over)*	84.4	74.3	67.2	63.7	60.0	57.8	56.0	54.9	54.4
(Menores de 15 años)/(15-64 años) *(Under 15 years of age)/(15-64 years old)*	78.8	67.4	58.6	54.4	50.3	47.3	44.2	41.3	38.8
(65 años y más)/(15-64 Años) *(65 and over)/(15-64 years old)*	5.7	6.8	8.6	9.3	9.7	10.5	11.8	13.6	15.6
Edad mediana de la población *Median age of the population*	18.1	20.2	22.4	23.6	24.8	26.1	27.6	29.0	30.4

Dinámica de la población / *Population dynamics*	1980-1985	1990-1995	2000-2005	2005-2010	2010-2015	2015-2020	2020-2025	2025-2030	
Tasa bruta de natalidad (por 1.000) *Crude birth rate (per 1,000)*	33.4	28.7	24.6	23.0	21.4	19.8	18.4	17.2	
Tasa bruta de mortalidad (por 1.000) *Crude death rate (per 1,000)*	7.5	6.0	6.0	6.0	6.0	6.1	6.3	6.6	
Tasa neta de migración (por 1.000) *Net migration rate (per 1,000)*	-3.8	-3.8	-3.4	-3.2	-3.0	-2.8	-2.6	-2.4	
Tasa de crecimiento total (por 1.000) *Total growth rate (per 1,000)*	22.1	18.8	15.2	13.8	12.4	10.9	9.5	8.2	

Fecundidad / *Fertility*	1980-1985	1990-1995	2000-2005	2005-2010	2010-2015	2015-2020	2020-2025	2025-2030	
Tasa global de fecundidad / *Total fertility rate*	4.15	3.31	2.83	2.67	2.53	2.40	2.29	2.19	
Edad media de la fecundidad / *Mean age of fertility*	27.7	26.5	25.8	25.7	25.8	25.8	25.9	26.0	

Mortalidad / *Mortality*	1980-1985	1990-1995	2000-2005	2005-2010	2010-2015	2015-2020	2020-2025	2025-2030	
Esperanza de vida al nacer / *Life expectancy at birth*									
Ambos sexos / *Both sexes*	64.1	69.1	71.2	72.3	73.3	74.2	75.0	75.7	
Hombres / *Males*	62.1	66.5	68.1	69.2	70.2	71.1	71.8	72.6	
Mujeres / *Females*	66.1	71.9	74.4	75.5	76.5	77.4	78.2	78.9	
Tasa de mortalidad infantil (por 1.000) *Infant mortality rate (per 1,000)*	75.2	47.6	34.9	29.6	25.1	21.4	18.3	15.9	

Cuadro 28b (conclusión) / *Table 28b (concluded)*

Estructura de la población urbana y rural *Population structure (urban and rural population)*	1980	1990	2000	2005	2010	2015	2020	2025	2030
Porcentaje de población urbana *Percentage of urban population*									
Ambos sexos / *Both sexes*	50.9	55.1	61.7	67.2	73.7	78.8	82.5	85.2	87.0
0-14 años / *years old*	47.9	52.6	59.9	65.7	72.8	78.1	81.9	84.7	86.6
15-64 años / *years old*	53.5	57.0	63.1	68.2	74.5	79.4	83.1	85.7	87.5
65 años y más / *and over*	46.9	51.8	58.9	64.1	70.1	75.6	79.8	82.8	84.9
Hombres / *Males*	48.7	53.4	60.2	65.7	72.2	77.4	81.3	84.1	86.1
0-14 años / *years old*	46.9	51.8	59.3	65.2	72.4	77.6	81.5	84.3	86.3
15-64 años / *years old*	50.5	54.9	61.2	66.4	72.7	77.8	81.7	84.5	86.5
65 años y más / *and over*	41.0	47.8	54.9	60.1	66.5	72.4	76.9	80.3	82.7
Mujeres / *Females*	53.2	56.9	63.3	68.7	75.2	80.1	83.7	86.2	87.9
0-14 años / *years old*	49.0	53.4	60.5	66.3	73.4	78.6	82.4	85.0	86.8
15-64 años / *years old*	56.5	59.2	64.9	70.0	76.2	81.0	84.5	86.9	88.5
65 años y más / *and over*	53.2	56.0	62.8	67.9	73.4	78.6	82.3	85.0	86.8
Índice de masculinidad (por 100) / *Sex ratio (per 100)*	101.6	101.3	100.5	100.0	99.7	99.3	99.0	98.6	98.3
Urbana / *Urban*	93.0	95.0	95.6	95.7	95.7	95.9	96.1	96.2	96.3
Rural	111.4	109.5	108.8	109.6	111.5	113.0	113.6	113.6	113.1

Dinámica de la población (urbana y rural) *Population dynamics (urban and rural population)*	1980-1985	1990-1995	2000-2005	2005-2010	2010-2015	2015-2020	2020-2025	2025-2030	
Tasa de crecimiento (por 1.000) / *Growth rate (per 1,000)*	22.9	19.5	15.6	14.4	12.9	11.4	10.0	8.7	
Urbana / *Urban*	43.5	25.2	28.9	33.6	28.9	22.1	17.4	13.7	
Rural	1.0	12.5	-6.2	-26.2	-33.2	-29.1	-25.4	-20.2	

Envejecimiento de la población / *Population ageing*	1980	1990	2000	2005	2010	2015	2020	2025	2030
Índice de envejecimiento (por 100) / *Ageing index (per 100)*									
Total	11.5	15.7	21.5	24.1	27.7	32.5	39.2	47.3	56.3
Urbano / *Urban*	11.4	15.6	21.2	23.6	26.8	31.7	38.4	46.5	55.5
Rural	11.6	15.9	21.8	25.0	29.9	35.3	42.7	51.8	61.8
Relación de apoyo potencial / *Potential support ratio*	10.7	9.1	7.6	7.3	6.9	6.2	5.5	4.8	4.3
Relación de apoyo a los padres (por 100) *Parent support ratio (per 100)*	4.8	7.0	11.2	12.4	13.0	13.5	14.2	14.6	15.9

Población económicamente activa *Economically active population*	1980	1990	2000	2005	2010	2015	2020	2025	2030
Tasa de actividad de la población total (por 100) *Labour force participation rate of total population (per 100)*									
Ambos sexos / *Both sexes*	58.8	61.1	64.2	65.5	66.7	68.1	69.0	69.9	70.8
Hombres / *Males*	86.3	85.2	80.1	80.0	79.9	80.0	79.8	79.6	79.3
Mujeres / *Females*	31.0	36.9	48.4	51.1	53.8	56.4	58.6	60.6	62.6
Tasa de actividad de la población urbana (por 100) *Labour force participation rate of urban population (per 100)*									
Ambos sexos / *Both sexes*	59.6	62.4	65.6	66.6	67.6	68.7	69.6	70.4	71.1
Hombres / *Males*	85.0	84.0	79.4	79.4	79.4	79.6	79.4	79.2	79.0
Mujeres / *Females*	36.9	42.4	52.8	54.8	56.7	58.6	60.3	62.0	63.8
Tasa de actividad de la población rural (por 100) *Labour force participation rate of rural population (per 100)*									
Ambos sexos / *Both sexes*	57.8	59.4	61.7	63.0	64.2	65.6	66.6	67.5	68.3
Hombres / *Males*	87.6	86.6	81.2	81.3	81.3	81.5	81.5	81.3	81.1
Mujeres / *Females*	23.3	28.9	40.3	42.7	44.9	47.2	49.3	51.5	53.6

Fuente: Centro Latinoamericano y Caribeño de Demografía (CELADE)-División de Población de la CEPAL, revisión de 2015.
Source: Latin American and Caribbean Demographic Centre (CELADE)-Population Division of ECLAC, 2015 revision.

Gráfico 20 / *Figure 20*
Uruguay: distribución relativa de la población por sexo y grupos quinquenales de edad, 1980 y 2015
Uruguay: population distribution, by sex and five-year age groups, 1980 and 2015

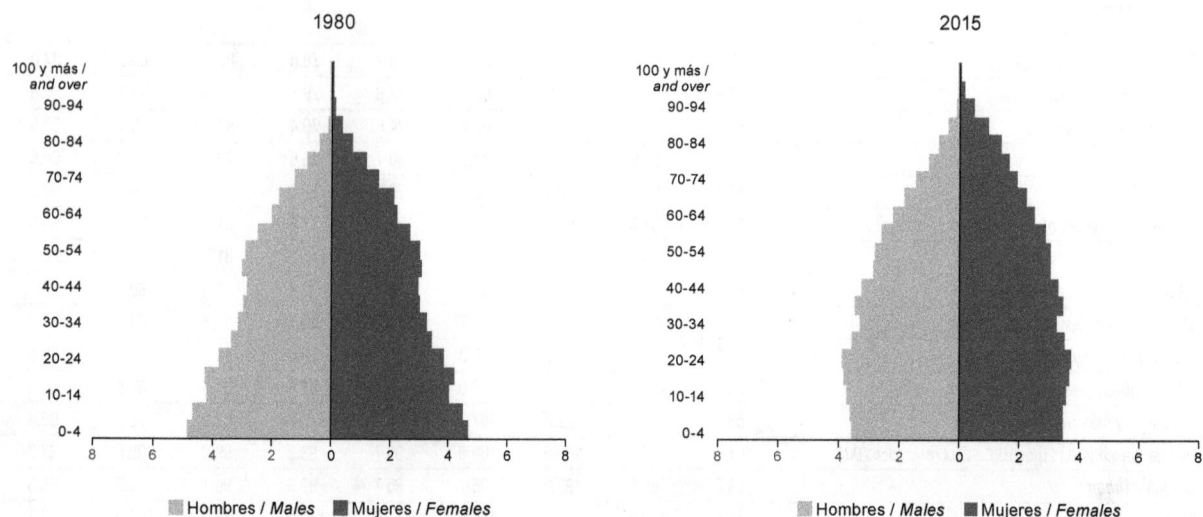

1980

2015

Hombres / *Males*   Mujeres / *Females*

Hombres / *Males*   Mujeres / *Females*

Cuadro 29a / *Table 29a*
Uruguay: estimaciones y proyecciones de la población total, según sexo y grupos quinquenales de edad, 1980-2030
Uruguay: population estimates and projections, by sex and five-year age groups, 1980-2030
(En miles de personas a mitad de año / *Thousands of persons, at mid-year*)

Sexo y grupos de edad *Sex and age groups*	1980	1990	2000	2005	2010	2015	2020	2025	2030
Ambos sexos / *Both sexes*	2 916	3 110	3 321	3 325	3 373	3 430	3 494	3 548	3 590
0 - 4	277	271	271	255	246	241	236	230	222
5 - 9	267	260	278	264	252	244	239	235	229
10 - 14	241	278	266	271	261	249	243	238	234
15 - 19	246	260	255	257	266	258	248	241	237
20 - 24	222	229	270	240	250	261	255	245	239
25 - 29	199	225	251	251	230	243	257	251	242
30 - 34	186	214	220	234	242	225	240	254	248
35 - 39	175	192	218	208	228	238	222	237	252
40 - 44	171	179	207	211	205	224	235	220	235
45 - 49	178	167	184	201	206	201	221	232	217
50 - 54	173	159	170	177	195	201	197	217	228
55 - 59	151	163	155	161	170	188	195	191	211
60 - 64	123	152	142	144	152	161	179	186	183
65 - 69	113	125	137	128	131	140	150	167	174
70 - 74	83	93	118	119	112	116	124	134	151
75 - 79	58	74	85	96	97	93	97	105	114
80 - 84	33	42	51	61	70	73	71	75	82
85 - 89	14	20	29	30	39	46	49	48	52
90 - 94	5	7	10	13	15	21	25	28	28
95 - 99	1	2	3	3	5	6	9	11	12
100 y más / *and over*	0	0	1	1	1	1	2	2	3

Cuadro 29a (conclusión) / *Table 29a (concluded)*

Sexo y grupos de edad *Sex and age groups*	1980	1990	2000	2005	2010	2015	2020	2025	2030
Hombres / *Males*	1 430	1 508	1 607	1 605	1 627	1 656	1 690	1 721	1 745
0 - 4	141	139	139	130	126	123	121	118	113
5 - 9	137	133	142	135	129	125	122	120	117
10 - 14	123	141	136	138	133	127	124	121	119
15 - 19	124	132	130	131	136	131	127	123	121
20 - 24	110	114	137	122	127	133	130	125	122
25 - 29	99	111	127	126	116	123	131	128	123
30 - 34	91	104	109	117	121	113	121	129	126
35 - 39	86	94	106	102	113	118	111	119	127
40 - 44	84	87	100	102	100	111	117	109	118
45 - 49	88	81	90	97	100	98	109	115	108
50 - 54	84	76	81	86	93	97	95	107	112
55 - 59	73	78	73	76	81	89	93	91	103
60 - 64	59	70	64	66	70	76	84	88	86
65 - 69	52	56	61	56	59	63	69	76	80
70 - 74	37	40	49	50	46	50	54	59	66
75 - 79	24	29	33	37	38	36	39	43	48
80 - 84	12	15	18	21	24	25	24	27	31
85 - 89	5	7	9	9	11	13	14	14	16
90 - 94	1	2	3	3	3	4	5	6	6
95 - 99	0	0	1	1	1	1	1	2	2
100 y más / *and over*	0	0	0	0	0	0	0	0	0
Mujeres / *Females*	1 486	1 602	1 714	1 720	1 747	1 775	1 804	1 827	1 846
0 - 4	136	133	133	125	120	118	115	113	109
5 - 9	131	127	136	129	123	119	117	115	112
10 - 14	118	136	130	133	128	122	119	117	114
15 - 19	122	128	125	126	131	127	121	118	116
20 - 24	112	115	133	118	123	128	125	120	117
25 - 29	100	115	124	124	114	120	127	124	119
30 - 34	95	110	111	117	121	112	119	125	123
35 - 39	89	98	112	107	115	120	111	118	125
40 - 44	87	92	107	109	105	113	118	110	117
45 - 49	90	86	95	104	107	103	112	117	109
50 - 54	88	83	89	92	102	104	102	110	116
55 - 59	78	85	82	85	89	99	102	99	108
60 - 64	64	81	77	78	82	86	96	99	96
65 - 69	62	69	76	72	73	77	81	91	94
70 - 74	46	53	69	69	66	66	71	75	84
75 - 79	34	45	52	59	59	57	58	62	66
80 - 84	20	27	34	40	46	48	46	48	52
85 - 89	9	13	20	21	28	33	35	34	36
90 - 94	3	5	7	10	12	16	20	22	22
95 - 99	1	1	2	3	4	5	8	10	11
100 y más / *and over*	0	0	1	1	1	1	1	2	3

Fuente: Centro Latinoamericano y Caribeño de Demografía (CELADE)-División de Población de la CEPAL, revisión de 2015.
Source: Latin American and Caribbean Demographic Centre (CELADE)-Population Division of ECLAC, 2015 revision.

Cuadro 29b / Table 29b
Uruguay: indicadores seleccionados derivados de estimaciones y proyecciones de población, 1980-2030
Uruguay: selected indicators from population estimates and projections, 1980-2030

Estructura de la población / Population structure	1980	1990	2000	2005	2010	2015	2020	2025	2030
Población (en miles) / Population (thousands)									
Ambos sexos / Both sexes	2 916	3 110	3 321	3 325	3 373	3 430	3 494	3 548	3 590
Hombres / Males	1 430	1 508	1 607	1 605	1 627	1 656	1 690	1 721	1 745
Mujeres / Females	1 486	1 602	1 714	1 720	1 747	1 775	1 804	1 827	1 846
Índice de masculinidad (por 100) / Sex ratio (per 100)	96.3	94.2	93.8	93.3	93.1	93.3	93.7	94.2	94.5
Porcentaje de población / Percentage of population									
0-14 años / years old	26.9	26.0	24.6	23.8	22.5	21.4	20.6	19.8	19.1
15-59 años / years old	58.3	57.5	58.1	58.4	59.1	59.5	59.3	58.9	58.7
15-64 años / years old	62.6	62.4	62.4	62.7	63.6	64.2	64.4	64.1	63.8
60-74 años / years old	11.0	11.9	11.9	11.8	11.7	12.2	13.0	13.7	14.1
60 años y más / and over	14.7	16.5	17.4	17.9	18.5	19.1	20.2	21.3	22.3
65 años y más / and over	10.5	11.6	13.1	13.5	14.0	14.4	15.1	16.1	17.2
75 años y más / and over	3.8	4.6	5.4	6.1	6.7	7.0	7.2	7.6	8.1
80 años y más / and over	1.8	2.3	2.8	3.2	3.9	4.3	4.4	4.6	4.9
Relación de dependencia (por 100) Dependency ratio (per 100)									
Total (población menor de 15 años y población de 65 años y más) / Total (under 15 years of age and 65 and over)	59.9	60.4	60.4	59.5	57.3	55.9	55.3	56.0	56.8
(Menores de 15 años)/(15-64 años) (Under 15 years of age)/(15-64 years old)	43.0	41.7	39.4	37.9	35.4	33.4	31.9	30.9	29.9
(65 años y más)/(15-64 Años) (65 and over)/(15-64 years old)	16.8	18.7	21.0	21.6	22.0	22.5	23.4	25.1	26.9
Edad mediana de la población Median age of the population	30.1	30.7	31.6	32.7	33.8	34.9	35.6	36.7	37.9

Dinámica de la población / Population dynamics	1980-1985	1990-1995	2000-2005	2005-2010	2010-2015	2015-2020	2020-2025	2025-2030	
Tasa bruta de natalidad (por 1.000) Crude birth rate (per 1,000)	18.3	18.2	15.9	15.1	14.4	13.9	13.3	12.6	
Tasa bruta de mortalidad (por 1.000) Crude death rate (per 1,000)	9.8	9.7	9.4	9.2	9.3	9.3	9.4	9.4	
Tasa neta de migración (por 1.000) Net migration rate (per 1,000)	-2.0	-1.3	-6.3	-3.0	-1.8	-0.9	-0.9	-0.8	
Tasa de crecimiento total (por 1.000) Total growth rate (per 1,000)	6.5	7.2	0.3	2.9	3.4	3.7	3.1	2.4	

Fecundidad / Fertility	1980-1985	1990-1995	2000-2005	2005-2010	2010-2015	2015-2020	2020-2025	2025-2030	
Tasa global de fecundidad / Total fertility rate	2.57	2.49	2.20	2.12	2.04	1.98	1.92	1.87	
Edad media de la fecundidad / Mean age of fertility	27.5	27.4	27.6	27.6	27.6	27.6	27.6	27.6	

Mortalidad / Mortality	1980-1985	1990-1995	2000-2005	2005-2010	2010-2015	2015-2020	2020-2025	2025-2030	
Esperanza de vida al nacer / Life expectancy at birth									
Ambos sexos / Both sexes	71.0	73.0	75.3	76.2	77.0	77.8	78.5	79.2	
Hombres / Males	67.6	69.2	71.6	72.5	73.3	74.1	74.9	75.7	
Mujeres / Females	74.5	76.9	78.9	79.7	80.5	81.2	81.8	82.5	
Tasa de mortalidad infantil (por 1.000) Infant mortality rate (per 1,000)	33.5	20.1	14.4	13.1	11.8	10.5	9.4	8.5	

Cuadro 29b (conclusión) / *Table 29b (concluded)*

Estructura de la población urbana y rural *Population structure (urban and rural population)*	1980	1990	2000	2005	2010	2015	2020	2025	2030
Porcentaje de población urbana *Percentage of urban population*									
Ambos sexos / *Both sexes*	84.3	88.9	91.3	92.2	94.2	95.3	96.0	96.5	96.9
0-14 años / *years old*	84.0	88.9	91.3	92.3	94.5	95.6	96.3	96.8	97.2
15-64 años / *years old*	83.8	88.4	91.0	91.9	94.0	95.1	95.8	96.4	96.8
65 años y más / *and over*	88.5	91.1	92.6	93.3	94.6	95.6	96.2	96.7	97.1
Hombres / *Males*	82.6	86.8	89.8	90.9	93.2	94.5	95.3	95.9	96.4
0-14 años / *years old*	84.2	88.5	91.1	92.1	94.4	95.5	96.2	96.7	97.1
15-64 años / *years old*	81.6	85.9	89.3	90.4	92.9	94.3	95.1	95.7	96.2
65 años y más / *and over*	84.7	87.7	89.7	90.6	92.5	93.8	94.7	95.4	95.9
Mujeres / *Females*	86.0	90.8	92.7	93.4	95.1	96.1	96.6	97.1	97.5
0-14 años / *years old*	83.7	89.3	91.6	92.5	94.7	95.7	96.4	96.9	97.3
15-64 años / *years old*	86.0	90.8	92.6	93.3	95.0	96.0	96.6	97.0	97.4
65 años y más / *and over*	91.4	93.5	94.6	95.0	96.0	96.7	97.2	97.6	97.9
Índice de masculinidad (por 100) / *Sex ratio (per 100)*	96.3	94.2	93.8	93.3	93.1	93.3	93.7	94.2	94.5
Urbana / *Urban*	92.4	90.0	90.9	90.8	91.2	91.8	92.4	93.0	93.4
Rural	120.1	135.2	131.0	129.2	129.5	130.2	131.8	134.1	137.0

Dinámica de la población (urbana y rural) *Population dynamics (urban and rural population)*	1980-1985	1990-1995	2000-2005	2005-2010	2010-2015	2015-2020	2020-2025	2025-2030	
Tasa de crecimiento (por 1.000) / *Growth rate (per 1,000)*	6.3	7.1	1.8	2.0	3.2	3.6	3.3	2.7	
Urbana / *Urban*	13.0	10.7	3.2	6.3	7.4	5.2	4.6	3.6	
Rural	-30.3	-22.5	-12.6	-50.7	-68.3	-28.5	-26.5	-24.7	

Envejecimiento poblacional / *Population ageing*	1980	1990	2000	2005	2010	2015	2020	2025	2030
Índice de envejecimiento (por 100) / *Ageing index (per 100)*									
Total	54.8	63.5	70.7	75.2	82.0	89.5	98.2	107.6	116.8
Urbano / *Urban*	57.2	64.6	71.3	75.6	81.9	89.2	98.0	107.3	116.5
Rural	41.9	54.6	64.1	70.2	84.9	95.7	105.8	116.4	126.4
Relación de apoyo potencial / *Potential support ratio*	4.0	3.5	3.3	3.3	3.2	3.1	2.9	2.8	2.6
Relación de apoyo a los padres (por 100) *Parent support ratio (per 100)*	11.8	15.0	20.3	22.4	25.2	26.7	27.2	27.6	28.6

Población económicamente activa *Economically active population*	1980	1990	2000	2005	2010	2015	2020	2025	2030
Tasa de actividad de la población total (por 100) *Labour force participation rate of total population (per 100)*									
Ambos sexos / *Both sexes*	54.8	58.9	62.6	62.9	63.1	63.6	63.9	64.1	64.0
Hombres / *Males*	77.1	76.6	75.8	75.3	74.8	74.4	73.9	73.1	72.1
Mujeres / *Females*	33.9	42.8	50.7	51.7	52.6	53.7	54.8	55.8	56.6
Tasa de actividad de la población urbana (por 100) *Labour force participation rate of urban population (per 100)*									
Ambos sexos / *Both sexes*	53.8	58.2	61.7	62.1	62.5	63.1	63.6	63.8	63.8
Hombres / *Males*	75.4	75.4	75.0	74.6	74.3	74.1	73.6	72.8	71.9
Mujeres / *Females*	34.7	43.4	50.1	51.1	52.2	53.4	54.6	55.6	56.4
Tasa de actividad de la población rural (por 100) *Labour force participation rate of rural population (per 100)*									
Ambos sexos / *Both sexes*	60.1	64.6	72.7	72.4	71.8	71.7	71.7	71.6	71.3
Hombres / *Males*	84.8	84.4	82.6	81.8	80.7	80.0	79.3	78.4	77.3
Mujeres / *Females*	28.5	36.1	58.9	59.5	59.8	60.5	61.4	62.1	62.7

Fuente: Centro Latinoamericano y Caribeño de Demografía (CELADE)-División de Población de la CEPAL, revisión de 2015.
Source: *Latin American and Caribbean Demographic Centre (CELADE)-Population Division of ECLAC, 2015 revision.*

Gráfico 21 / *Figure 21*
República Bolivariana de Venezuela: distribución relativa de la población por sexo y grupos quinquenales de edad, 1980 y 2015
Bolivarian Republic of Venezuela: population distribution, by sex and five-year age groups, 1980 and 2015

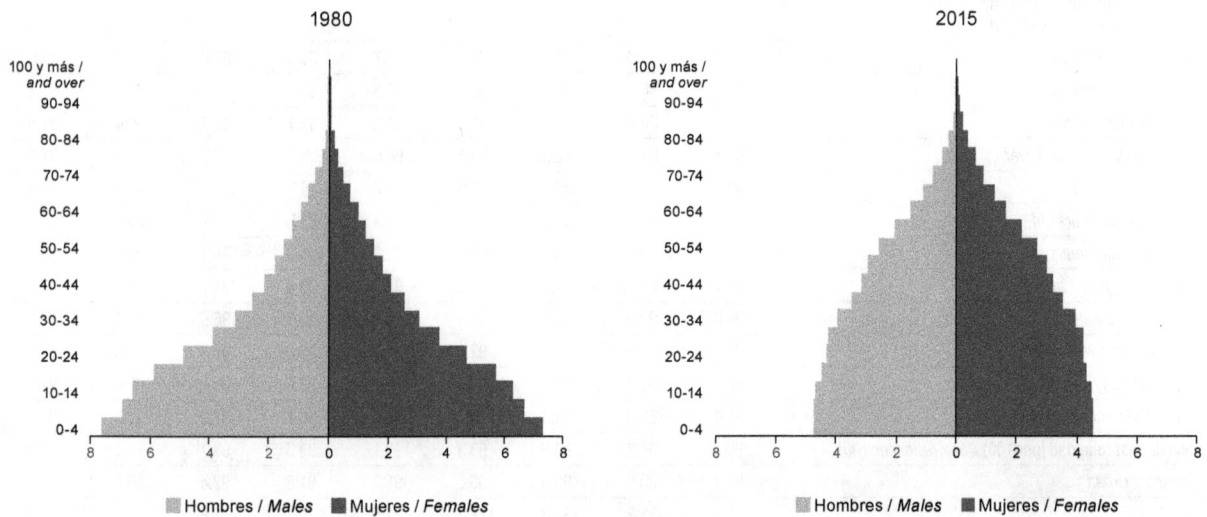

Cuadro 30a / *Table 30a*
**República Bolivariana de Venezuela: estimaciones y proyecciones de la población total, según sexo
y grupos quinquenales de edad, 1980-2030**
Bolivarian Republic of Venezuela: population estimates and projections, by sex and five-year age groups, 1980-2030
(En miles de personas a mitad de año / *Thousands of persons, at mid-year*)

Sexo y grupos de edad *Sex and age groups*	1980	1990	2000	2005	2010	2015	2020	2025	2030
Ambos sexos / *Both sexes*	15 298	19 760	24 183	26 406	28 560	30 554	32 401	34 083	35 585
0 - 4	2 284	2 690	2 736	2 814	2 858	2 835	2 776	2 708	2 638
5 - 9	2 078	2 523	2 678	2 726	2 805	2 850	2 828	2 770	2 702
10 - 14	1 965	2 260	2 672	2 675	2 721	2 797	2 842	2 821	2 764
15 - 19	1 768	2 065	2 509	2 659	2 659	2 700	2 778	2 825	2 806
20 - 24	1 469	1 944	2 230	2 483	2 629	2 623	2 666	2 746	2 795
25 - 29	1 172	1 741	2 027	2 202	2 450	2 588	2 585	2 631	2 712
30 - 34	955	1 442	1 906	2 003	2 174	2 414	2 553	2 553	2 601
35 - 39	783	1 148	1 704	1 883	1 978	2 143	2 382	2 523	2 526
40 - 44	652	930	1 407	1 681	1 858	1 949	2 114	2 353	2 495
45 - 49	548	755	1 110	1 381	1 653	1 826	1 917	2 082	2 320
50 - 54	457	618	886	1 081	1 348	1 614	1 786	1 877	2 041
55 - 59	373	503	701	850	1 039	1 298	1 557	1 726	1 817
60 - 64	293	396	549	659	798	977	1 223	1 472	1 636
65 - 69	214	297	413	498	598	725	892	1 123	1 357
70 - 74	141	204	287	352	427	515	630	782	991
75 - 79	82	127	182	225	278	341	416	515	646
80 - 84	41	69	104	129	160	200	250	310	390
85 - 89	17	31	52	65	81	101	129	165	210
90 - 94	5	11	23	29	35	44	57	75	99
95 - 99	1	3	8	10	12	15	20	28	38
100 y más / *and over*	0	0	0	0	0	0	0	0	0

Cuadro 30a (conclusión) / *Table 30a (concluded)*

Sexo y grupos de edad *Sex and age groups*	1980	1990	2000	2005	2010	2015	2020	2025	2030
Hombres / *Males*	7 732	9 955	12 138	13 214	14 253	15 206	16 077	16 854	17 530
0 - 4	1 165	1 373	1 398	1 438	1 461	1 449	1 420	1 385	1 350
5 - 9	1 059	1 287	1 367	1 392	1 432	1 455	1 444	1 415	1 381
10 - 14	1 001	1 152	1 363	1 365	1 389	1 427	1 451	1 441	1 412
15 - 19	899	1 050	1 276	1 353	1 353	1 375	1 413	1 438	1 429
20 - 24	744	985	1 127	1 254	1 328	1 326	1 348	1 388	1 413
25 - 29	593	878	1 019	1 103	1 227	1 297	1 296	1 320	1 361
30 - 34	481	725	955	999	1 082	1 202	1 272	1 272	1 297
35 - 39	395	577	850	937	981	1 061	1 180	1 251	1 253
40 - 44	328	465	700	834	920	963	1 043	1 161	1 231
45 - 49	275	377	552	683	816	901	943	1 022	1 139
50 - 54	229	306	437	533	661	791	874	916	994
55 - 59	185	247	344	415	507	630	755	835	877
60 - 64	144	192	265	318	383	470	585	702	779
65 - 69	103	142	197	236	282	341	419	524	631
70 - 74	66	96	133	163	197	237	288	356	447
75 - 79	38	57	81	99	123	150	182	223	278
80 - 84	18	29	44	53	65	82	101	124	154
85 - 89	7	12	20	24	29	35	45	57	71
90 - 94	2	4	8	9	10	12	15	20	26
95 - 99	0	1	2	3	3	3	4	5	7
100 y más / *and over*	0	0	0	0	0	0	0	0	0
Mujeres / *Females*	7 566	9 804	12 045	13 192	14 308	15 347	16 324	17 229	18 054
0 - 4	1 119	1 317	1 337	1 376	1 397	1 386	1 356	1 323	1 289
5 - 9	1 019	1 236	1 311	1 333	1 373	1 395	1 383	1 354	1 321
10 - 14	965	1 109	1 309	1 310	1 331	1 370	1 392	1 381	1 352
15 - 19	869	1 015	1 233	1 306	1 306	1 325	1 364	1 387	1 377
20 - 24	724	959	1 103	1 229	1 300	1 298	1 318	1 358	1 382
25 - 29	579	863	1 008	1 099	1 223	1 291	1 289	1 311	1 352
30 - 34	474	718	951	1 004	1 092	1 212	1 281	1 281	1 303
35 - 39	388	572	853	946	996	1 082	1 202	1 272	1 273
40 - 44	324	466	706	847	937	985	1 071	1 192	1 263
45 - 49	272	378	558	698	837	925	974	1 060	1 182
50 - 54	228	311	449	548	687	823	911	960	1 047
55 - 59	188	255	358	435	532	668	802	890	940
60 - 64	149	204	284	341	414	507	639	770	857
65 - 69	110	155	217	262	315	384	473	599	726
70 - 74	74	108	153	188	230	278	342	426	544
75 - 79	45	70	101	126	155	190	234	292	368
80 - 84	23	40	60	76	95	118	149	186	237
85 - 89	10	19	32	41	52	66	84	108	139
90 - 94	3	7	15	19	24	32	41	55	73
95 - 99	1	2	6	8	10	12	17	23	32
100 y más / *and over*	0	0	0	0	0	0	0	0	0

Fuente: Centro Latinoamericano y Caribeño de Demografía (CELADE)-División de Población de la CEPAL, revisión de 2015.
Source: Latin American and Caribbean Demographic Centre (CELADE)-Population Division of ECLAC, 2015 revision.

Cuadro 30b / *Table 30b*
República Bolivariana de Venezuela: indicadores seleccionados derivados de estimaciones y proyecciones de población, 1980-2030
Bolivarian Republic of Venezuela: selected indicators from population estimates and projections, 1980-2030

Estructura de la población / *Population structure*	1980	1990	2000	2005	2010	2015	2020	2025	2030
Población (en miles) / *Population (thousands)*									
Ambos sexos / *Both sexes*	15 298	19 760	24 183	26 406	28 560	30 554	32 401	34 083	35 585
Hombres / *Males*	7 732	9 955	12 138	13 214	14 253	15 206	16 077	16 854	17 530
Mujeres / *Females*	7 566	9 804	12 045	13 192	14 308	15 347	16 324	17 229	18 054
Índice de masculinidad (por 100) / *Sex ratio (per 100)*	102.2	101.5	100.8	100.2	99.6	99.1	98.5	97.8	97.1
Porcentaje de población / *Percentage of population*									
0-14 años / *years old*	41.4	37.8	33.4	31.1	29.4	27.8	26.1	24.3	22.8
15-59 años / *years old*	53.5	56.4	59.9	61.4	62.3	62.7	62.8	62.5	62.1
15-64 años / *years old*	55.4	58.4	62.1	63.9	65.1	65.9	66.5	66.9	66.7
60-74 años / *years old*	4.2	4.5	5.2	5.7	6.4	7.3	8.5	9.9	11.2
60 años y más / *and over*	5.2	5.8	6.7	7.4	8.4	9.5	11.2	13.1	15.1
65 años y más / *and over*	3.3	3.8	4.4	5.0	5.6	6.4	7.4	8.8	10.5
75 años y más / *and over*	1.0	1.2	1.5	1.7	2.0	2.3	2.7	3.2	3.9
80 años y más / *and over*	0.4	0.6	0.8	0.9	1.0	1.2	1.4	1.7	2.1
Relación de dependencia (por 100) *Dependency ratio (per 100)*									
Total (población menor de 15 años y población de 65 años y más) / *Total (under 15 years of age and 65 and over)*	80.6	71.2	60.9	56.4	53.7	51.8	50.3	49.6	49.8
(Menores de 15 años)/(15-64 años) *(Under 15 years of age)/(15-64 years old)*	74.7	64.7	53.8	48.7	45.1	42.1	39.2	36.4	34.1
(65 años y más)/(15-64 Años) *(65 and over)/(15-64 years old)*	5.9	6.4	7.1	7.7	8.6	9.6	11.1	13.2	15.7
Edad mediana de la población *Median age of the population*	18.7	20.9	23.4	24.7	26.2	27.8	29.5	31.1	32.6

Dinámica de la población / *Population dynamics*	1980-1985	1990-1995	2000-2005	2005-2010	2010-2015	2015-2020	2020-2025	2025-2030	
Tasa bruta de natalidad (por 1.000) *Crude birth rate (per 1,000)*	32.2	26.4	22.7	21.1	19.5	17.9	16.5	15.3	
Tasa bruta de mortalidad (por 1.000) *Crude death rate (per 1,000)*	5.5	5.2	5.0	5.3	5.5	5.7	6.1	6.5	
Tasa neta de migración (por 1.000) *Net migration rate (per 1,000)*	0.0	-0.0	-0.1	-0.2	-0.5	-0.4	-0.3	-0.2	
Tasa de crecimiento total (por 1.000) *Total growth rate (per 1,000)*	26.7	21.2	17.6	15.7	13.5	11.7	10.1	8.6	

Fecundidad / *Fertility*	1980-1985	1990-1995	2000-2005	2005-2010	2010-2015	2015-2020	2020-2025	2025-2030	
Tasa global de fecundidad / *Total fertility rate*	4.06	3.13	2.66	2.49	2.34	2.21	2.09	2.00	
Edad media de la fecundidad / *Mean age of fertility*	27.6	26.9	26.5	26.5	26.3	26.3	26.4	26.4	

Mortalidad / *Mortality*	1980-1985	1990-1995	2000-2005	2005-2010	2010-2015	2015-2020	2020-2025	2025-2030	
Esperanza de vida al nacer / *Life expectancy at birth*									
Ambos sexos / *Both sexes*	68.8	70.3	73.0	73.5	74.1	75.0	75.8	76.7	
Hombres / *Males*	65.9	67.4	68.8	69.4	69.9	70.5	71.1	71.7	
Mujeres / *Females*	71.8	73.1	77.3	77.7	78.2	79.4	80.4	81.5	
Tasa de mortalidad infantil (por 1.000) *Infant mortality rate (per 1,000)*	33.4	23.3	18.2	15.9	13.8	12.1	10.8	9.7	

Cuadro 30b (conclusión) / *Table 30b (concluded)*

Estructura de la población urbana y rural *Population structure (urban and rural population)*	1980	1990	2000	2005	2010	2015	2020	2025	2030
Porcentaje de población urbana *Percentage of urban population*									
Ambos sexos / *Both sexes*	79.1	83.9	87.9	88.5	88.8	89.5	90.4	91.2	91.9
0-14 años / *years old*	76.4	81.8	85.9	86.7	87.1	87.9	88.8	89.7	90.5
15-64 años / *years old*	81.3	85.5	89.0	89.5	89.5	90.2	91.0	91.7	92.4
65 años y más / *and over*	75.7	81.8	86.8	88.1	88.9	89.8	90.6	91.3	92.0
Hombres / *Males*	77.9	82.7	86.7	87.5	87.8	88.6	89.5	90.3	91.1
0-14 años / *years old*	75.9	81.4	85.6	86.4	86.9	87.7	88.7	89.6	90.4
15-64 años / *years old*	79.8	83.9	87.6	88.2	88.3	89.0	89.9	90.7	91.5
65 años y más / *and over*	71.1	78.1	83.7	85.1	86.1	87.1	88.2	89.1	89.9
Mujeres / *Females*	80.3	85.2	89.0	89.6	89.8	90.5	91.3	92.0	92.7
0-14 años / *years old*	76.9	82.2	86.2	86.9	87.2	88.0	89.0	89.8	90.6
15-64 años / *years old*	82.8	87.1	90.4	90.8	90.7	91.3	92.0	92.6	93.2
65 años y más / *and over*	79.7	85.0	89.4	90.5	91.2	91.8	92.5	93.0	93.6
Índice de masculinidad (por 100) / *Sex ratio (per 100)*	102.2	101.5	100.8	100.2	99.6	99.1	98.5	97.8	97.1
Urbana / *Urban*	99.2	98.6	98.2	97.8	97.4	97.0	96.5	96.0	95.4
Rural	114.2	118.2	121.3	120.6	119.0	118.7	118.7	118.8	118.8

Dinámica de la población (urbana y rural) *Population dynamics (urban and rural population)*	1980-1985	1990-1995	2000-2005	2005-2010	2010-2015	2015-2020	2020-2025	2025-2030	
Tasa de crecimiento (por 1.000) / *Growth rate (per 1,000)*	27.0	22.1	18.2	16.5	14.3	12.4	10.8	9.2	
Urbana / *Urban*	35.7	27.0	22.6	17.0	14.8	14.4	12.6	10.9	
Rural	-6.3	-3.7	-14.4	12.6	10.3	-4.8	-6.5	-8.0	

Envejecimiento poblacional / *Population ageing*	1980	1990	2000	2005	2010	2015	2020	2025	2030
Índice de envejecimiento (por 100) / *Ageing index (per 100)*									
Total	12.5	15.2	20.0	23.9	28.5	34.4	42.8	53.9	66.2
Urbano / *Urban*	12.5	15.3	20.3	24.4	29.2	35.2	43.8	54.9	67.4
Rural	12.7	14.9	18.4	21.1	23.8	28.4	35.3	44.4	54.6
Relación de apoyo potencial / *Potential support ratio*	10.3	9.8	9.0	8.2	7.4	6.6	5.6	4.8	4.1
Relación de apoyo a los padres (por 100) *Parent support ratio (per 100)*	5.7	7.6	8.7	9.0	9.1	9.3	10.0	11.4	13.4

Población económicamente activa *Economically active population*	1980	1990	2000	2005	2010	2015	2020	2025	2030
Tasa de actividad de la población total (por 100) *Labour force participation rate of total population (per 100)*									
Ambos sexos / *Both sexes*	52.7	55.9	55.1	56.8	58.6	60.1	61.2	62.1	62.9
Hombres / *Males*	79.0	77.8	73.4	73.8	74.3	74.5	74.3	73.8	73.2
Mujeres / *Females*	26.1	34.0	36.9	40.1	43.1	46.1	48.6	50.9	53.0
Tasa de actividad de la población urbana (por 100) *Labour force participation rate of urban population (per 100)*									
Ambos sexos / *Both sexes*	53.1	56.2	55.5	57.2	59.0	60.5	61.6	62.5	63.2
Hombres / *Males*	77.9	76.8	72.8	73.3	73.9	74.2	74.0	73.5	73.0
Mujeres / *Females*	29.0	36.5	38.9	41.9	44.9	47.7	50.0	52.1	54.1
Tasa de actividad de la población rural (por 100) *Labour force participation rate of rural population (per 100)*									
Ambos sexos / *Both sexes*	51.0	53.9	51.6	53.0	54.5	55.9	57.2	58.3	59.3
Hombres / *Males*	83.5	83.2	77.2	77.3	77.5	77.4	77.1	76.6	75.9
Mujeres / *Females*	12.1	16.8	18.2	21.9	25.6	29.1	32.5	35.7	38.8

Fuente: Centro Latinoamericano y Caribeño de Demografía (CELADE)-División de Población de la CEPAL, revisión de 2015.
Source: Latin American and Caribbean Demographic Centre (CELADE)-Population Division of ECLAC, 2015 revision.

Notas y fuentes de información por país

En general, las estimaciones de la población nacional, por sexo y grupo de edad, de cada uno de los 20 países de América Latina para el período 1950-2015 se han elaborado conjuntamente con instituciones nacionales. Sin embargo, el período de proyección fue elaborado por el equipo de estimaciones y proyecciones de población del Centro Latinoamericano y Caribeño de Demografía (CELADE)-División de Población de la CEPAL con el método de los componentes[1]. Las estimaciones y proyecciones de población urbana, rural y económicamente activa fueron realizadas por el CELADE-División de Población de la CEPAL según la metodología propuesta en el *Observatorio Demográfico* núm. 2[2]. A continuación se indican las fuentes de información consideradas en el proceso de estimación de la dinámica demográfica.

Argentina

- Estadísticas vitales de 1950-2013
- Censos de población de 1947, 1960, 1970, 1980, 1991, 2001 y 2010
- Investigación de la Migración Internacional en Latinoamérica (IMILA), base de datos del CELADE-División de Población de la CEPAL
- Encuesta permanente de hogares (EPH) de 1990, 2000 y 2004

Bolivia (Estado Plurinacional de)

- Censos de población de 1950, 1976, 1992, 2001 y 2012
- Encuesta demográfica nacional de 1975 y 1980
- Encuesta nacional de población y vivienda de 1988
- Encuestas nacionales de demografía y salud de 1989, 1994, 1998, 2003 y 2008
- Investigación de la Migración Internacional en Latinoamérica (IMILA), base de datos del CELADE-División de Población de la CEPAL
- Padrón municipal de España
- Encuesta nacional de empleo, 1996
- Encuesta de hogares de 2000 y 2002

Brasil

- Estadísticas vitales de 1960-2012
- Censos de población de 1950, 1960, 1970, 1980, 1991, 2000 y 2010
- Conteo de población de 1996
- *Pesquisa nacional por amostra de domicílio* (PNAD) de 1972, 1973, 1976, 1977, 1978, 1984, 1986, 1996, 2000, 2005 y 2006
- *Pesquisa nacional sobre saúde materno-infantil e planejamento familiar* de 1986
- Investigación de la Migración Internacional en Latinoamérica (IMILA), base de datos del CELADE-División de Población de la CEPAL

Chile

- Estadísticas vitales de 1950-2011
- Censos de población de 1952, 1960, 1970, 1982, 1992 y 2002
- Investigación de la Migración Internacional en Latinoamérica (IMILA), base de datos del CELADE-División de Población de la CEPAL
- Encuesta de Caracterización Socioeconómica Nacional (CASEN) de 1983, 1990, 1992, 1998 y 2000

Colombia

- Estadísticas vitales de 1950-2013
- Censos de población de 1951, 1964, 1973, 1985, 1993 y 2005
- Encuesta colombiana de fecundidad de 1976
- Encuesta nacional de hogares de 1978,1980, 1996, 1997, 2000 y 2002
- Encuestas nacionales de demografía y salud de 1986, 1990, 1995, 2000, 2005 y 2010
- Investigación de la Migración Internacional en Latinoamérica (IMILA), base de datos del CELADE-División de Población de la CEPAL

Costa Rica

- Estadísticas vitales de 1950-2013
- Censos de población de 1950, 1963, 1973, 1984, 2000 y 2011
- Encuesta nacional de fecundidad de 1976
- Encuestas de prevalencia anticonceptiva de 1978 y 1981
- Encuesta nacional de fecundidad y salud de 1986

---

[1]   Comisión Económica para América Latina y el Caribe (CEPAL), "Proyección a largo plazo", *Observatorio Demográfico*, N° 11 (LC/G.2515-P), Santiago, 2011. Publicación de las Naciones Unidas, N° de venta: E/S.12.II.G.10.
[2]   Comisión Económica para América Latina y el Caribe (CEPAL), "Población económicamente activa", *Observatorio Demográfico*, N° 2 (LC/G.2337-P), Santiago, octubre de 2006. Publicación de las Naciones Unidas, N° de venta: E/S.07.II.G.28.

- Investigación de la Migración Internacional en Latinoamérica (IMILA), base de datos del CELADE-División de Población de la CEPAL
- Encuestas de Hogares de Propósitos Múltiples (EHPM) 1985, 1990, 1995, 2000, 2003 y 2004

Cuba

- Estadísticas vitales de 1950-2012
- Censos de población de 1953, 1970, 1981, 2002 y 2012
- Investigación de la Migración Internacional en Latinoamérica (IMILA), base de datos del CELADE-División de Población de la CEPAL

Ecuador

- Estadísticas vitales de 1955-2011
- Censos de población de 1950, 1962, 1974, 1982, 1990, 2001 y 2010
- Encuesta nacional de fecundidad de 1979
- Encuesta nacional de salud materna e infantil y variables demográficas de 1982
- Encuesta demográfica y de salud familiar de 1987
- Encuesta demográfica y de salud materna e infantil de 1994, 1999 y 2004
- Investigación de la Migración Internacional en Latinoamérica (IMILA), base de datos del CELADE-División de Población de la CEPAL
- Padrón municipal de España
- Encuesta Nacional de Empleo, Desempleo y Subempleo (ENEMDU) de 2000, 2003 y 2004
- Encuesta de Condiciones de Vida (ECV) 2005-2006

El Salvador

- Estadísticas vitales de 1951-2012
- Censos de población de 1950, 1961, 1971, 1992 y 2007
- Encuesta nacional de fecundidad de 1973
- Encuestas nacionales de salud familiar de 1985, 1988, 1993, 1998, 2002-2003 y 2008
- Investigación de la Migración Internacional en Latinoamérica (IMILA), base de datos del CELADE-División de Población de la CEPAL
- Encuesta de mano de obra de 1974
- Encuesta de Hogares de Propósitos Múltiples (EHPM) de 1991, 1992, 1993, 1995, 2000, 2003 y 2004

Guatemala

- Estadísticas vitales de 1950-2013
- Censos de población de 1950, 1964, 1973, 1981, 1994 y 2002
- Encuesta nacional de fecundidad de 1978
- Encuesta nacional sociodemográfica de 1987 y 1989
- Encuesta nacional de salud maternoinfantil de 1987, 1995, 1998-1999, 2002 y 2008-2009

- Investigación de la Migración Internacional en Latinoamérica (IMILA), base de datos del CELADE-División de Población de la CEPAL
- Encuesta Nacional de Condiciones de Vida (ENCOVI) 2000
- Encuesta Nacional de Empleo e Ingresos (ENEI) 2003 y 2004

Haití

- Censos de población de 1950, 1971, 1982 y 2003
- *Enquête haïtienne sur la fécondité* de 1977
- *Enquête haïtienne sur la prévalence de la contraception* de 1983
- *Enquête mortalité, morbidité et utilisation des services* de 1987, 1994-1995, 2000, 2005-2006 y 2012
- Investigación de la Migración Internacional en Latinoamérica (IMILA), base de datos del CELADE-División de Población de la CEPAL

Honduras

- Estadísticas vitales de 1950-1983 y 2000-2011
- Censos de población de 1950, 1961, 1974, 1988 y 2001
- Encuesta demográfica nacional retrospectiva de 1972
- Encuesta demográfica nacional de 1983
- Encuesta nacional de salud maternoinfantil de 1984
- Encuesta nacional de epidemiología y salud familiar de 1987, 1991 y 1996
- Encuesta Nacional de Demografía y Salud (ENDESA) 2005-2006 y 2011-2012
- Investigación de la Migración Internacional en Latinoamérica (IMILA), base de datos del CELADE-División de Población de la CEPAL
- Encuesta Permanente de Hogares de Propósitos Múltiples (EPHPM) de 1990, 1995, 2002 y 2003

México

- Estadísticas vitales de 1950-2013
- Censos de población de 1950, 1960, 1970, 1980, 1990, 2000 y 2010
- Conteos de población de 1995 y 2005
- Encuesta nacional de fecundidad de 1976
- Encuesta nacional de prevalencia en el uso de métodos anticonceptivos de 1979
- Encuesta nacional sobre fecundidad y salud de 1987
- Encuesta nacional de la dinámica demográfica de 1992 y 1997
- Investigación de la Migración Internacional en Latinoamérica (IMILA), base de datos del CELADE-División de Población de la CEPAL
- Encuesta Nacional de Ingresos y Gastos de los hogares (ENIGH) de 1989, 2000 y 2004
- Estimaciones y proyecciones de población CONAPO (http://www.conapo.gob.mx/es/CONAPO/Proyecciones)

Nicaragua

- Estadísticas vitales de 1955-2011
- Censos de población de 1950, 1963, 1971, 1995 y 2005
- Encuesta retrospectiva demográfica nacional de 1978
- Encuesta sociodemográfica nicaragüense de 1985-1986
- Encuesta sobre salud familiar de 1992-1993
- Encuesta nicaragüense de demografía y salud de 1998, 2001 y 2006
- Investigación de la Migración Internacional en Latinoamérica (IMILA), base de datos del CELADE-División de Población de la CEPAL
- Encuesta Nacional de Hogares sobre Medición de Niveles de Vida (EMNV) de 1993 y 2001

Panamá

- Estadísticas vitales de 1952-2013
- Censos de población de 1950, 1960, 1970, 1980, 1990, 2000 y 2010
- Encuesta demográfica nacional de 1975-1976
- Encuesta nacional de fecundidad 1975-1976
- Encuesta demográfica nacional retrospectiva de 1976-1977
- Investigación de la Migración Internacional en Latinoamérica (IMILA), base de datos del CELADE-División de Población de la CEPAL
- Encuestas de hogares de 1979, 1995, 2000 y 2004

Paraguay

- Estadísticas vitales de 1960-1994
- Censos de población de 1950, 1962, 1972, 1982, 1992, 2002 y del censo de 2012
- Encuesta demográfica nacional de 1977
- Encuesta nacional de fecundidad de 1979
- Encuesta nacional de demografía y salud de 1990
- Encuesta nacional de demografía y salud reproductiva de 1995-1996
- Encuesta nacional de demografía y salud sexual y reproductiva de 2004 y 2008
- Investigación de la Migración Internacional en Latinoamérica (IMILA), base de datos del CELADE-División de Población de la CEPAL
- Padrón municipal de España
- Encuesta de hogares de 1995 y 2000

Perú

- Estadísticas vitales de 1950-2012
- Censos de población de 1961, 1972, 1981, 1993, 2005 y 2007
- Encuesta demográfica nacional de 1974-1976
- Encuesta demográfica nacional retrospectiva de 1976
- Encuesta nacional de fecundidad de 1978

- Encuesta demográfica y de salud familiar de 1986, 1991-1992, 1996, 2000, 2004-2006, 2007-2008, 2009, 2010, 2011 y 2012
- Investigación de la Migración Internacional en Latinoamérica (IMILA), base de datos del CELADE-División de Población de la CEPAL
- Encuesta de hogares de 1995, 2000 y 2003

República Dominicana

- Estadísticas vitales de 1950-2012
- Censos de población de 1950, 1960, 1970, 1981, 1993, 2002 y 2010
- Encuesta nacional de fecundidad de 1975 y 1980
- Encuesta nacional de prevalencia del uso de anticonceptivos de 1983
- Encuesta demográfica y de salud de 1986, 1991, 1996, 2002, 2007 y 2013
- Investigación de la Migración Internacional en Latinoamérica (IMILA), base de datos del CELADE-División de Población de la CEPAL
- Registros administrativos de la Dirección General de Migración
- Encuesta sobre Inmigrantes Haitianos en la República Dominicana
- Encuesta Nacional de Hogares de Propósitos Múltiples de 2006
- Encuesta Nacional de Fuerza de Trabajo (ENFT) de 1995, 2000 y 2004

Uruguay

- Estadísticas vitales de 1950-2012
- Censos de población de 1963, 1975, 1985, 1996, 2004 fase I y 2011
- Investigación de la Migración Internacional en Latinoamérica (IMILA), base de datos del CELADE-División de Población de la CEPAL
- Encuesta de hogares de 1984, 1995 y 2004

Venezuela (República Bolivariana de)

- Estadísticas vitales de 1957-2012
- Censos de población de 1950, 1961, 1971, 1981, 1990, 2001 y 2011
- Encuesta nacional de fecundidad de 1977
- Investigación de la Migración Internacional en Latinoamérica (IMILA), base de datos del CELADE-División de Población de la CEPAL
- Encuesta de hogares por muestreo de 1987 (segundo semestre) y 1990

Notes and information sources, by country

Generally speaking, total population estimates by sex and age group for each of the 20 countries of Latin America for the period 1950-2015 were prepared in conjunction with national institutions. However, the projection period was prepared by the population estimates and projections team of the Latin American and Caribbean Demographic Centre (CELADE)-Population Division of ECLAC using the components method.[1] The estimates and projections of the urban, rural and economically active populations were prepared by CELADE-Population Division of ECLAC following the methodology proposed in *Demographic Observatory*, No. 2.[2] Listed below are the information sources considered when estimating demographic dynamics.

Argentina

- Vital statistics 1950-2013
- Population censuses of 1947, 1960, 1970, 1980, 1991, 2001 and 2010
- Research project on international migration in Latin America (IMILA), database of CELADE-Population Division of ECLAC
- Permanent household surveys (EPH) of 1990, 2000 and 2004

Bolivia (Plurinational State of)

- Population censuses of 1950, 1976, 1992, 2001 and 2012
- National demographic surveys of 1975 and 1980
- National population and housing survey of 1988
- National population and health surveys of 1989, 1994, 1998, 2003 and 2008
- Research project on international migration in Latin America (IMILA), database of CELADE-Population Division of ECLAC
- Municipal register of Spain
- National employment survey, 1996
- Household surveys of 2000 and 2002

Brazil

- Vital statistics 1960-2012
- Population censuses of 1950, 1960, 1970, 1980, 1991, 2000 and 2010
- Population count of 1996

- National household surveys of 1972, 1973, 1976, 1977, 1978, 1984, 1986, 1996, 2000, 2005 and 2006
- National survey on maternal and child health and family planning of 1986
- Research project on international migration in Latin America (IMILA), database of CELADE-Population Division of ECLAC

Chile

- Vital statistics 1950-2011
- Population censuses of 1952, 1960, 1970, 1982, 1992 and 2002
- Research project on international migration in Latin America (IMILA), database of CELADE-Population Division of ECLAC
- National Socioeconomic Survey (CASEN) of 1983, 1990, 1992, 1998 and 2000

Colombia

- Vital statistics 1950-2013
- Population censuses of 1951, 1964, 1973, 1985, 1993 and 2005
- National fertility survey of 1976
- National household surveys of 1978, 1980, 1996, 1997, 2000 and 2002
- National demographic and health surveys of 1986, 1990, 1995, 2000, 2005 and 2010
- Research project on international migration in Latin America (IMILA), database of CELADE-Population Division of ECLAC

Costa Rica

- Vital statistics 1950-2013
- Population censuses of 1950, 1963, 1973, 1984, 2000 and 2011
- National fertility survey of 1976
- Contraceptive prevalence surveys of 1978 and 1981
- National health and fertility survey of 1986
- Research project on international migration in Latin America (IMILA), database of CELADE-Population Division of ECLAC
- Multipurpose household survey (EHPM) of 1985, 1990, 1995, 2000, 2003 and 2004

Cuba

- Vital statistics 1950-2012
- Population censuses of 1953, 1970, 1981, 2002 and 2012
- Research project on international migration in Latin America (IMILA), database of CELADE-Population Division of ECLAC

[1] Economic Commission for Latin America and the Caribbean (ECLAC), "Long-term projections", *Demographic Observatory*, No. 11 (LC/G.2515-P), Santiago, 2011. United Nations publication, Sales No.: E/S.12.II.G.10.

[2] Economic Commission for Latin America and the Caribbean (ECLAC), "Economically active population", *Demographic Observatory*, No. 2 (LC/G.2337-P), Santiago, 2006. United Nations publication, Sales No.: E/S.07.II.G.28.

Dominican Republic

- Vital statistics 1950-2012
- Population census of 1950, 1960, 1970, 1981, 1993, 2002 and 2010
- National fertility survey of 1975 and 1980
- National contraception prevalence survey of 1983
- Demographic and health surveys of 1986, 1991, 1996, 2002, 2007 and 2013
- Research project on international migration in Latin America (IMILA), database of CELADE-Population Division of ECLAC
- Administrative registers of the Directorate General of Migration
- Survey of Haitian immigrants in the Dominican Republic
- Multipurpose national household survey of 2006
- National labour force survey (ENFT) of 1995, 2000 and 2004

Ecuador

- Vital statistics 1955-2011
- Population censuses of 1950, 1962, 1974, 1982, 1990, 2001 and 2010
- National fertility survey of 1979
- National survey on maternal and child health and demographic variables of 1982
- Demographic and family health survey of 1987
- Demographic and maternal and child health surveys of 1994, 1999 and 2004
- Research project on international migration in Latin America (IMILA), database of CELADE-Population Division of ECLAC
- Municipal register of Spain
- National Survey of Employment, Unemployment and Underemployment (ENEMDU) of 2000, 2003 and 2004
- Survey on living conditions (ECV) of 2005-2006

El Salvador

- Vital statistics 1951-2012
- Population censuses of 1950, 1961, 1971, 1992 and 2007
- National fertility survey of 1973
- National surveys on family health of 1985, 1988, 1993, 1998, 2002-2003 and 2008
- Research project on international migration in Latin America (IMILA), database of CELADE-Population Division of ECLAC
- Labour survey of 1974
- Multipurpose household survey (EHPM) of 1991, 1992, 1993, 1995, 2000, 2003 and 2004

Guatemala

- Vital statistics 1950-2013
- Population censuses of 1950, 1964, 1973, 1981, 1994 and 2002

- National fertility survey of 1978
- National sociodemographic surveys of 1987 and 1989
- National maternal and child health surveys, 1987, 1995, 1998-1999, 2002 and 2008-2009
- Research project on international migration in Latin America (IMILA), database of CELADE-Population Division of ECLAC
- National Survey of Living Conditions (ENCOVI) 2000
- National Employment and Income Survey (ENEI) of 2003 and 2004

Haiti

- Population censuses of 1950, 1971, 1982 and 2003
- Haitian survey on fertility de 1977
- Haitian survey on contraceptive prevalence of 1983
- Survey on mortality, morbidity and use of services of 1987, 1995-1995, 2000, 2005-2006 and 2012
- Research project on international migration in Latin America (IMILA), database of CELADE-Population Division of ECLAC

Honduras

- Vital statistics 1950-1983 and 2000-2011
- Population censuses of 1950, 1961, 1974, 1988 and 2001
- Retrospective national demographic survey of 1972
- National demographic survey of 1983
- National maternal and child health survey of 1984
- National surveys on epidemiology and family health of 1987, 1991 and 1996
- National Demographic and Health Survey (ENDESA) 2005-2006 and 2011-2012
- Research project on international migration in Latin America (IMILA), database of CELADE-Population Division of ECLAC
- Permanent multipurpose household survey (EPHPM) of 1990, 1995, 2002 and 2003

Mexico

- Vital statistics 1950-2013
- Population censuses of 1950, 1960, 1970, 1980, 1990, 2000 and 2010
- Population counts of 1995 and 2005
- National fertility survey of 1976
- National contraception prevalence survey of 1979
- National health and fertility survey of 1987
- National surveys on demographic dynamics of 1992 and 1997
- Research project on international migration in Latin America (IMILA), database of CELADE-Population Division of ECLAC
- National household income and expenditure survey (ENIGH) of 1989, 2000 and 2004

- Population estimates and projections of the National Population Council (CONAPO) (http://www.conapo.gob.mx/es/CONAPO/Proyecciones)

Nicaragua

- Vital statistics 1955-2011
- Population censuses of 1950, 1963, 1971, 1995 and 2005
- Retrospective national demographic survey of 1978
- National sociodemographic survey of 1985-1986
- Family health survey of 1992-1993
- National demographic and health surveys of 1998, 2001 and 2006
- Research project on international migration in Latin America (IMILA), database of CELADE-Population Division of ECLAC
- National household living standards survey (EMNV) of 1993 and 2001

Panama

- Vital statistics 1952-2013
- Population censuses of 1950, 1960, 1970, 1980, 1990, 2000 and 2010
- National demographic survey of 1975-1976
- National fertility survey of 1975-1976
- Retrospective national demographic survey of 1976-1977
- Research project on international migration in Latin America (IMILA), database of CELADE-Population Division of ECLAC
- Household surveys of 1979, 1995, 2000 and 2004

Paraguay

- Vital statistics 1960-1994
- Population censuses of 1950, 1962, 1972, 1982, 1992, 2002 and 2012
- National demographic survey of 1977
- National fertility survey of 1979
- National demographic and health survey of 1990
- National demographic and reproductive health survey of 1995-1996
- National demographic and sexual and reproductive health survey of 2004 and 2008
- Research project on international migration in Latin America (IMILA), database of CELADE-Population Division of ECLAC
- Municipal register of Spain
- Household surveys of 1995 and 2000

Peru

- Vital statistics 1950-2012
- Population counts of 1961, 1972, 1981, 1993, 2005 and 2007
- National demographic survey of 1974-1976
- Retrospective national demographic survey of 1976
- National fertility survey of 1978
- Demographic and family health surveys of 1986, 1991-1992, 1996, 2000, 2004-2006, 2007-2008, 2009, 2010, 2011 and 2012
- Research project on international migration in Latin America (IMILA), database of CELADE-Population Division of ECLAC
- Household surveys of 1995, 2000 and 2003

Uruguay

- Vital statistics 1950-2012
- Population census of 1963, 1975, 1985, 1996, 2004 phase I and 2011
- Research project on international migration in Latin America (IMILA), database of CELADE-Population Division of ECLAC
- Household surveys of 1984, 1995 and 2004

Venezuela (Bolivarian Republic of)

- Vital statistics 1957-2012
- Population census of 1950, 1961, 1971, 1981, 1990, 2001 and 2011
- National fertility survey of 1977
- Research project on international migration in Latin America (IMILA), database of CELADE-Population Division of ECLAC
- Household sample surveys of 1987 (second semester) and 1990

Definición de algunos indicadores demográficos

Crecimiento total anual:
Es el incremento medio anual total de una población, es decir, el número de nacimientos menos el de defunciones, más el de inmigrantes y menos el de emigrantes, durante un determinado período.

Edad media de la fecundidad:
Es un indicador de la distribución por edades de las tasas de fecundidad que se calcula como el producto de las edades medias de cada intervalo quinquenal por las tasas de fecundidad respectivas, dividido por la suma de las tasas.

Edad mediana de la población:
Es un indicador del grado de envejecimiento de la estructura por edades de la población. Es una medida estadística de posición que se expresa como la edad que divide a la población en dos grupos de igual número de personas.

Esperanza de vida al nacer:
Representa la duración media de la vida de los individuos que integran una cohorte hipotética de nacimientos, sometidos en todas las edades a los riesgos de mortalidad del período en estudio.

Esperanza de vida a una edad determinada (x):
Es el número medio de años que, en promedio, les resta por vivir a los sobrevivientes de una cohorte de una edad exacta determinada (x), sometidos en todas las edades restantes a los riesgos de mortalidad del período en estudio.

Índice de envejecimiento de la población:
Es el cociente entre la población de 65 años y más y la población menor de 15 años de edad. En estudios sobre envejecimiento poblacional suele utilizarse como el cociente entre la población de 60 años y más y la población menor de 15 años de edad.

Índice de masculinidad o razón de sexos:
Es la razón entre el número de hombres y el número de mujeres en la población total o por edades. Se calcula como el cociente entre la población masculina y la población femenina, y frecuentemente se expresa como el número de hombres por cada 100 mujeres.

Número bruto de años de vida activa:
Es el número medio de años que una persona de una cohorte hipotética permanecerá en la actividad económica si, durante su vida activa, tuvieran vigencia las tasas de actividad por edades del período en estudio y no estuviera sometida a riesgos de mortalidad antes de salir de la fuerza de trabajo por jubilación. Se obtiene sumando las tasas de actividad quinquenales y multiplicándolas por cinco.

Población económicamente activa (PEA):
En general se considera población económicamente activa al conjunto de personas, de uno u otro sexo, que están dispuestas a aportar su trabajo para la producción de bienes y servicios económicos. Generalmente, cada país determina la edad de inicio de la investigación sobre la actividad económica, que puede variar en el tiempo y en las distintas fuentes (censos y encuestas especializadas). Para lograr una mejor armonización de las cifras, el CELADE-División de Población de la CEPAL considera población económicamente activa a aquella que, según lo establecido por cada país o fuente en cada momento, sea considerada PEA y tenga 15 o más años de edad.

Población urbana y población rural:
Se ha considerado población urbana a aquella que reside en áreas urbanas. El concepto de área urbana está determinado por criterios que suelen variar de un país a otro y en el tiempo. A efectos de la estimación de la población urbana,

se utilizó el número de población urbana identificado en cada censo de población sin considerar las diferencias de criterio existentes entre los países y entre los diferentes censos de cada país[1].

Relación de apoyo potencial:
Es una alternativa numérica para expresar la relación entre las personas que, potencialmente, son económicamente activas y las personas potencialmente dependientes. Es el cociente entre la población de 15 a 59 años de edad y la población de 60 años y más, es decir, el indicador inverso de la relación de dependencia de la población de 60 años y más.

Relación de apoyo a los padres:
Es la medida comúnmente usada para expresar la demanda familiar de apoyo a sus ancianos. La relación de apoyo a los padres es un indicador aproximado de los cambios requeridos en los sistemas familiares de apoyo a los ancianos. Es el cociente entre las personas de 80 años y más de edad y las personas de 50 a 64 años de edad.

Relación de dependencia demográfica:
Es la medida comúnmente utilizada para medir la necesidad potencial de soporte social de la población en edades inactivas por parte de la población en edades activas. Es el cociente entre la suma de los grupos de población de menos de 15 años y de 65 años y más y la población de 15 a 64 años de edad. En estudios sobre envejecimiento poblacional suele utilizarse como el cociente entre la suma de los grupos de población de menos de 15 años y de 60 años y más y la población de 15 a 59 años de edad.

Relación de dependencia demográfica de menores de 15 años o relación de dependencia infantojuvenil:
Es la medida utilizada para medir la necesidad potencial de soporte social de la población infantil y juvenil por parte de la población en edad activa. Es el cociente entre la población de menos de 15 años y la de 15 a 59 años de edad.

Relación de dependencia demográfica de la población de 60 años y más de edad:
Es la medida utilizada para medir la necesidad potencial de soporte social de la población de adultos mayores por parte de la población en edad activa. Es el cociente entre la población de 60 años y más y la población de 15 a 59 años de edad.

Saldo neto migratorio anual o saldo migratorio anual:
Representa el componente migratorio del crecimiento total de una población. La magnitud de este saldo se mide calculando la diferencia media anual entre los inmigrantes y los emigrantes de una población.

Tasa bruta de natalidad:
Expresa la frecuencia de los nacimientos ocurridos en un período con relación a la población total. Es el cociente entre el número medio anual de nacimientos ocurridos durante un período determinado y la población media del período.

Tasa bruta de mortalidad:
Expresa la frecuencia de las defunciones ocurridas en un período con relación a la población total. Es el cociente entre el número medio anual de defunciones ocurridas durante un período determinado y la población media de ese período.

Tasa de actividad:
Es el cociente entre el total de personas económicamente activas en una fecha determinada y la población que, por su edad, puede ser activa (en este caso, de 15 años o más) a esa fecha. También se puede calcular tasas específicas por edad y sexo.

Tasa de crecimiento natural:
Es el cociente entre el crecimiento natural anual (nacimientos menos defunciones) de un determinado período y la población media del mismo período. Puede definirse también como la diferencia entre las tasas brutas de natalidad y de mortalidad.

Tasa de crecimiento total:
Es el cociente entre el incremento medio anual durante un período determinado y la población media del mismo período, y representa la variación observada como consecuencia de los nacimientos, defunciones y movimientos migratorios. Puede definirse también como la suma algebraica de la tasa de crecimiento natural y la tasa de migración.

Tasa de migración o tasa neta de migración:
Es el cociente entre el saldo neto migratorio anual correspondiente a un período determinado y la población media del mismo período.

Tasa de mortalidad infantil:
Es la probabilidad que tiene un recién nacido de morir antes de cumplir un año de vida. En la práctica, se define como el cociente entre las defunciones de los niños menores de un año ocurridas en un período dado y los nacimientos ocurridos en el mismo lapso.

Tasa específica de actividad por edades:
Es el cociente entre el total de personas económicamente activas de un grupo de edad en una fecha determinada y la población total de ese grupo de edad a esa fecha.

Tasa global de fecundidad:
Es el número medio de hijos que tendría una mujer de una cohorte hipotética de mujeres que durante su vida fértil tuvieran sus hijos de acuerdo con las tasas de fecundidad por edad del período de estudio y no estuvieran sometidas a riesgos de mortalidad desde el nacimiento hasta la finalización del período fértil.

---

[1] Los criterios de definición de la población urbana aplicados en los censos de América Latina pueden consultarse, además de en las publicaciones censales, en el sitio web del CELADE-División de Población de la CEPAL [en línea] http://www.eclac.cl/celade/proyecciones/basedatos_BD.htm.

Definitions of selected demographic indicators

Total annual growth:
The total mean annual growth of a population, that is, births minus deaths plus immigrants minus emigrants, during a given period of time.

Mean age of fertility:
The mean age of fertility is an indicator of the age structure of fertility, being measured by the product of the mean ages of each five-year period of age fertility rates, divided by the sum of age fertility rates.

Median age of the population:
This is an indicator of the ageing of a population's age structure. It is the specific value that divides a population in two groups of equal number of persons.

Life expectancy at birth:
This is the average number of years that would be lived by a newborn child of a hypothetical cohort whose members were exposed during their lifetimes to the mortality rates by age of the period under study.

Life expectancy at age X:
The mean number of years remaining to live for the survivors of an particular cohort X, who are assumed to be exposed at all remaining ages to the mortality risks of the period in question.

Population ageing index:
Ratio of the population aged 65 and over to the population aged under 15 years. Studies on population ageing often use the ratio of the population aged 60 and over to the population aged under 15 years.

Masculinity index or sex ratio:
Measures the ratio of the number of males to the number of females in the total population or by age. It is also expressed as the number of males per 100 females.

Gross years of active life:
The mean number of years for which an individual from a hypothetical cohort will remain in economic activity, assuming that the activity rates by age for the period in question apply during his or her active life and that he or she is not exposed to mortality risks before retiring from the workforce. It is calculated by adding five-year activity rates and multiplying the result by five.

Economically active population (EAP):
Generally speaking, the economically active population consists of those persons, male or female, who are willing to participate in the production of economic goods and services. Usually, each country determines the age at which economic activity may be deemed to begin, which may vary over time and from one data source to another (censuses and specialized surveys). In order to achieve more harmonized figures, CELADE-Population Division of ECLAC considers EAP to be the population defined as such in the respective country or source and aged over 15 years.

Urban population and rural population:
Urban population is considered to be that residing in urban areas. The criteria used for defining urban areas tend to vary from one country to another and over time. For the purposes of estimating the urban population, the urban population identified in each population census was used regardless of the differences in criteria between countries and between the various censuses conducted in each country.[1]

---

[1] The criteria used to define urban population in censuses conducted in Latin America are available in census publications and may be consulted on the website of CELADE-Population Division of ECLAC [online] www.eclac.cl/celade/proyecciones/basedatos_BD.htm.

Potential support ratio:
This is an alternative way of expressing the numerical relationship between those more likely to be economically active and those more likely to be dependents. It is the ratio of persons 15 to 59 years of age to the population aged 60 years and over or the inverse of the dependency ratio of the population 60 years and over.

Parent support ratio:
This is a measure that is commonly used to assess the demands on families to provide support for their elderly members. The parent support ratio should be taken only as a rough indicator of changes required in the family support system for the elderly. It is the ratio of the number of persons aged 80 years and over to those between 50 and 64 years.

Demographic dependency ratio:
This is a commonly used measure of the potential need of the population of inactive age groups for social support from the population of active age. It is the ratio of population groups aged under 15 and 65 and over to the population aged 15 to 64. Studies on population ageing often use the ratio of the sum of the population groups under 15 years and over 60 years to the population aged 15-59 years.

Demographic dependency ratio of population less than 15 years old (child and youth dependency ratios):
This is used to measure the potential need for social support of the child and youth population from the population of active age. It is the ratio of the population under the age of 15 to the adult population (persons 15-59 years of age).

Demographic dependency ratio of the population 60 years and over:
This is used to measure the potential need for social support by the population of older persons from the population of active age. It is the ratio of the population aged 60 years and over to the population aged 15 to 59.

Annual net migration, or annual balance of migration:
This represents the contribution of migration to overall population growth; the volume of net migration is calculated as the mean annual difference between the numbers of immigrants and emigrants.

Crude birth rate:
This expresses the frequency of births occurring in a given period in relation to the total population. It is the ratio of the mean annual number of births over a given period of time to the mean population for the same period.

Crude death rate:
This expresses the frequency of deaths occurring in a given period in relation to the total population. It is the ratio of the mean annual number of deaths over a given period of time to the mean population for the same period.

Activity rate:
This is the quotient between the total economically active population in a given period and the population in potentially productive age groups (in this case 15 years and older) during the same period. Age- or sex-specific rates may also be calculated.

Natural growth rate:
This is the ratio between the annual natural growth (births minus deaths) in a given period and the mean population in the same period. It may also be defined as the difference between crude birth rates and crude death rates.

Total growth rate:
This is the ratio of the mean annual growth of a population during a given period of time, to the mean population for this same period. It represents the variation observed as a result of births, deaths and migratory movements. It can also be defined as the algebraic sum of the natural growth rate and the migration rate.

Migration rate or net migration rate:
This is the ratio of the annual balance of migration during a given period to the average population during that period.

Infant mortality rate:
This rate measures the probability that a newborn child will die before reaching one year of life. In practice, it is defined as the number of deaths of children under one year of age occurring over a given period of time divided by the number of births over that same period.

Specific activity rate by age:
This is the quotient between the total economically active population in a certain age group during a given period and the total population of this group during the same period.

Total fertility rate:
This rate measures the average number of children who would be born to a woman belonging to a hypothetical cohort of females whose reproductive performance over their entire reproductive period was in accordance with the age-specific fertility rates for the years in question; it is further supposed that the women have not been exposed to mortality risks from the time of birth up until the end of their reproductive period.

Publicaciones recientes de la CEPAL
ECLAC recent publications

www.cepal.org/publicaciones

Informes periódicos / *Annual reports*
También disponibles para años anteriores / *Issues for previous years also available*

- Estudio Económico de América Latina y el Caribe 2015, 204 p.
  Economic Survey of Latin America and the Caribbean 2015, 196 p.

- La Inversión Extranjera Directa en América Latina y el Caribe 2015, 150 p.
  Foreign Direct Investment in Latin America and the Caribbean 2015, 140 p.

- Anuario Estadístico de América Latina y el Caribe 2015 / *Statistical Yearbook for Latin America and the Caribbean 2015, 235 p.*

- Balance Preliminar de las Economías de América Latina y el Caribe 2015, 104 p.
  Preliminary Overview of the Economies of Latin America and the Caribbean 2015, 98 p.

- Panorama Social de América Latina 2015. Documento informativo, 68 p.
  Social Panorama of Latin America 2015. Briefing paper, 66 p.

- Panorama de la Inserción Internacional de América Latina y el Caribe 2015, 102 p.
  Latin America and the Caribbean in the World Economy 2015, 98 p.

Libros y documentos institucionales / *Institutional books and documents*

- Panorama fiscal de América Latina y el Caribe 2016: las finanzas públicas ante el desafío de conciliar austeridad con crecimiento e igualdad, 2016, 90 p.

- Reflexiones sobre el desarrollo en América Latina y el Caribe: conferencias magistrales 2015, 2016, 74 p.

- Panorama Económico y Social de la Comunidad de Estados Latinoamericanos y Caribeños, 2015, 58 p.
  Economic and Social Panorama of the Community of Latin American and Caribbean States 2015, 56 p.

- Desarrollo social inclusivo: una nueva generación de políticas para superar la pobreza y reducir la desigualdad en América Latina y el Caribe, 2015, 180 p.
  Inclusive social development: The next generation of policies for overcoming poverty and reducing inequality in Latin America and the Caribbean, 2015, 172 p.

- Guía operacional para la implementación y el seguimiento del Consenso de Montevideo sobre Población y Desarrollo, 2015, 146 p.
  Operational guide for implementation and follow-up of the Montevideo Consensus on Population and Development, 2015, 139 p.

- América Latina y el Caribe: una mirada al futuro desde los Objetivos de Desarrollo del Milenio. Informe regional de monitoreo de los Objetivos de Desarrollo del Milenio (ODM) en América Latina y el Caribe, 2015, 88 p.
  Latin America and the Caribbean: Looking ahead after the Millennium Development Goals. Regional monitoring report on the Millennium Development Goals in Latin America and the Caribbean, 2015, 88 p.

- La nueva revolución digital: de la Internet del consumo a la Internet de la producción, 2015, 98 p.
  The new digital revolution: From the consumer Internet to the industrial Internet, 2015, 98 p.

- Globalización, integración y comercio inclusivo en América Latina. Textos seleccionados de la CEPAL (2010-2014), 2015, 326 p.

- El desafío de la sostenibilidad ambiental en América Latina y el Caribe. Textos seleccionados de la CEPAL (2012-2014), 2015, 148 p.

- Pactos para la igualdad: hacia un futuro sostenible, 2014, 340 p.
  Covenants for Equality: Towards a sustainable future, 2014, 330 p.

- Cambio estructural para la igualdad: una visión integrada del desarrollo, 2012, 330 p.
  Structural Change for Equality: An integrated approach to development, 2012, 308 p.

- La hora de la igualdad: brechas por cerrar, caminos por abrir, 2010, 290 p.
  Time for Equality: Closing gaps, opening trails, 2010, 270 p.
  A Hora da Igualdade: Brechas por fechar, caminhos por abrir, 2010, 268 p.

Libros de la CEPAL / *ECLAC books*

138 Estructura productiva y política macroeconómica: enfoques heterodoxos desde América Latina, Alicia Bárcena Ibarra, Antonio Prado, Martín Abeles (eds.), 2015, 282 p.

137 Juventud: realidades y retos para un desarrollo con igualdad, Daniela Trucco, Heidi Ullmann (eds.), 2015, 282 p.

136 Instrumentos de protección social: caminos latinoamericanos hacia la universalización, Simone Cecchini, Fernando Filgueira, Rodrigo Martínez, Cecilia Rossel (eds.), 2015, 510 p.

135 *Rising concentration in Asia-Latin American value chains: Can small firms turn the tide?, Osvaldo Rosales, Keiji Inoue, Nanno Mulder (eds.), 2015, 282 p.*

134 Desigualdad, concentración del ingreso y tributación sobre las altas rentas en América Latina, Juan Pablo Jiménez (ed.), 2015, 172 p.

133 Desigualdad e informalidad: un análisis de cinco experiencias latinoamericanas, Verónica Amarante, Rodrigo Arim (eds.), 2015, 526 p.

132 Neoestructuralismo y corrientes heterodoxas en América Latina y el Caribe a inicios del siglo XXI, Alicia Bárcena, Antonio Prado (eds.), 2014, 452 p.

Copublicaciones / *Co-publications*

- Gobernanza global y desarrollo: nuevos desafíos y prioridades de la cooperación internacional, José Antonio Ocampo (ed.), CEPAL/Siglo Veintiuno, Argentina, 2015, 286 p.

- *Decentralization and Reform in Latin America: Improving Intergovernmental Relations, Giorgio Brosio and Juan Pablo Jiménez (eds.), ECLAC / Edward Elgar Publishing, United Kingdom, 2012, 450 p.*

- Sentido de pertenencia en sociedades fragmentadas: América Latina desde una perspectiva global, Martín Hopenhayn y Ana Sojo (comps.), CEPAL / Siglo Veintiuno, Argentina, 2011, 350 p.

Coediciones / *Co-editions*

- Perspectivas económicas de América Latina 2016: hacia una nueva asociación con China, 2015, 240 p.
  Latin American Economic Outlook 2016: Towards a new Partnership with China, 2015, 220 p.

- Perspectivas de la agricultura y del desarrollo rural en las Américas: una mirada hacia América Latina y el Caribe 2015-2016, CEPAL / FAO / IICA, 2015, 212 p.

Documentos de proyecto / *Project documents*

- Complejos productivos y territorio en la Argentina: aportes para el estudio de la geografía económica del país, 2015, 216 p.

- Las juventudes centroamericanas en contextos de inseguridad y violencia: realidades y retos para su inclusión social, Teresita Escotto Quesada, 2015, 168 p.

- La economía del cambio climático en el Perú, 2014, 152 p.

Cuadernos estadísticos de la CEPAL

42 Resultados del Programa de Comparación Internacional (PCI) de 2011 para América Latina y el Caribe. Solo disponible en CD, 2015.

41 Los cuadros de oferta y utilización, las matrices de insumo-producto y las matrices de empleo. Solo disponible en CD, 2013.

Series de la CEPAL / *ECLAC Series*

Asuntos de Género / Comercio Internacional / Desarrollo Productivo / Desarrollo Territorial / Estudios Estadísticos / Estudios y Perspectivas (Bogotá, Brasilia, Buenos Aires, México, Montevideo) / *Studies and Perspectives* (The Caribbean, Washington) / Financiamiento del Desarrollo/ Gestión Pública / Informes y Estudios Especiales / Macroeconomía del Desarrollo / Manuales / Medio Ambiente y Desarrollo / Población y Desarrollo/ Política Fiscal / Políticas Sociales / Recursos Naturales e Infraestructura / Seminarios y Conferencias.

Revista CEPAL / *CEPAL Review*

La Revista se inició en 1976, con el propósito de contribuir al examen de los problemas del desarrollo socioeconómico de la región. La *Revista CEPAL* se publica en español e inglés tres veces por año.

CEPAL Review first appeared in 1976, its aim being to make a contribution to the study of the economic and social development problems of the region. CEPAL Review is published in Spanish and English versions three times a year.

Observatorio demográfico / *Demographic Observatory*

Edición bilingüe (español e inglés) que proporciona información estadística actualizada, referente a estimaciones y proyecciones de población de los países de América Latina y el Caribe. Desde 2013 el Observatorio aparece una vez al año.

Bilingual publication (Spanish and English) proving up-to-date estimates and projections of the populations of the Latin American and Caribbean countries. Since 2013, the Observatory appears once a year.

Notas de población

Revista especializada que publica artículos e informes acerca de las investigaciones más recientes sobre la dinámica demográfica en la región. También incluye información sobre actividades científicas y profesionales en el campo de población. La revista se publica desde 1973 y aparece dos veces al año, en junio y diciembre.

Specialized journal which publishes articles and reports on recent studies of demographic dynamics in the region. Also includes information on scientific and professional activities in the field of population. Published since 1973, the journal appears twice a year in June and December.

Las publicaciones de la CEPAL están disponibles en:
ECLAC publications are available at:

www.cepal.org/publicaciones

También se pueden adquirir a través de:
They can also be ordered through:

www.un.org/publications

United Nations Publications
PO Box 960
Herndon, VA 20172
USA

Tel. (1-888)254-4286
Fax (1-800)338-4550
Contacto / *Contact*: publications@un.org
Pedidos / *Orders*: order@un.org